CW01335901

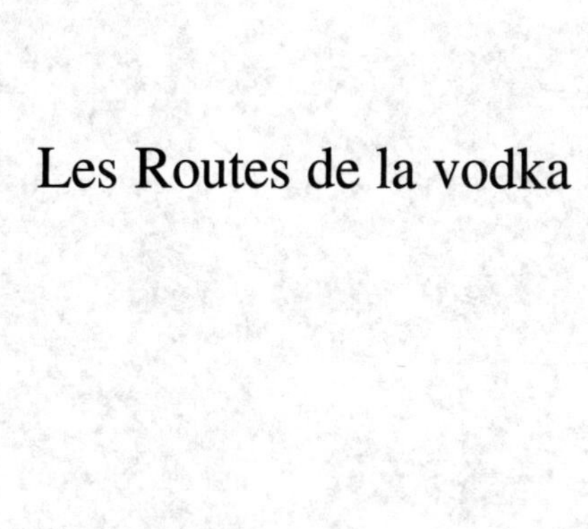

Les Routes de la vodka

Nicolas Legendre

Les Routes de la vodka

Récit

ARTHAUD POCHE

87, quai Panhard-et-Levassor
75647 Paris Cedex 13

ISBN : 978-2-0814-6025-6

Avertissement

Afin de ne pas attenter à la vie privée de certaines personnes rencontrées durant mon périple, afin d'éviter à d'autres d'être persécutées à cause d'opinions qu'elles ont bien voulu me confier, des prénoms ont été changés.

Pour le reste, tout a été vécu, tout est vrai.

Le lecteur, je l'espère, pardonnera les quelques déformations de perspective causées par certaines vapeurs.

Pour G. et A.

« La vie est-elle autre chose qu'une brève ébriété de l'âme ? Et une éclipse de l'âme, aussi ? Nous sommes tous ivres, mais chacun à sa façon, les uns ont beaucoup bu, les autres moins. Et l'effet produit n'est pas non plus le même : certains rient en fixant le monde droit dans les yeux, d'autres pleurent et s'épanchent sur le sein de ce monde ; certains ont déjà dégueulé et se sentent bien, pour d'autres la nausée ne fait que commencer. »

Venedikt Erofeïev,
traduction d'Annie Sabatier
et Antoine Pingaud,
Albin Michel, 1976.

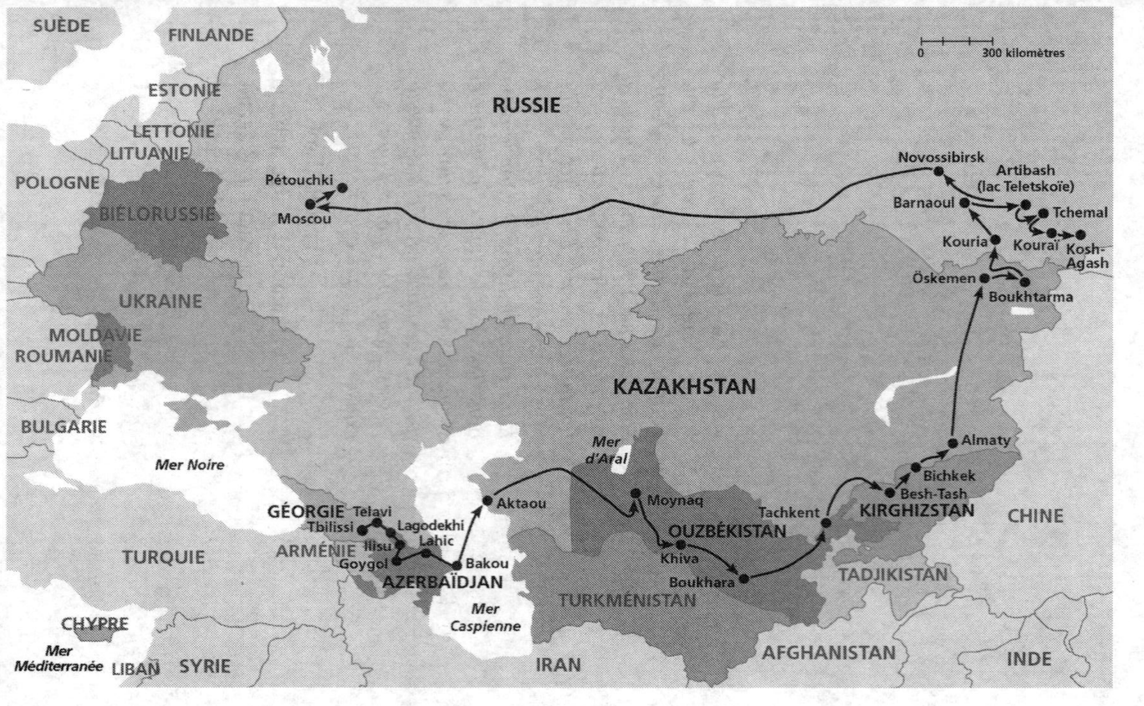
SUÈDE
FINLANDE
ESTONIE
LETTONIE
LITUANIE
POLOGNE
BIELORUSSIE
UKRAINE
MOLDAVIE
ROUMANIE
BULGARIE
Mer Noire
TURQUIE
CHYPRE
Mer Méditerranée
LIBAN
SYRIE
RUSSIE
0
300 kilomètres
Pétouchki
Moscou
Novossibirsk
Artibash (lac Teletskoïe)
Barnaoul
Tchemal
Kouria
Kouraï
Kosh-Agash
Öskemen
Boukhtarma
KAZAKHSTAN
Mer d'Aral
Moynaq
GÉORGIE
Telavi
Tbilissi
Lagodekhi
Ilisu
Lahic
ARMÉNIE
Goygol
Bakou
AZERBAÏDJAN
Aktaou
Mer Caspienne
IRAN
TURKMÉNISTAN
OUZBÉKISTAN
Khiva
Boukhara
Tachkent
KIRGHIZSTAN
Besh-Tash
Bichkek
Almaty
TADJIKISTAN
AFGHANISTAN
CHINE
INDE

I

Le raisin

Je n'ai pas peur, mais…

Toujours, cette petite musique : et si ? Et s'il venait au douanier l'envie de faire du zèle ? Je ne transporte pas de cocaïne, ni de saucisson corse, pourtant j'angoisse. Les passages de douane sont toujours prétextes à de ridicules tressaillements. L'agent dans sa cahute pourrait exiger la remise d'un formulaire obscur ou m'imputer un comportement de social-traître, et tout pourrait finir au poste.

Le douanier est une douanière. Elle a de jolis traits. Elle ne sourit pas, car aucun policier d'aéroport ne sourit jamais. Elle scrute mon visage, examine mon passeport, louche sur son écran d'ordinateur. Paf ! Tampon. Elle pose mon passeport sur le guichet puis s'arrête un instant et farfouille à l'intérieur de la guérite. Je crains un retournement de situation. Appuie-t-elle sur un bouton rouge ? Vais-je voir débarquer la milice ?

La douanière se lève et, sans desserrer la mâchoire, pose une bouteille de vin sur le comptoir.

Il est 4 heures du matin, je n'ai pas fermé l'œil depuis près de vingt-quatre heures. Je crois à une erreur de la banque en ma faveur.

— C'est pour moi ?

Elle acquiesce. Je saisis la bouteille ornée d'une étiquette sur laquelle un laïus rédigé en anglais vante les mérites de la Géorgie, terre d'opportunités pour les entrepreneurs : régime fiscal avantageux, situation stratégique, *et cætera*. Force du marketing ! Dans la plupart des aéroports, on accueille les étrangers avec – au mieux – des regards torves. Ici, on leur offre du pinard.

Je considère cette offrande comme un augure. Le destin m'invite à lire entre les lignes. Il me signifie que l'aventure commence et que ce voyage a peut-être du sens.

Hier, à la même heure, j'aurais eu du mal à le croire, le destin. Je m'apprêtais à quitter la France et mon cœur était gros. Mon fils était né trois semaines plus tôt. J'étais ce qu'on appelle un « jeune papa » et je partais pour quatre mois à l'autre bout du monde sous prétexte d'écrire un livre sur la vodka. Dans le train qui m'emmenait à Paris, j'avais noirci pour la première fois mon carnet et ne trouvais rien d'autre à exprimer que des remords et des doutes. Je m'étais convaincu durant l'année qui avait précédé qu'il fallait que je parte, mais à cet instant l'échafaudage vacillait. Il n'y avait plus que des larmes et de la honte. Les larmes pour la séparation. La honte pour le motif de la séparation : une expédition éthylique en ex-Union soviétique, censée se transformer, un jour, en livre.

Si j'avais dû quitter ma famille pour protéger le pays ! Si j'avais été parachutiste ou pilote d'hélicoptère, et qu'il me fallût abandonner les miens non pas pour pitancher avec des Russes, mais parce que le ministre, la patrie et le Conseil de sécurité au complet m'ordonnaient de faire mon devoir ! J'éprouverais moins de remords. J'irais au-devant d'un possible trépas mais, au moins, ce serait une obligation, ou quelque chose qui pourrait être présenté comme tel. Au lieu de ça, je vais au-devant de possibles cuites.

Ce projet a suscité la perplexité d'un certain nombre de mes proches. Comment les en blâmer ? Ma compagne, quant à elle, m'a encouragé à partir en sachant que cela ferait d'elle une mère célibataire durant les premiers mois suivant la naissance de notre fils. Elle a accepté cela car 1) elle est formidable 2) elle savait combien ce projet me tenait à cœur.

C'est qu'il mûrissait depuis longtemps, ce projet.

Je crois savoir quand l'idée a commencé à germer, bien avant qu'elle ne devienne une obsession.

C'était en juillet 2011. Je marchais sur un rivage sableux du lac Baïkal, en Sibérie, sur la péninsule de Svyatoï Nos. La ville la plus proche se trouvait à deux heures de route. Il n'y avait autour de moi qu'une poignée de cabanes de pêcheurs et l'immensité russe. L'eau, qui clapotait dans une baie aussi vaste que Paris et sa banlieue, léchait les rives à partir desquelles naissait un enchevêtrement de prairies sauvages et de forêts vierges sur plusieurs centaines de milliers d'hectares. Des incendies moissonnaient la taïga sur les montagnes qui formaient, à 2 000 mètres d'altitude, un belvédère avec vue imprenable sur le lac le plus profond de la planète.

Je marchais sur une plage, donc, quand Vouva m'a interpellé. Ce Bouriate aux yeux bridés, professeur de biologie à Oulan-Oude, passait ses vacances ici, seul, équipé d'une grande tente sous laquelle était installée sa « table de salon » et d'une autre faisant office de chambre à coucher.

— Un thé ? lança-t-il.

— D'accord, répondis-je, un peu méfiant.

Nous prîmes place sous l'abri en toile synthétique après que mon hôte eut disposé sur la table du saucisson, du fromage, du pain, de la confiture, du lait, de la mayonnaise, des tomates, des flageolets, des bonbons, du thé et de la vodka. Bon sang ! J'étais invité « à la russe ». Ce fut un choc. Une révélation. Pensez : quel autochtone, en Occident, m'aurait régalé de la sorte ? Pourquoi, dans cet Orient si proche et si lointain, noie-t-on les invités dans la vodka et l'abondance ?

Il y avait là un mystère.

Nous trinquâmes au Baïkal, à la fête nationale française et à je-ne-sais-plus-quoi. Nous parlâmes de Depardieu et de Mireille Mathieu, de Poutine et du lac. Mon anglais et le sien s'étiolèrent à mesure que nous ingurgitions de la vodka, si bien qu'au final notre conversation se transforma en dialogue de poivrots. Notre échange n'était pas profond, certes, mais notre rencontre relevait du sacré. C'était au-delà du rationnel. La vodka et le Baïkal avaient rassemblé deux individus provenant de deux extrémités d'un même continent, autant dire de deux galaxies aux antipodes. Nous rîmes sous l'égide de la fraternité et de la Grande Russie. Nous nous quittâmes sur une accolade. Je marchai durant deux heures puis achevai de dégriser en nageant dans le lac.

Cette première virée en Russie a fait naître en moi une fascination pour l'Est. Dans les années qui ont suivi, j'ai voyagé au Kirghizstan, au Kazakhstan, en Géorgie et en Arménie. Dans ces pays, j'ai trinqué avec des éleveurs, des ouvriers, des chrétiens, des musulmans, des riches, des pauvres… La vodka s'est imposée comme un fil rouge qui, à mesure que je le déroulais, se recomposait de lui-même pour former, en lettres capitales, une interrogation : pourquoi les Russes et leurs cousins ex-soviétiques en boivent-ils tant ? Que dit la vodka à propos de leur histoire, de leur quotidien, de leurs blessures ?

Pour répondre à ces questions, il fallait partir. Aller à la rencontre de ces gens et ingurgiter le nectar fédérateur. Il fallait penser la vodka comme un sérum. Suivre un itinéraire traversant trois grandes aires culturelles de l'ex-URSS (Caucase, Asie centrale, Russie), passer des montagnes à la plaine, des déserts à la steppe et à la taïga. Des territoires si divers que musulmans, orthodoxes et animistes s'y côtoient, que l'on y parle plusieurs dizaines de langues, que les influences ottomane, perse, ouest-européenne et chinoise y infusent, que le nomadisme y perdure. Des territoires que tout oppose, ou presque, mais que des empires ont assemblés. Celui des tsars en particulier, puis celui des communistes. Et où désormais, partout, des bords de la mer Noire aux sommets de l'Altaï, on conduit des Lada (quand on ne peut pas s'offrir un 4 × 4), on parle russe (en plus de sa langue natale) et l'on boit de la vodka.

À l'instar des Beatles, la vodka est plus célèbre que le Christ. Et que Staline, Ivan le Terrible et tous les tyrans centrasiatiques réunis. Son histoire est tellement liée à celle de la Russie et de l'ex-URSS, comme le vin à celle de la France, qu'elle permet de tout raconter : les guerres et les passions, les sciences et l'amour, la littérature et la politique. Et bien d'autres choses.

Je n'ai pas pour ambition de tout raconter. Je ne veux pas accoucher d'une thèse, encore moins d'un rapport. Ce que je décrirai ne sera pas représentatif – je ne suis pas statisticien ni anthropologue. Ce sera la vie des gens et ce qu'elle m'inspire, ce qu'elle dit sur la mienne et sur la nôtre.

Cela nécessite de s'en remettre au hasard, meilleur garant du caractère absolument non scientifique de ma démarche. Je ne prévois donc rien, ou presque. Hormis quelques connaissances que je dois retrouver ici ou là, rien n'est calé. Aucun hôtel, excepté celui dans lequel j'ai prévu de passer les trois premières nuits, n'est réservé. Je connais mon point de départ – Tbilissi – et mon point d'arrivée – Moscou –, les pays par lesquels je veux passer ainsi que certaines régions dans lesquelles je souhaite m'arrêter, mais, pour le reste, j'aviserai. Je me laisserai happer par le voyage, ce grand trou noir.

Et me voilà dans l'aéroport de Tbilissi, en cette nuit chaude de juin, avec ma bouteille de vin en bandoulière. Cela pose problème, direz-vous, car je suis venu pour la vodka. En vérité, je savais à quoi m'attendre. La Géorgie, cas à part en ex-URSS, est un pays de vin. Peut-être même LE pays du vin, si l'on en croit la légende et les archéologues, qui ont découvert dans le Caucase des traces de pratique viticole remontant à huit mille ans avant la naissance du Christ, soit bien avant que la culture de la vigne ne se propage autour de la Méditerranée.

C'est pour cela, entre autres raisons, que j'ai décidé de commencer mon aventure ici. Il se peut que je n'ingurgite pas une goutte de vodka dans ce pays-vignoble. Tant pis. Je veux parcourir l'exception avant d'explorer la règle.

Je m'engouffre dans un taxi. Le chauffeur, mutique, roule à tombeau ouvert sur l'avenue menant au centre-ville de Tbilissi. Malgré l'obscurité, j'aperçois la silhouette des hautes collines qui enlacent la ville et déjà je sens la chaleur moite du Caucase. Cet air transporte l'ADN du pays, constitué d'épices et de raisins, de liqueurs et de pain, de fromages et de fruits secs, d'abricots, de palmiers, de glaciers, de crottin et d'encens. Géorgie : jardin du Caucase, petite France, fol assemblage de terroirs, et Tbilissi comme un concentré de tout cela. Tbilissi avec ses balcons et sa réticence à la linéarité, sa vigne. Tbilissi avec ses étals partout, sa gastronomie, ses clochers. Tbilissi, à mes yeux la plus belle et la plus attachante des cités d'ex-URSS.

Tbilissi me fascine d'autant plus qu'elle se situe au cœur d'un sac de nœuds.

Le Caucase abrite une trentaine d'ethnies parlant une cinquantaine de langues. On y écrit dans cinq alphabets et l'on y pratique autant de religions. La richesse du patrimoine architectural, musical, littéraire et culinaire est prodigieuse. Les très hautes montagnes succèdent aux déserts en l'espace de 100 kilomètres, sous des climats allant du semi-aride au subtropical humide. Régions sécessionnistes et États fantômes sont le théâtre de guerres larvées. Le Caucase, l'un des carrefours de civilisations les plus encombrés au monde, a aiguisé l'appétit de tous les empereurs à 5 000 kilomètres à la ronde. Perses, Ottomans, Mongols et Russes ont convoité la zone, envoyé leurs armées et régenté tout ou partie du secteur. L'empire des tsars a annexé la Géorgie en 1801, inaugurant une relation tortueuse entre Moscou et l'ex-royaume réputé pour la vaillance de son peuple et la force de son sentiment national. Bon an, mal an, les Russes, puis les Soviétiques, ont conservé sous leur tutelle la petite Géorgie, qui a vu naître – clin d'œil de l'Histoire – le plus emblématique des tyrans communistes : Staline.

Une centaine d'années plus tard, les Russes ont décampé et l'Union soviétique a calanché. Mais Moscou, qui n'a pas pour habitude d'ignorer ses marches, continue d'observer avec attention ce qui se trame dans le sud-Caucase, voire d'y intervenir avec plus ou moins de tact et plus ou moins de chars d'assaut.

Ébranlée par des irrédentismes, tiraillée entre les empires et surveillée par le voisin russe, la Géorgie cultive et protège une identité imbibée de raisin et de religion. Elle dispose de sa propre langue, de son propre alphabet, de sa propre branche du christianisme, de ses propres traditions culinaires, de terroirs exceptionnels et, donc, de vignobles parmi les plus vieux au monde. La vodka dispose de nombreux adeptes dans les parages, bien sûr, comme partout en ex-URSS, mais peut-être moins qu'ailleurs, car les Géorgiens lui préfèrent le vin et la *tchatcha*, cette gnôle de raisin qu'ils aromatisent à l'envi. Un breuvage à réveiller les morts, à la santé desquels les autochtones trinquent sans retenue.

En attendant d'y goûter, je m'installe dans une auberge bon marché qui domine la cité en haut d'une abrupte ruelle.

Et le sommeil m'aspire.

* * *

À peine ai-je commencé à déambuler dans le vieux Tbilissi, à l'aube, qu'un nounours en chemisette rouge m'aborde au milieu du trottoir. Ilgar – il s'appelle ainsi – pèse une centaine de kilos. Ses yeux noirs entourés de larges cernes surplombent des bajoues de glouton. Sa chemisette ne parvient pas à dissimuler l'intégralité de son ventre poilu et rebondi, si bien qu'on aperçoit ce dernier lorsque l'intéressé effectue des mouvements amples.

— D'où tu viens ? me lance-t-il.

— De France.

Cela semble l'enchanter. Il me parle de sa sœur, me dit qu'il gère un hôtel dans les faubourgs de Tbilissi et m'invite à lui rendre visite dans son établissement :

— Viens ce soir si tu veux. Non, maintenant ! J'ai rien à faire.

— Je viendrai ce soir, dis-je. Ou demain.

Je garde l'invitation d'Ilgar dans un coin de ma tête et pars au hasard dans les rues grouillantes. Je m'acclimate. Je contemple. J'examine. Je mange géorgien. J'hume des senteurs d'Orient. Je me mets à disposition – de la ville, des gens, du destin, de tout ce qui pourrait survenir.

* * *

Le lendemain matin, à l'adresse indiquée, je trouve le nounours affalé auprès d'une table basse, cigarette au bec.

— Assieds-toi, dit-il.

Il me propose du thé.

— Qu'est-ce que tu fais en Géorgie ?

— J'écris un livre sur la vodka.

— Tu aimes la vodka ?

— Bien sûr.

— On s'en jette une ?

Il est 11 h 30 du matin. J'ai posé le pied en ex-URSS depuis moins de trente heures. Je me réjouis de ne pas chômer.

— OK.

— Je reviens dans deux minutes.

Il se rend dans la cuisine, saborde la préparation du thé puis se volatilise durant quelques instants avant de réapparaître avec un sac rempli de victuailles. Il en extrait une bouteille de Khlepnaïa, un saucisson qu'il coupe en tranches d'un centimètre, une boîte de cornichons dodus et deux canettes d'une boisson énergisante de marque locale dont je préfère ne pas connaître la composition. Il pose sur la table une paire de godets qu'il ne tarde pas à remplir. Et nous effectuons ce geste hautement symbolique qui rapproche les êtres depuis que l'un d'eux a décrété qu'il serait plus convenable de boire dans un récipient plutôt que de laper l'eau dans les flaques : nous trinquons.

C'est le premier verre du voyage, aussi je le lève avec émotion.

Ces derniers mois, une inquiétude n'a cessé de m'assaillir : et s'il ne se passait rien ? Et si personne ne m'invitait à boire ? On peut prévoir l'ascension d'un sommet ou la descente d'un grand fleuve. On ne peut pas programmer l'hospitalité des gens. Ce fut l'une de mes hantises et cela le demeure, mais la vision d'Ilgar remplissant nos verres dans le hall de cet hôtel sans charme, par une belle matinée de printemps, dissipe mes craintes.

Ilgar a disposé de la nourriture auprès de nos verres. En Russie et dans son ex-empire, on mange quasi systématiquement après avoir ingurgité de la vodka, qu'on avale cul sec. Cela limite les effets de l'alcool, prémunit contre la gueule de bois et, conséquemment, permet de boire davantage et plus longtemps. De très nombreuses associations de mets sont possibles. Les plus onéreuses marient le caviar et la vodka Belouga mais, bien souvent, on se contente de cornichons et de saucisson, voire d'un morceau de pain trempé dans le sel.

À cela s'ajoutent les « verres à shots » qu'on nomme *rioumka* ou *stopka*. Ce sont des incontournables de l'apéritif russe. On en trouve dans la plupart des logis et il n'est pas rare qu'un autochtone en sorte de sa besace lors d'une virée en plein air.

Une fois réunis, ces ingrédients composent un univers, rituel de couleurs et d'odeurs, de raffinement et de rudesse, de rires et de pleurs : l'alchimie russe. La boisson n'est qu'un prétexte. Le plus important, ce sont les paroles qu'on échange entre chaque gorgée, les blagues qui émaillent les discussions et la façon dont l'infernal liquide influe sur la teneur des propos et l'état d'esprit des personnes présentes.

Hop, cul sec, je bois, hop, je mange, cornichon, saucisson.

Ilgar, d'origine azérie mais de nationalité russo-géorgienne, a vécu plusieurs années à Ekaterinbourg, en Russie, et six mois en Europe. Il a 27 ans, parle géorgien, russe et anglais – trois alphabets différents.

— Tu te sens azéri ou géorgien ? dis-je.

— Je me sens plus russe que géorgien ou azéri. J'aime la Russie et les Russes, mais pas les Géorgiens. Ils sont fainéants. Ils branlent rien.

Il nous ressert à boire. Nous trinquons derechef.

Ilgar ne s'encombre pas de nuances et, comme un symbole, il n'aime pas le vin. Il lui préfère de loin, de très loin, le nectar russe. Musulman, il fréquente la mosquée à ses heures perdues et affirme boire de la vodka « tous les jours ».

Beaucoup de musulmans, en ex-URSS, s'accommodent sans scrupule des interdits liés à l'alcool. Les mœurs russes ont trop infusé pour que l'islam détourne définitivement le peuple des plaisirs de l'ivresse. J'interroge malgré tout Ilgar à ce propos.

— Ça ne pose pas de problème ?

— Non, aucun problème, rigole-t-il.

Tout aurait pu être différent si, mille ans plus tôt, le prince Vladimir, souverain de la Rus' de Kiev – embryon de la Russie actuelle – avait choisi de se convertir à l'islam plutôt qu'au christianisme. À l'époque, Vladimir régnait sur des populations majoritairement païennes. Lui-même était païen. La légende prétend qu'avant son baptême en 988, il fit appeler des représentants de toutes les religions afin de choisir parmi les différents cultes alors « sur le marché ». Dans sa *Chronique des temps passés*, le moine Nestor a rapporté un épisode durant lequel les Bulgares musulmans auraient expliqué à Vladimir les principes de leur foi : « Mahomet nous apprend à circoncire les membres honteux, à ne point manger de porc, à ne point boire de vin et à faire débauche après la mort avec des femmes. »

Vladimir aurait écouté les Bulgares avec plaisir car « il aimait les femmes et la débauche ». En revanche, l'impossibilité de s'enivrer l'aurait laissé perplexe. Et c'est ainsi qu'il aurait déclaré : « Boire est une joie pour les Russes et nous ne pouvons vivre sans boire. »

Cette phrase est passée à la postérité.

Vladimir aurait écouté bien plus attentivement le représentant de Byzance qui lui vantait les mérites d'un christianisme oriental exempt d'interdits liés à l'alcool. Que ces épisodes relèvent ou non du mythe, le résultat fut le suivant : le prince devint chrétien et les Russes picolèrent de plus belle, entraînant avec eux les peuples – musulmans inclus – qui intégrèrent leurs empires. Ceci explique en partie pourquoi Ilgar fréquente la mosquée et boit de la vodka.

J'apprends par ailleurs que mon hôte a trois filles. Que sa femme s'occupe du foyer. Qu'il aime sortir et, plus que tout, baiser hors mariage.

Cela, outre le penchant pour l'alcool, lui fait un point commun avec le prince Vladimir, que diverses sources ont dépeint comme un accro aux femmes et qui aurait été surnommé *fornicator maximus* par ses pairs.

— J'aime bien les Géorgiennes, dit Ilgar. Mais le problème, c'est qu'elles demandent toujours de l'argent pour le sexe. Ah ah ah ah ! Tu vois, hein ? Je préfère les Ukrainiennes. Tu bois avec elles et puis tu baises. Sans payer !

Je ne garantis pas la validité de cette théorie.

Troisième verre, puis quatrième. Au cinquième, je remercie Ilgar, prends congé et m'en vais, un peu gris. Je promène mes vapeurs dans les hauts de Tbilissi, qui rayonne dans ses habits de printemps. Je marche comme un pénitent pour évacuer les effets, et jusqu'au souvenir, des libations matinales. J'avale des pentes raides puis atteins le Panthéon géorgien, très haut sur un coteau. La ville aspire mon regard vers ses clochers – à Tbilissi, il y a presque autant d'églises que de chats errants. Les édifices sacrés forment une constellation qui semble rappeler leur misérable fragilité aux gratte-ciel miroitant et aux barres soviétiques cafardeuses. Ils jalonnent les mamelons sur lesquels se love la cité comme une vigne épouse un lopin, et entre lesquels le fleuve Koura roule des eaux marron – des eaux d'orage – charriant l'humus du Caucase.

Tout est là. La terre, la religion, le vin : trinité géorgienne.

Je descends vers Abanotoubani, le quartier des bains, et pénètre dans un établissement prisé des Géorgiens « moyens », c'est-à-dire de tout le monde à l'exception des ultrapauvres et des ultrariches.

J'y rencontre Garip, assis dans l'angle droit formé par les deux couloirs des vestiaires, qui enfile des tickets sur une pique en métal posée sur une table. C'est son travail : il demande aux baigneurs leur ticket d'entrée, attribue à chacun un casier puis, une fois le baigneur dévêtu, verrouille le casier à l'aide d'une clé Allen.

Avant que je ne m'engage dans les bains, où flotte une odeur d'œuf pourri – l'eau, sulfurée, dispose de vertus curatives –, Garip me demande si je désire un massage.

— Pourquoi pas, dis-je.

— Il viendra tout à l'heure.

Je suppose que ce « il » désigne le masseur.

Je prends une douche et m'immerge dans un bain brûlant. Je sue sang et eau dans un sauna jusqu'à l'arrivée du masseur, un Arménien aux faux airs de bourreau médiéval, au dos voûté, au corps rachitique et à l'élasticité de poulpe. Il est nu.

Je m'allonge sur une table carrelée. Le bourreau entame son œuvre : il effectue un savonnage global, frictionne, tapote, donne des coups de haut en bas sur mes jambes, dans mon dos, et jusque derrière mes bourses, bon sang, puis il me fait changer de côté, s'attaque aux bras, aux pieds, et cela dure pendant une vingtaine de minutes ; enfin je dois m'asseoir, il me masse la tête, s'en va, revient avec un seau rempli d'eau fumante qu'il me balance à la figure. Je hurle. Cent mille bordels de vache. Je n'étais pas mort, mais il n'empêche : je revis. Je remercie le masseur puis je passe sous la douche et sors. Je retrouve alors Garip qui me parle de Jean Marais, d'Alain Delon, de Belmondo et de quelques autres étoiles plus ou moins éteintes du show-business hexagonal, jadis adorées en Union soviétique et toujours vénérées par ceux qui ont connu le « monde d'avant ». Il sourit lorsque je lui dévoile la raison de ma présence en Géorgie.

— Viens vendredi si tu veux, on boira de la vodka.

Il ne faut pas me le dire deux fois.

* * *

Je m'arrête dans un square ombragé par une vingtaine de tilleuls, parsemé de bancs et occupé par des vieux Géorgiens qui s'y regroupent par deux ou trois, souvent assis, parfois debout. Certains vont et viennent, tournent dans les allées à pas de sénateur, rejoignent une des bandes qui se forment et se déforment selon les heures, les humeurs, les accointances. Sont-ce des amis de longue date ? Des copains de square ? Certains ont la connivence cimentée, comme les spécimens devant moi : l'un pose sa main sur la cuisse de l'autre. Certains arborent des signes extérieurs d'aisance : chemises blanches sur mesure, souliers vernis, montres. D'autres n'ont que chemisette et gilet, chaussures élimées et barbe râpeuse.

Un moustachu roupille sur une chaise. Un de ses camarades, chevelure ivoire encore fournie, fait les cent pas. Il attend une invitation à palabrer, furète, guette le bon groupe auquel se raccorder. Il crache dans une poubelle, reprend sa pérégrination, crache dans une autre poubelle. Des tatouages, signes d'appartenance mafieuse ou d'un passage en prison, ornent ses avant-bras.

Y a-t-il une hiérarchie dans l'attroupement ? Son agencement paraît spontané, mais je soupçonne l'existence, en son sein, d'une très subtile géopolitique du troisième âge.

J'arpente ensuite, plus au sud, un faubourg dont l'agencement et l'état des maisons qui le composent rappellent le Paris des années 1930. Ici, à 500 mètres de l'hypercentre d'une capitale mondialisée, les poules vocalisent. En ces temps d'aseptisation implacable, c'est un excellent signe, le chant des poules. Côt, côt, côt, je grimpe, écrasé par la moiteur. La route devient chemin puis sentier ; elle méandre dans une vallée de bicoques qui semblent tenir debout grâce aux fils à linge et qui supportent des balcons entre les barreaux desquels émerge parfois une tête de gosse, tel un périscope. Je traverse un dépotoir et parviens sur un promontoire dominant la ville. Une maison en ruines, détruite ou pas encore achevée, voisine avec une table et un canapé désossé qui composent une improbable nature morte. Sur le versant opposé, la villa d'un oligarque nargue la cité.

Quand vient le soir, je pars à la recherche d'un comptoir. J'ouvre un guide et repère deux échouages potentiels. Le premier est un bar branché peuplé de jeunes à la mode, tenu par un homosexuel branché. Il pourrait se trouver dans n'importe quelle capitale postmoderne. J'y engloutis une bière et décide de migrer vers l'autre, géographiquement à l'opposé. Il s'agirait, si j'en crois les informations dont je dispose, d'un club destiné aux voyageurs « au cœur bien accroché », où les prostituées géorgiennes côtoient les routiers turcs. Parfait. Je marche durant une demi-heure sur une parallèle à Roustaveli, jusqu'à la place de la Révolution-des-Roses. Le club se trouverait dans un sous-sol des environs.

Les nombreux sous-sols de Tbilissi servent de passages piétons sous les grandes avenues ; il y fleurit des échoppes en tous genres ; on y trouve l'agitation des badauds, la routine des coiffeurs et des vendeurs de tout, ainsi que des recoins infâmes.

En la matière, ce souterrain-là dépasse l'entendement. Il ne comporte aucune échoppe. Une lumière neurasthénique, pissée par des néons hors d'âge, éclaire des allées qui ne mènent qu'à des cloaques noirs. Une odeur d'urine et de moquette périmée embaume cet ensemble vaste comme un parking à plusieurs niveaux mais exempt de voitures et parsemé d'escaliers aux marches grignotées, de fils électriques dénudés, de coupe-gorge à l'humidité de forêt primaire. Ça pue comme dans un cargo. La présence de deux balayeurs me rassure. Ce ne sont pas des flics, mais, au moins, ils portent des uniformes et quadrillent la zone. Que font-ils là, d'ailleurs, à cette heure ? Qu'importe. Ils rendent l'endroit moins inhospitalier à défaut de le transformer, tâche impossible, en paillote cap-verdienne.

Le pandémonium de béton abrite plusieurs bars dans ses niveaux inférieurs. Parvenu au dernier sous-sol, je songe à fuir. Ça hurle dans mon poste de contrôle : va-t'en, Legendre ! Mais merde, je n'ai pas traversé la ville pour rebrousser chemin avant d'avoir franchi le seuil d'un débit de boissons. Aussi je pénètre dans un bar, curieux de savoir si l'affiche ornant l'entrée, qui représente une femme lascive et à moitié nue, constitue une publicité mensongère ou bien si, effectivement, une fois à l'intérieur, je serai comme un marin égaré sur une île des Cyclades, entouré de nymphes aux exhalaisons de lilas.

Le cerbère derrière le bar me gratifie d'un regard oblique. Deux femmes blondes l'entourent. Une brune assise sur une chaise haute – l'entraîneuse ? – entretient son ennui en tripotant un téléphone. Je sue abondamment. J'ai certes hérité de mon paternel un système d'évacuation des eaux très performant, mais, surtout, j'ai les jetons. Je commande une vodka et m'assois dans la salle. Le colosse ne se départit pas de sa cordialité par temps de guerre ni de son regard d'égorgeur. Une des poules dépose sur ma table une Finlandia sur glace avec citron-tranche.

Comme son nom l'indique, la Finlandia provient de Finlande. C'est l'une des plus importantes marques de vodka au monde. Quant à décrire son goût… J'en serais bien incapable. D'abord parce que celui du citron l'altère. Ensuite parce que je ne suis pas un connaisseur. Je sais différencier une bonne vodka – douce, légèrement liquoreuse, minérale – d'une mauvaise – piquante, à l'arrière-goût d'alcool industriel – mais n'attendez pas de moi des tirades d'œnologue. Je ne connais pas grand-chose aux subtilités de la distillation. En France, je ne bois que rarement de la vodka. À vrai dire, je ne raffole pas de cet alcool. Mais à l'Est, c'est une autre chanson. La vodka est souvent meilleure que celle qu'on trouve dans nos bars et supermarchés. Surtout, elle est un élément du décor.

Je bois à grandes lampées et observe le rade : une barre de *lap dance*, une trentaine de tables, des nappes pourpres, des chaises poussiéreuses, une demi-pénombre de chapelle, une atmosphère de film érotique. Il n'y a que deux clients : un homme au faciès indien… et moi.

Que fait l'« Indien » ici ? Je n'ai pas le courage d'aller le lui demander.

Je tente de m'immiscer dans les pensées de l'*escort girl*. Elle doit croire que je suis venu pour elle. Elle doit me prendre pour un voyageur adultère ou pour un puceau envahi de pudeur, transpirant de culpabilité. Elle ne tente pas de m'« escorter », ce qui m'évite de m'égarer en circonvolutions, voire de m'expliquer avec Rambo derrière le bar, voire de me faire démolir par Rambo derrière le bar. Mon instinct suggère qu'il n'y a pas grand-chose à attirer ici hormis des emmerdes. Je bois ma vodka en quatrième vitesse, paye, quitte la zone, erre dans la ville – rien ne se passe – et regagne l'auberge.

* * *

C'est vendredi. J'achète une bouteille de vodka ainsi qu'un bocal de cornichons et me rends aux bains d'Abanotoubani, où Garip continue de monter placidement la garde, assis dans un coin des vestiaires, attendant que des baigneurs se présentent à lui.

Garip, accompagné d'un compère et d'une bouteille de tchatcha, me salue et m'invite à prendre place. Je déballe alors la vodka et les cornichons, ce qui ravit les membres de la communauté. La table autour de laquelle nous sommes installés, censée servir de bureau à mon hôte, fait principalement office de reposoir à cigarettes, alcool et victuailles. Concilier travail et plaisir : la clé du bonheur.

Nous trinquons, d'abord à la tchatcha puis à la vodka que l'on éponge en avalant pain sec et cornichons.

— À la Géorgie ! dis-je.

— À la Géorgie !

Le verre en plastique que m'attribue Garip ne m'appartient pas longtemps : il sert à tous les baigneurs de passage. D'une manière générale, tout ce qui se trouve sur la table semble appartenir à tout le monde. Des hommes s'arrêtent, nous parlent, se jettent un canon puis regagnent la salle d'eau. L'un, serviette autour de la taille, réclame sa part d'apéro. Un autre, verge à l'air, quémande une cigarette. Chacun se sert sans s'appesantir en formules de politesse, comme si le simple fait que ces denrées fussent exposées à la vue de tous signifiait leur mise à disposition.

Nous trinquons à nouveau, Garip, son camarade et moi. Toast ; entrechoquement des verres ; retoast ; nouvel entrechoquement ; engloutissement ; clameur : rrraaahhhhhhhhh !

J'observe l'impassible masseur qui dort, bouche ouverte, sur l'une des chaises disposées autour de la table. Il ronfle. La rumeur de nos libations, pas davantage que le son de la télévision posée sur une armoire en métal et qui débite une sitcom turque n'ayant rien à envier à *Derrick*, ne semble pas en mesure d'interrompre son roupillon.

Malgré l'hospitalité dont il fait preuve, Garip paraît sur ses gardes. Sa méfiance est-elle naturelle ou liée à ma présence ? Il désigne l'anneau accroché à mon oreille après avoir fait chauffer un thé sur une bouilloire du fond des âges :

— C'est pour les filles !

— J'suis pas une fille, dis-je. En France, c'est normal.

— Mais c'est pour les filles !

Ainsi de suite durant plusieurs minutes. Il multiplie les incitations à « jeter » mon anneau, mais je refuse. Un baigneur géorgien se montre plus avenant. Nous échangeons dans un russe brinquebalant à propos de Brigitte Bardot – les vieilles gloires hexagonales, disais-je – et de la Russie.

— Poutine est super, déclare alors Garip. C'est un homme à poigne !

Le Géorgien coupe :

— Arrête, putain ! C'est un gangster.

Voici résumé, en deux tirades, les sentiments qu'inspire le nouveau tsar aux citoyens de l'ex-Union, où la Russie demeure incontournable. Poutine incarne la puissance retrouvée d'un pays que certains perçoivent comme un grand frère aux muscles rassurants, d'autres comme un ours incontrôlable.

J'acquiers progressivement certains réflexes linguistiques mais mon niveau de russe demeure insuffisant pour intervenir avec finesse dans le débat. Cela me rappelle au bon souvenir des fiches de vocabulaire qui traînent dans mon sac à dos.

Nous trinquons : dans cette discipline, qui ne nécessite pas de se battre avec des conjugaisons retorses, je me défends. Et cela met tout le monde d'accord – pro et anti-Poutine, proboucle d'oreille et antiboucle d'oreille. L'alcool, dieu à deux têtes, a cette faculté de rassembler les êtres façon calumet de la paix ou d'exacerber leurs différences jusqu'à ce qu'ils se foutent sur la gueule. Dans les deux cas (surtout le premier), j'aime ces moments durant lesquels la ripaille rapproche les individus.

Nous palabrons dans la moiteur du vestiaire et l'air rendu opaque par la fumée des cigarettes, puis je tombe le caleçon et file dans la salle d'eau. Je prends une douche brûlante, m'enferme dans le sauna en compagnie de deux mastards avoisinant le quintal, plonge mes jambes dans le bain d'eau sulfurée et m'exfiltre finalement de la salle d'eau, un peu dégrisé, plus apaisé encore qu'à mon arrivée.

La bouteille de vodka a disparu. Sans doute a-t-elle été achevée en mon absence, selon la règle non écrite stipulant que toute denrée posée sur la table peut être engloutie à n'importe quel moment par n'importe quel baigneur.

Le masseur, sollicité par un client, abandonne péniblement sa torpeur. Il tourne en rond et se déshabille, exhibant un slip élimé qu'il tire vers le haut à plusieurs reprises, puis il s'engouffre dans son antre. La télé continue de cracher un navet turc. Les uns et les autres multiplient les allers-retours de la salle d'eau au vestiaire, bourses à l'air, et je me dis que cet endroit, à lui seul, pourrait faire l'objet d'un livre…

Je salue mes hôtes et regagne le monde extérieur.

Je commande une bière dans une gargote. Un des colosses aperçus aux bains sort de l'échoppe avec dans ses mains un soda et deux *khatchapouri* – institution culinaire géorgienne consistant en un morceau de pain dégoulinant de beurre ou de fromage, parfois farci ou agrémenté d'un œuf. L'homme passe devant moi, s'arrête puis se retourne, fait demi-tour et s'assoit à mes côtés.

Mikiachvili avale son encas avec l'ardeur d'un évadé du goulag. Il parle vite et fort. Le basket-ball s'invite je-ne-sais-comment dans la conversation : je pratique en amateur, lui a été professionnel à Roustavi, à Tbilissi et dans l'équipe d'URSS. Pedigree : 2,04 mètres, 120 kilos. Il a voyagé, notamment en France, à une époque où la plupart de ses concitoyens n'appréhendaient l'Occident qu'en songe.

— Comment va la Géorgie ? dis-je.

— La Géorgie est dans une bonne phase. Le pays va mieux, on le sent. Il y a une énergie, les gens font des choses. Mais… tu sais… on est des poètes !

Des poètes ? Voilà ce que Mikiachvili veut dire ou, plutôt, voilà comment j'interprète ses paroles : les Géorgiens n'ont pas la rationalité maniaque des Occidentaux, celle qui permet de tirer son épingle du jeu dans la « compétition mondiale », de se sentir investi d'un devoir de « compétitivité » comme si cela constituait un impératif vital. Oh ! Bien sûr, le capitalisme fleurit ici, et même le plus sauvage ; il profite aux oligarques beaucoup, à la classe moyenne un peu, mais il ne semble pas infuser de façon essentielle comme dans les âmes occidentales, peut-être parce que les âmes d'ici se repaissent d'autres nourritures : la spiritualité, le mysticisme, la foi. Les Géorgiens sont peut-être trop bordéliques et trop *poètes* pour que leur pays s'aligne parfaitement avec les normes du « développement » occidental.

Je tente d'expliquer cette théorie à Mikiachvili, qui comprend et approuve. Il guette ensuite l'heure, déclare « Mon fils m'attend » et s'en va comme il est venu en m'offrant le khatchapouri qu'il n'a pas dévoré.

* * *

Telavi et ses vingt mille habitants surplombent la vallée de l'Alazani, veine tempétueuse née dans les entrailles du Grand Caucase, dont les cimes se hérissent jusqu'à près de 6 000 mètres d'altitude de l'autre côté de la frontière russo-géorgienne, aux confins de l'énigmatique Kabardino-Balkarie. Le Grand Caucase : un mur tapissé de forêts impénétrables et percé de sentiers secrets, artères de la contrebande et du brassage des langues, voies des mercenaires en partance et des soldats en fuite. Grand Caucase : refuge ou piège, c'est selon.

Telavi se trouve au pied de ces montagnes. Cette cité langoureuse et ocre, aux toits de tuile et aux balcons de léthargie dominicale, est la capitale du vignoble multicentenaire de Kakheti, Mecque géorgienne du vin. J'y suis parvenu après avoir quitté Tbilissi à l'aube et brinquebalé durant quelques heures dans un autobus. Assis sur un banc au milieu d'une gare routière poussiéreuse, j'inspecte ma carte. Je veux me rendre au plus près des montagnes, dans un village du piémont. Je choisis au hasard : ce sera Childa.

Après Telavi, la plaine s'étale sur une dizaine de kilomètres entre les vignes et les prairies fendues par une route sans barrières ni bas-côtés, jalonnée d'arbres vénérables qui forment une allée vers la rivière grise. Le monastère de Gremi, entouré de vigne, trône en bord de route au sommet d'une butte dominant les abords du Grand Caucase, quelques kilomètres à l'ouest de mon point de chute.

Le chauffeur du bus me dépose à l'entrée du bourg de Childa, devant une échoppe administrée par la propriétaire de l'unique gîte des environs. Je ne cherche pas à comparer les offres d'hébergement, pour la bonne raison qu'il n'en existe pas d'autre. Et la tenancière me paraît avenante : c'est chez elle que je dormirai ce soir.

Son mari, échappé d'une serre à légumes, torse nu et tous poils dehors, m'interpelle :

— Pourquoi Childa ?

Que répondre ? On ne rencontre pas tous les jours des touristes débarqués par hasard ici. J'essaie de lui expliquer qu'aucune raison particulière ne m'y amène, mais il peine à me comprendre. De fait, rien ne pousse personne à s'attarder à Childa, où la déglingue et l'humidité rongent tout, y compris l'église engoncée entre une grange et des appentis menaçant de s'écrouler. Décrépi jusque dans ses gouttières, à peine visible de la rue, l'édifice supporte un clocher timide, aussi dézingué que le reste de cette cité ployant sous les vignes et la moiteur. À l'observer, je me dis que décidément, en Géorgie, tout penche. On dirait que les Géorgiens ont inventé la courbe. Rien n'est droit, dans le secteur : ni les routes, ni les balcons, ni les murs, ni même les lignes droites qui ne font que pencher.

À Childa, j'attire beaucoup les regards mais pas les invitations à boire, ni les invitations tout court, ni quoi que ce soit. Seul un boucher m'adresse les amabilités d'usage. Je traverse le village du sud au nord, ne sachant que faire, vagabond moins la misère.

Je finis par gagner mes pénates. Au balcon de la pension, je tente d'évacuer le spleen. J'observe les montagnes, la forêt et son tapis vert : les vignes. Au-delà s'étend le Daghestan. La Russie ! Mon objectif final. À moins de contracter une cirrhose d'ici là, j'y pénétrerai dans deux mois. Je franchirai la frontière dans l'immensité sibérienne. À 3 000 kilomètres plus à l'est – vertige horizontal.

Le patron hurle au rez-de-chaussée.

— ON MANGE !

Je me berçais de comptines éthyliques. J'imaginais que cette journée en demi-teinte se conclurait par un banquet en mon honneur durant lequel mes hôtes, le curé du village et les mariés de la veille me noieraient sous la tchatcha. Erreur. Je suis seul dans une grande salle éclairée au néon alors que le propriétaire regarde la télévision dans une pièce adjacente. Je dîne de saucisses froides, de fromage, de légumes frais et d'œufs durs. Le tenancier me propose de visiter sa cave mais ne daigne pas faire goûter sa production.

Un orage d'apocalypse éclate alors que j'écris ces lignes. Trois heures durant, les cieux fulminent. L'électricité abdique et les murs vibrent dans l'obscurité. Je suis seul à l'étage. La maison semble déserte. Mes hôtes vivent-ils vraiment ici ? Qu'est-ce que je fous là ? Est-ce un guet-apens ? Je ne trouve pas de réponse avant que la pyrotechnie ne s'achève.

* * *

Rien ne me retient à Childa. J'y suis venu en quête de promiscuité villageoise, je n'y ai trouvé que désolation.

Au matin, je repars pour Telavi où j'erre sans but dans la vieille ville. J'arpente une rue, bifurque dans une autre, emprunte à nouveau la première. Je fais route vers des fortifications quand un badaud nommé Zourat m'accoste. Il m'accompagne jusqu'à une église dévastée, réquisitionnée jadis par les Soviétiques, qu'il se propose de me faire visiter.

Le bâtiment a fait office d'entrepôt pour une usine installée non loin. Ses ruines conservent une certaine dignité car les années et le stalinisme n'ont pas eu raison de certains de ses oripeaux, ni de la foi des riverains qui ont maladroitement dessiné un Christ sur un des murs afin peut-être de remplacer quelque statue disparue de longue date.

— Tu veux boire un coup ? dit Zourat.

— *Da !*

Nous nous rendons chez lui, à quelques minutes de marche.

Chez lui, c'est une maison en bois à balcon, de guingois bien sûr. Au rez-de-chaussée, la cour en terre sert de poulailler à trois gallinacés emmenés par un coq arrogant. Un escalier mène à l'étage où se trouve l'unique pièce de l'habitation : 15 mètres carrés comprenant un lit dont les pieds reposent sur des pierres, un poêle rouillé, une armoire, des bibelots élimés, une gazinière antédiluvienne. Un spécialiste bien équipé pourrait remonter le temps en étudiant les strates de poussière accumulées au sol. Zourat a-t-il passé le balai depuis la chute de l'URSS ? Si l'on se réfère aux standards occidentaux, mon hôte vit dans un taudis. Si l'on prend comme étalons les standards ex-soviétiques, il s'agit aussi d'un taudis. L'antre d'un célibataire ayant abandonné toute velléité hygiéniste. Pourtant, Zourat, jardinier municipal à Telavi, dispose d'un réfrigérateur dernier cri, presque haut comme le plafond, et d'un ordinateur connecté à Internet.

Zourat communique avec ses deux fils grâce à son cordon ombilical numérique. Il me montre une photo du premier, militaire au sein de l'armée géorgienne, actuellement en mission en Afghanistan. Puis il sert des tomates, des concombres et du pain qu'il tire d'une niche rouillée.

Il trempe les légumes dans un bocal d'eau et dit :

— *Davaï* ! Sers-toi.

Sur la table qui n'en est pas vraiment une (elle fait office de plan de travail et d'espace de stockage) se trouvent deux assiettes, un coquetier rempli de sel humide et de la tchatcha dans une bouteille en plastique d'un litre et demi au fond de laquelle nagent des morceaux de fruits. Je crois d'abord qu'il s'agit de vin. Un vin géorgien léger, car le liquide est rosâtre comme un matin d'hiver.

— C'est du vin ?

— C'est de la tchatcha ! Elle est arrangée. J'ai mis des fruits à tremper. Tu veux goûter l'originale ?

Il se lève et revient avec une autre bouteille. Nous trinquons. Lui à la tchatcha, moi à l'arrache-souche. J'en ai bu, des alcools de bûcheron ! Mes parents et grands-parents produisaient une gnôle de pomme à ne pas verser dans tous les gosiers – une boisson brutale, impitoyable. Mais cette eau-de-vie-là surpasse en puissance tous les nectars qu'il m'a été donné de siroter. C'est un missile.

— Elle fait 55, dit Zourat.

Je parierais plutôt sur 60, voire 70. Je souffle.

— Hhhhhhhhhhaaaa.

J'avale un morceau de concombre et du pain salé.

Les fenêtres étroites et sales sont opacifiées par des rideaux en quasi-lambeaux. Il ne filtre dans la pièce qu'une lumière de crépuscule alors que l'après-midi commence seulement à brûler.

— J'ai acheté cette maison après mon divorce, confie mon hôte. Je n'avais pas les moyens de m'offrir quelque chose de mieux. Toi, tu as une famille ?

Je lui montre une photo de ma compagne et de mon fils.

Le propriétaire des lieux extrait alors d'une encyclopédie hitlérienne, ornée d'un portrait en pied du Führer, une photo de son autre fils – celui qui ne fait pas la guerre. Il y a également, conservé entre deux pages, un cliché de Zourat avec son ex-femme, Anna. Ce jour-là, les amoureux étaient en tenue de ville. Leurs corps étaient frais. Ils étaient beaux. L'homme assis devant moi, vêtu d'une chemise à carreaux et coiffé d'un pétard grisonnant, n'est pas le même. Les décennies ont émacié son visage et le labeur a rongé ses mains. La fumée a jauni ses doigts – il fume des brunes sans filtre.

Un brouillard de novembre et une odeur de Gitanes saturent la pièce.

Zourat clame son attachement à sa terre, aux terroirs d'un pays dont il connaît parfaitement l'histoire. Nous trinquons. Je préfère la tchatcha arrangée à sa cousine à gros voltage.

— C'était comment, l'URSS ? dis-je.

La conversation prend un virage, car Zourat hait la Russie. Surtout, il hait sa politique étrangère et ses visées impériales. Son débit s'accélère. Je ne comprends presque plus son russe. Il évoque l'Abkhazie, une région sécessionniste historiquement intégrée au territoire géorgien, qui a tenté de s'affranchir du giron après la chute de l'URSS. Les Russes ont appuyé l'irrédentisme abkhaze à grand renfort de manœuvres économiques, diplomatiques et militaires.

Zourat se lève, allume son ordinateur et lance une vidéo sur le site YouTube. Elle a été réalisée lors du conflit abkhaze par un cameraman embarqué avec la brinquebalante armée géorgienne. C'est un document cru, non censuré ; un film de guerre. Les troupes progressent avec un amateurisme de conscrits dans des banlieues désertes où grondent des obus. Une balle perfore le ventre d'un soldat. Un autre reçoit un éclat au cou. Des camarades tentent de stopper les hémorragies avec des compresses dérisoires. On emporte un agonisant en trompant la mort au bord des routes. On tire à l'aveugle vers un ennemi invisible.

Plusieurs vidéos semblables suivent. Chacune dure cinq, dix, quinze minutes. Le jardinier parle fort et s'emporte.

Il sanglote.

Il pleure.

Je tente un maladroit : « Ça va aller ? »

Nous trinquons. Zourat déclame de longs toasts.

— À nos familles ! À la paix !

Je veux en savoir plus. Pourquoi pleure-t-il ? Mon russe patine. J'utilise un outil de traduction sur Internet. Zourat lit ma question, me regarde, tape à deux doigts sur le clavier et les mots apparaissent en russe à l'écran. La transcription française dit :

— J'ai enterré plusieurs amis à Soukhoumi.

Soukhoumi, capitale de l'Abkhazie, théâtre d'exactions ultraviolentes dans les années 1990. De nouvelles images défilent. Des prisonniers ensanglantés, mains attachées dans le dos, frappés à coups de crosse, sur lesquels un soldat essuie ses crampons. Coups de bottes, humiliations, salves de mitrailleuses, immeubles en flammes.

Zourat ne quitte plus l'écran des yeux. Il renifle. Il chiale. Je coupe la boucherie et lui montre des images de Bretagne – dérisoire changement de cap.

— C'est mon pays.

— C'est beau, dit-il en observant la Côte de Granit rose et les rivages déchiquetés du Finistère nord.

Mais il lance une nouvelle vidéo, sanglote encore et peste. Il faut arrêter les frais. Je ferme YouTube.

— C'est pas bon pour toi, dis-je.

Il nous ressert à boire. J'entends le mot « Hitler » dans une de ses phrases.

— Pourquoi tu parles d'Hitler ?

— J'aime Hitler. Il a su unir le peuple allemand derrière une cause, avec un but.

— Ce gars a tué en masse dans mon pays !

Zourat est gêné.

— Pas de problème, mon ami, pas de problème…

J'aimerais pouvoir argumenter et, surtout, comprendre sa fascination pour le moustachu. Mais allez débattre avec six verres de tchatcha dans le nez ! Mon navire tangue. Zourat nous ressert. Il propose de passer de la musique. C'est The Rubettes : *Sugar Baby Love*. Un ersatz des Beatles en plus sirupeux et moins inspiré. Une pâle copie.

— Cette chanson, c'est ma jeunesse, dit-il.

Cette phrase contient tout : fêlures et regrets.

Je lui demande s'il connaît Joe Dassin.

Comme la plupart des ex-Soviétiques de plus de 40 ans, oui, il connaît. Bien sûr, qu'il connaît. Il lance *Salut* et chante dans un français rond, très légèrement accentué. Je chante aussi.

« Salut, c'est encore moi !
Salut, comment tu vas ?
Le temps m'a paru très long,
loin de la maison, j'ai pensé à toi.
J'ai un peu trop navigué
et je me sens fatigué. »

La mélodie résonne en lui. Les paroles résonnent en moi. Nous buvons un dernier verre et l'on s'étreint devant son portail alors que les volailles continuent de caqueter sur la terre battue. Le soleil de 15 heures surprend mes pupilles accoutumées à la pénombre.

— Adieu, mon ami, dit Zourat.

— Oui, adieu, l'ami !

Je m'engage clopin-clopant dans le vieux Telavi et, rapidement, l'évidence m'assomme : je suis bourré. Je pisse contre une haie, trouve un parterre arboré, m'allonge à même le sol et somnole durant plusieurs heures avec mon sac à dos pour oreiller, au cœur de la ville. Alentour, le monde vaque à des occupations importantes, ou vaines. La tchatcha exhale en moi son parfum de fruit.

* * *

Vapeurs, vapeurs, vapeurs. Gueule de bois.

* * *

Instant rare, au matin, dans ce Caucase habituellement cerné en été par des machines à orage. La chaîne de Kakhetie apparaît dans le ciel dégagé. Les pics daignent se montrer, conférant à la campagne une allure moins ramassée, moins terreuse, davantage fière.

Je m'offre les services d'un chauffeur pour effectuer un tour des caves. L'homme s'appelle Alexeï. Il conduit une Mercedes de troisième ou quatrième main, probablement importée depuis la Russie ou l'Europe occidentale, néanmoins rutilante. Dans l'habitacle, il n'y a pas trop d'espace pour son long corps robuste gardé par un nez proéminent, au-dessus duquel deux yeux noir pétrole expriment tour à tour la mélancolie, la bonté d'âme et la dureté de leur propriétaire. Alors que nous traversons des hameaux où les berlines furibardes doublent des charrettes à traction équestre près de fabriques à l'abandon, sur des routes décorées de villageois en transit et d'échoppes branlantes, Alexeï m'explique les particularités des terroirs géorgiens et m'abreuve d'anecdotes sur la région. Nous nous engageons rapidement sur le terrain politique. Désabusé comme beaucoup de ses concitoyens, il nourrit peu d'espoir pour la Géorgie.

— Quatre cent mille personnes n'ont pas les moyens de s'acheter du pain ! s'exclame-t-il. Un tiers des gens vivent au-dessous du seuil de pauvreté. La plupart des Géorgiens n'ont pas d'éducation.

— Mais vous êtes indépendants, maintenant…

Il pouffe.

— On est toujours dépendants. Peu importe de qui on dépend, les États-Unis ou la Russie. On est coincés entre des empires. La Géorgie n'a été réellement indépendante qu'une fois : au XIIe siècle. Le problème, c'est qu'on ne sait pas ce qu'on veut. Dépendre ou ne pas dépendre… Les gens disent que la Géorgie est indépendante, mais ce n'est pas vrai. Ils veulent intégrer l'Union européenne, mais ils ne savent pas ce que c'est, l'Union européenne !

— La Géorgie pourrait être la Suisse du Caucase…

— Si on avait des gens éduqués au gouvernement ! Mais ce sont des pantins. Des putains de guignols ! Ils ne peuvent pas prendre de décisions. Si demain il neige en juin, les gars au gouvernement, ils sortiront pour faire du snowboard.

— Qui décide ?

— Les oligarques.

— Qu'est-ce que tu penses de la Russie ?

— Elle ne fait jamais rien pour qu'un pays aille mieux. Les Russes sont cent pour cent heureux quand ils voient qu'un de leurs voisins est plus pauvre qu'eux. On ne peut rien faire contre la Russie. Ils sont trop forts ! Mais on a notre identité. C'est le seul côté positif du rattachement à l'Empire russe[1] : ça a renforcé notre identité.

Ingénieur ferroviaire de formation, Alexeï a principalement travaillé comme agent de sécurité, entre autres petits boulots. À la fin des années 2000, il voulait « changer de vie ». Il est devenu guide.

— Ça a été la meilleure décision de ma vie, juret-il. Avant, j'ai fait n'importe quoi.

Son regard et son intonation signifient qu'il a franchi des lignes jaunes. Je considère la longue

1. De 1801 à la chute du communisme.

balafre sur sa joue gauche comme un indice. Il y a eu des bagarres, sûrement. La taule, peut-être. Marié à une enseignante vacataire percevant un salaire de misère, Alexeï est père de deux enfants. Il peste contre le manque d'éducation de son peuple, contre le système qui pousse les gens – ceux qui le peuvent – à offrir des cours privés à leur progéniture.

Nous faisons escale dans une exploitation viticole située à quelques encablures de l'Alazani. Je goûte – blanc, rouge, tchatcha –, Alexeï boit de l'eau et nous parlons de la *soupra,* élément majeur de la culture géorgienne. Cette pratique millénaire, très codifiée, peut rassembler deux, dix ou trois cents convives et se dérouler à l'occasion d'un baptême, d'un anniversaire, d'un enterrement ou parce qu'on décide qu'il serait bon de festoyer sans attendre, ici et maintenant.

Lors d'une soupra, les convives désignent un *tamada*, sorte de maître de cérémonie à l'élocution et au charisme reconnus, nécessairement résistant à l'alcool, chargé de déclamer des toasts entre chaque verre, d'impulser un rythme au banquet et de veiller à entretenir une atmosphère de camaraderie. On trinque à la santé des ancêtres, au nouveau-né, à Dieu, à la patrie, au bonheur, à l'amitié, et l'on entonne des chants traditionnels. On exorcise les passions. On s'aime. On boit cul sec dans des cornes de bœuf. On mange. Beaucoup. Les plats sont amenés dans le désordre, d'abord les chauds, puis les froids, si possible jusqu'à ce qu'ils recouvrent la table et se chevauchent.

— Le tamada doit être éduqué, dit Alexeï. Il doit connaître beaucoup d'anecdotes, l'Histoire, la culture et les gens. Et des chansons ! Avant tout, il doit être positif. Si c'est un dictateur, je m'en vais. Je quitte la fête. S'il ne raconte que des choses négatives, le vin sera comme un poison. La soupra, c'est l'âme de la société géorgienne.

— Les femmes peuvent-elles être tamada ?

— Pas vraiment. Mais ça arrive. Il y a quelques années, on a eu une maire à Telavi qui buvait mieux que les hommes. C'était un homme, mais sans les couilles, tu vois ? Elle pouvait même boire dans une corne.

— C'est pas si difficile, de boire dans une corne…

— Oh, si ! Parce que c'est un demi-litre, une corne ! Si tu bois sans la pencher, ça marche pas. Si tu la penches trop, ça coule. Ça nécessite de l'expérience. Il faut boire doucement et avaler en même temps. Si t'en fous sur ton T-shirt, tu passes pour un plouc.

Il désigne des récipients en terre nommés *piala*.

— C'est très pratique. On boit facilement avec ça.

Puis de grandes tuiles ornées d'inscriptions en géorgien.

— Parfois, on boit dedans. Mais c'est pour les occasions spéciales. Pour les épouses, l'amitié, la vie ! En Géorgie, tout est connecté à la terre. Les tuiles, les pots, la vigne…

La tournée des caves se poursuit ; je visite, je goûte, blanc sur rouge, rouge sur blanc. Alors que nous faisons route vers un cellier multicentenaire, dernière étape de notre expédition, nous traversons un village géorgien semblable à beaucoup d'autres, au milieu duquel un groupe d'hommes tâte du pion sous une frondaison – des joueurs d'échecs et de backgammon occupent les places de tous les villages du pays, à toutes les heures ou presque.

Mon camarade piaffe :

— Ici, ils sont fainéants.

— Pourquoi ?

— À chaque fois que je passe, il y a plein de gens à rien faire. C'est un petit village mais ils ont deux clubs de jeu.

— J'aimerais avoir ton avis. J'ai souvent vu dans la rue, ou dans les magasins, une personne qui travaille et...

Il me coupe :

— Dix qui regardent !

Rires.

Les Géorgiens seraient donc fainéants. Mais comment asséner cela ? À partir de quels critères ? Un peuple peut-il même être fainéant ? Alexeï ne s'embarrasse pas des mêmes pincettes :

— Les gens sont trop fainéants en Géorgie.

Je m'interroge depuis plusieurs jours à ce propos, à force d'observer les autochtones, leur rapport au temps et leur art de le prendre. J'ai fini par trouver un mot : nonchalance. Il y a dans ce pays une approche épicurienne des impératifs du quotidien, une nonchalance, donc, si l'on s'en tient à une vision romantique de ce que d'aucuns nomment je-m'en-foutisme. La nonchalance ne répare certes pas les nids-de-poule, mais elle prémunit contre l'hyperactivité démoniaque de l'Occident, ce continent-monde où l'on adore le dieu vitesse ; où la productivité et la rentabilité, les deux gardiennes de notre enfer joyeux, trucident les illuminés qui ne se prosternent pas devant leurs totems d'arithmétique.

La Géorgie a bien des problèmes. Le culte de la technique sévit ici aussi. Mais elle dispose de réserves de nonchalance qui la protègent un peu de l'implosion nerveuse.

En Géorgie, admirer un collègue lorsqu'il triture une canalisation et commenter les événements avec deux autres zigues oisifs n'est absolument pas anormal. On dirait même qu'il est conseillé de prendre du recul et, de fait, de prendre son temps. Les drogués au produit intérieur brut diront qu'un peuple se comportant de la sorte fonce vers l'Apocalypse. On peut aussi penser que ledit peuple se prémunit contre la dépression et l'infarctus. Quand l'Occident aura obtenu la crise de nerfs qu'il fomente, les Caucasiens tranquilles lui diront qu'il n'avait qu'à bosser moins.

* * *

Je prévois de passer en Azerbaïdjan dans les prochains jours. Je quitte Telavi pour Lagodekhi, ville voisine de la frontière. Dans le taxi collectif qui m'y emmène, je traverse un vortex. Je flotte. Je me rends compte que je suis là, par ces routes défoncées, que c'est bien moi ici, dans cet autobus. Comme un enfant prend conscience de lui-même, je prends conscience de ma présence au voyage, dans ces nulle part qui ne sont que des ailleurs. Il me faut quelques minutes pour reprendre mes esprits et me rebrancher à ma propre existence.

Parvenu à Lagodekhi en milieu d'après-midi, je pénètre dans une taverne et commande une part de khatchapouri. On m'en sert un kilo – modération géorgienne.

Il fait chaud. Bien trop chaud pour un Breton lesté de 15 kilogrammes de marchandise dans deux sacs à dos forcément trop lourds, trop remplis, trop encombrants. Je transpire et je me torture : que faire dans le secteur ? Pourquoi suis-je ici ? Ne disposant d'aucun élément de réponse, je me lance dans ce qui est en passe de devenir ma discipline de prédilection : errer dans le bourg.

Lagodekhi, ce n'est pas Childa et son atmosphère de conflit tchétchène. Des palmiers surgissent des parterres. Les demeures à balcons entourées de vigne sont bien entretenues. Une place coquette fait office d'épicentre villageois. Mon hôtel, cependant, dénote. C'est un bâtiment probablement conçu par un architecte en exil forcé, sans doute aigri d'avoir dû laisser femme et enfants à Moscou, ou bien sommé de ne pas élaborer un édifice que quiconque durant les trois prochains siècles pourrait qualifier de charmant.

Près d'un terrain de sport occupant un replat à l'extrémité nord du village, je tombe sur une bande de vingtenaires sortant du travail. Il y a là une dizaine de gars se préparant pour leur entraînement de foot.

— Tu es français ? Tu connais Platini ? Giresse ? Pogba ? Vieira ?

— Oui, oui, je connais.

Lorsqu'un individu de sexe masculin rencontre un autre individu de sexe masculin, où qu'ils se trouvent sur la planète, deux sujets permettent bien souvent d'établir le contact : le foot et les femmes.

— Vous faites quoi après l'entraînement ?

— On va boire un coup.

— Je peux me joindre à vous ?

— Donne ton numéro de téléphone. On t'appellera.

Sait-on jamais ! Je repars et m'arrête au bord d'une route pour acheter de l'eau. Deux jeunes glandent sur un banc près de l'échoppe. L'un est torse nu, bière à la main.

— Tu as une cigarette ?

Je m'assois avec eux.

— Tu viens d'où ?

Reka, le gars à la bière, guigne mon appareil photo.

— Combien de mégapixels ?

Aucune idée.

— Ça coûte combien de lari ?

Mon matériel le fascine. Je les questionne.

— Qu'est-ce que vous faites dans la vie ?

— *Computer !*

— Je suis aussi cameraman pour une chaîne de Telavi, précise Paata. En fait, je suis surtout *hacker*.

Il prononce « hackeiiir ».

— C'est un bon business ?

Il se penche et me fixe. Ses yeux brillent. Il prend une intonation de contrebandier, avec cette voix des secrets qu'on confesse :

— Ouuuuuuui !

La conversation va et vient sans jamais trop s'éloigner des références de l'adolescence mondialisée : vie numérique, sexe, jeu, ivresse. À un moment, ils se tournent vers moi comme un seul homme. Leurs yeux brillent à nouveau :

— Tu aimes la marijuaaaaaaaaana ?

Un sourire de nourrissons éclaire leurs visages.

— Aaahhhhhhhhhhhh ! C'est bon, marijuaaaaaaaaana ! Et l'héroïne ? Cocaïne ? LSD ?

Un troisième jeune homme se joint à notre réunion, puis un quatrième, arrivé en Golf, qui ne quitte pas l'habitacle de son bolide. La *dance* échappée de l'autoradio sonorise notre conciliabule. Beka désigne son téléphone et dit :

— Selfie ?

Paf. Me voilà selfisé. Paata l'imite. Nous selfisons à foison, sacrifiant ainsi à la nouvelle eucharistie planétaire : la jeunesse, enivrée de selfies, s'autophotographie jusqu'à l'épuisement. Un rien déclenche la fièvre selfisante : la rencontre avec un étranger, l'achat d'un nouveau pantalon ou d'une nouvelle console de jeux, l'apparition d'un nouveau furoncle, mais aussi l'amour, un baiser, un paysage… Afin de selfiser plus intensément, *homo sapiens sapiens*, jamais à court d'idées, a même créé la perche à selfie, à mes yeux l'invention la plus déroutante depuis la mise sur le marché de la chaise électrique.

Je ne me lasse pas d'imaginer l'étonnement que pourrait ressentir un représentant d'une civilisation extraterrestre à la vue de nous, humains grouillants, selfisant avec ou sans perche, dans notre salle de bains, avec notre teckel ou devant la tour Eiffel, voire avec notre teckel dans notre salle de bains. Qu'éprouverait-il ? De l'amusement ou de la pitié ?

Reka m'assure qu'il publiera les photos sur sa page Facebook.

Arrivé à l'hôtel, je me prépare mentalement à la soirée qui m'attend, seul dans ma suite brejnévienne. Je songe à allumer la télévision avec l'espoir de tomber sur du sport ou sur un documentaire animalier. Au pis, un journal télévisé. En cas de déroute, une sitcom turque.

Mon téléphone sonne.

— Allô ?

— On t'attend en bas de l'hôtel !

Je suppose qu'il s'agit des footballeurs... J'enfile un pantalon, glisse quelques billets dans une poche et sors. Les sportifs patientent à quatre dans une voiture japonaise : ma limousine.

— *Davaï* ! dit l'un des gars après qu'on s'est salués.

Je ne sais pas où l'on va.

L'automobile s'arrête devant une boutique. Munitions : quatre litres de bière.

— Tu veux boire de la tchatcha ? demande un des gars.

— Pourquoi pas !

Nouvel arrêt, cette fois devant une maison. Un émissaire y pénètre, a priori dans l'espoir de se procurer un échantillon de ladite gnôle, mais ressort bredouille, alors nous poussons jusqu'à une échoppe. Je propose de participer aux frais. Refus catégorique des membres de l'équipage.

— Tu es l'invité ! me dit-on.

Après avoir roulé durant quelques minutes dans la nuit du Caucase, par des rues sans lumière, nous parvenons devant l'entrée du parc national de Lagodekhi. Mes camarades s'arrêtent, parlementent, oui, non, plutôt là-bas, repartent.

— En fait, on va aller ailleurs, déclare l'un.

Nous roulons jusqu'à un parc faiblement éclairé où les gars ont l'habitude de se retrouver. C'est un de ces lieux improbables que l'on colonise lorsqu'on a entre 15 et 20 ans, lorsqu'on traîne – activité qui en englobe tant d'autres ! –, et c'est donc leur repaire. Ils sortent les bières, la tchatcha, ainsi que des cacahuètes et des bâtons de fromage. Nous occupons un banc, puis bientôt deux. Des microgroupes se forment et se décomposent à la faveur de telle ou telle conversation.

Gueorgui et ses amis travaillent dans une banque de Lagodekhi. Chota, contrairement aux autres, a vu l'Occident. Il a étudié en Angleterre, a vécu à Londres, a couché avec des Françaises, affirme-t-il. Il est différent, plus libéral, moins candide vis-à-vis de l'Europe. J'explique aux gars que je dois passer en Azerbaïdjan demain.

— À Bakou[1], OK, ils sont civilisés, dit l'un. Mais ailleurs, c'est des sauvages !

J'ai déjà entendu cette scie. Dans les parages, chacun aime à qualifier son voisin d'arriéré infréquentable. L'histoire, la géopolitique et les guerres ont nourri une détestation d'autant plus artificielle que beaucoup de ces peuples se ressemblent, que les uns vivent avec les autres et que tout le monde

1. La capitale.

se comprend grâce à l'espéranto russe. Malgré cela, les Géorgiens n'aiment pas les Arméniens, ni les Russes, qui le leur rendent bien. Les Arméniens haïssent les Turcs et les Azéris, mais pas les Russes, qui les protègent. Les Russes considèrent parfois les Caucasiens comme des parasites. Les Azéris supportent à peu près les Géorgiens, mais conchient les Arméniens. J'exagère à peine. Et tout ce beau monde cohabite sans vraiment s'apprécier, sans trop se connaître – ou en se connaissant trop bien – et la vie suit son cours.

— J'ai parfois l'impression que vous vous détestez tous, dans le Caucase, dis-je.

— Non ! C'est pas vrai. En Géorgie, on vit avec les Russes, les Juifs, les Arméniens depuis des siècles…

Gueorgui change de sujet.

— Est-ce qu'on peut entrer dans l'Union européenne ?

J'explique que, selon moi, nos mœurs sont encore trop différentes. La Géorgie n'est pas prête à intégrer un espace aussi normé. J'ajoute que c'est peut-être mieux ainsi.

— Est-ce que vous le voulez ? je demande à Chota.

— Rien à foutre. C'est de la politique.

— Et la politique géorgienne, tu en penses quoi ?

— Saakachvili[1] était bien allumé, mais il avait une vision. Le problème, c'est que nos politiciens veulent juste s'en mettre plein les poches.

Nous faisons le plein de bière. Au passage, on me sert un verre de tchatcha.

1. Président de 2003 à 2013.

Ils me demandent si je suis marié.

— Comment ça se passe avec les femmes ? dis-je.

— Tu sais, ici, elles sont vierges jusqu'au mariage.

— La tradition est respectée ?

— Plus vraiment. Les mentalités changent. Toutes ces conneries, ça prend fin… On veut faire des expériences. Les filles couchent.

— Tu es croyant ? dis-je à Chota.

— Bof… Je vais pas souvent à l'église. Mais je suis chrétien, bien sûr.

— Et c'est quoi cette histoire de mariage gay ? dit Gueorgui.

Je connais d'avance son avis sur la question.

— Moi, je m'en fous, dis-je simplement. En France, c'est normal.

— C'est mal ! Ça m'plaît pas.

— Tu sais, mec, ici, si tu bouffes une chatte, t'es considéré comme un pédé ! précise Chota.

Je m'insurge.

— Mais c'est donner du plaisir à une femme ! C'est normal !

— Oui, mais c'est comme ça. Ça ne se fait pas.

Nouvelle tournée de bière.

— Et la Russie, vous en pensez quoi ? dis-je.

— Moi, j'aimerais aller travailler aux États-Unis, confie Gueorgui. Je gagne 700 lari[1] comme banquier à Lagodekhi. C'est trop peu. C'est pourri ! Là-bas, ce serait différent…

Nous parlons ainsi durant deux heures, peut-être trois, des sujets qui font tourner le monde, et les

1. Moins de 300 euros.

lampadaires s'éteignent et le parc plonge dans l'obscurité quand l'orage commence à rugir. Les gars me déposent à l'hôtel alors que les éclairs qui se fracassent contre les collines illuminent les rues du centre-ville, comme un feu d'artifice d'adieu avant mon départ du pays.

II

Soigner l'atome

Le fonctionnaire azéri tique lorsqu'il repère les tampons arméniens ornant une page de mon passeport.

— Vous êtes allé en Arménie ?

— Oui.

— Pourquoi ?

— Tourisme.

— Combien de fois ?

— Une seule.

— Hmm.

Il me prie d'attendre et quitte sa baraque. Je l'entends parler dans une autre pièce. Le mot « Armenia » émaille la conversation. L'agent revient, armé d'un formulaire destiné aux étrangers ayant séjourné chez l'ennemi. Il commence à le remplir et m'interroge à nouveau, cette fois en s'approchant de moi, tête vers l'avant, yeux grands ouverts fixant les miens. On a dû lui apprendre cette technique à l'école : regardez votre « client » dans les yeux ; s'il détourne le regard, vous pouvez supposer qu'il ment.

— Êtes-vous déjà allé au Haut-Karabagh ?

— Non.

Le Karabagh, c'est la plaie béante de l'Azerbaïdjan et de l'Arménie. Les nœuds du Caucase s'y entortillent depuis que Staline, maître dans l'art de diviser pour mieux régner, a rattaché à l'Azerbaïdjan ce territoire peuplé majoritairement d'Arméniens. Lors de la chute de l'URSS, les autorités du Karabagh ont proclamé l'indépendance de leur territoire, ce que leurs homologues azéris ont formellement contesté. Une guerre et plusieurs dizaines de milliers de morts plus tard, le Karabagh demeure autonome. La communauté internationale, à l'exception de l'Arménie, ne reconnaît pas son existence. Le conflit n'est pas réglé, aucune paix n'a été signée et de temps à autre, l'Azerbaïdjan envoie ses chars, son aviation et ses drones à l'assaut de ce jardin montagneux. Toujours en vain, pour l'instant, car le peuple du Karabagh verse son sang et résiste. L'Histoire, la religion, les morts et la géographie se contorsionnent dans ce bout de terrain grand comme deux départements français.

— Vous connaissez des gens en Arménie ? demande le garde-chiourme.

— Non.

— Personne ?

— Non.

— Où êtes-vous allé en Arménie ?

— À Erevan.

— Uniquement ?

— Oui.

Je ne lui raconte pas dans le détail mon séjour dans cette extraordinaire contrée, bien entendu. Je ne lui propose pas une séance diapo, n'évoque pas les journées passées à Goris, près de la frontière du

Karabagh, et je soutiens son regard. Il finit par me gratifier d'un coup de tampon avant de me confier à ses collègues en charge de l'inspection des sacs.

La policière maugrée en regardant ma carte du Caucase. Elle la déplie puis appelle ses collègues tout en examinant le butin. Deux autres gabelous, dont l'un arborant uniforme de camouflage et casquette assortie, arrivent en renfort. Les voilà en trio, reluquant ma carte de l'Iran à la Russie. Je sais ce qu'ils cherchent : un Haut-Karabagh géographiquement « arménisé », une topographie qui ne satisferait pas aux revendications de leur gouvernement.

— Attendez ici.

Ils s'en vont avec l'objet incriminé. Dix minutes passent durant lesquelles l'absurdité des frontières, éléments centraux de la construction géographique, apparaît dans toute sa vulgarité bureaucratique. Ces trois militaires scrutant ma carte comme des poules inspectent un couteau, avec leur air important et leur vigilance surjouée, ressemblent aux acteurs d'une comédie. L'inanité de la guerre, de la géostratégie et des enjeux de pouvoir s'incarne en eux, en ce vendredi matin, dans ce poste-frontière du Caucase.

Retour des deux zélateurs.

— Vous savez que le Haut-Karabagh est un territoire azéri ? dit la femme.

Répondre « non » reviendrait à signifier mon envie d'effectuer une visite du commissariat le plus proche accompagné par un officier du renseignement.

Je donne les réponses souhaitées.

— Oui.

— Vous savez qu'il est occupé par l'Arménie ?

— Oui.

— Si vous savez que le Karabagh est occupé, c'est OK, conclut la douanière. Bon voyage !

Elle offre enfin un sourire.

* * *

L'Azerbaïdjan, unique nation du Caucase méridional à majorité musulmane, a brièvement enfanté, au début du XXe siècle, de la première République laïque et démocratique du monde musulman. Intégré avant cela à l'Empire russe et plus tard à l'Union soviétique, le pays a connu une période d'instabilité après la chute de cette dernière. Le président Gueïdar Aliev a mis tout le monde d'accord à partir du milieu des années 1990 avec l'aide de l'armée et l'appui d'une propagande le présentant comme le père de la nation. Son fils lui a succédé à la tête d'une République économiquement libérale, ouverte sur l'Occident, mais aussi peu démocratique qu'une équipe de football entraînée par José Mourinho.

Gueïdar Aliev, qui fut durant trente ans l'homme fort du pays, a été secrétaire du Parti communiste d'Azerbaïdjan de 1969 à 1987. Membre de l'élite soviétique et du politburo, il était la quatrième personnalité la plus puissante d'URSS à l'arrivée au pouvoir de Gorbatchev. Il se distinguait de certains de ses congénères haut placés par sa culture et par sa tendance à fréquenter des acteurs et des compositeurs plutôt que les politicards rustauds qui frayaient dans les eaux profondes du Kremlin. Contrairement à certains de ses pairs très portés sur la vodka, Aliev ne buvait que du cognac en provenance de son Caucase natal.

À l'image d'Aliev, l'Azerbaïdjan est un entre-deux. Une confluence.

Ethniquement turcs, les Azéris parlent une langue turque. Contrairement à leurs cousins sunnites d'Anatolie mais à l'instar du voisin iranien avec qui ils partagent une frontière au sud, ils pratiquent (en majorité) un islam chiite. Une version très libérale de l'islam chiite, en l'occurrence. Les femmes voilées sont rares et la consommation d'alcool est non seulement tolérée mais parfaitement légale et intégrée aux mœurs.

L'Azerbaïdjan navigue entre l'Iran et la Russie. Entre la mer Caspienne, la mer Noire et le golfe Persique. Entre le pétrole et le tourisme. Entre les langues russe et turque. Entre le cheval et le 4 × 4. Entre le XIXe siècle et le XXIe siècle.

Entre le thé et la vodka.

Parvenu à Qax, je saute dans un taxi pour Ilisu, un village de montagne du Grand Caucase.

Alik, le chauffeur, accompagne ses éclats de rire de gestes amples. Revenue d'entre les morts, sa Lada tousse mais tient la distance au prix d'un fort dégagement d'odeurs. Un fumet de plateforme offshore embaume l'habitacle.

Dans une autre vie, Alik a été chauffeur de bus. Il buvait « beaucoup, beaucoup de vodka » à cette époque. Il a déposé les armes il y a dix ans, « grâce à l'islam ».

— Nicolaaaas ! dit-il en agrippant mon bras gauche. Et il désigne les montagnes qui défilent au dehors. Regarde ! Regarde comme c'est beau !

— Oui, c'est beau ! C'est très beau.

— Mais regarde, regarde ! Regarde comme c'est beau !

Un pont de pierre franchit un torrent surgi des hauteurs. Ilisu s'étire en bicoques de pierre au-dessus du cours d'eau, qui n'occupe en cette saison qu'une infime partie d'un lit gigantesque – presque un kilomètre d'une rive à l'autre. Je prends mes quartiers au centre de vacances Ouloudag, où je me déleste de 30 euros par nuitée. C'est cher. Hors de prix, si l'on s'en tient aux standards caucasiens.

Le complexe Ouloudag ne s'adresse pas aux paysans azéris qui, de toute façon, ne partent pas en vacances. Aménagé à flanc, il regroupe plusieurs dizaines de chalets, un restaurant, une discothèque (rustique), une piscine olympique extérieure (rustique également) ainsi qu'un terrain de football. Les riches des alentours et de Bakou, la capitale, y dépensent leurs pétrodollars. Un drapeau azéri flotte au-dessus du portail protégé par un œil de Fatima. Plusieurs bassins où stagne une eau trouble ornent les étagements. Sur l'un d'eux trône une sculpture massive représentant un mouflon. Des alcôves disséminées entre la réception et les premiers chalets accueillent les tables du restaurant. Les serveurs, qui s'y rendent au pas de course depuis les cuisines, enjambent les marches deux par deux, plateaux en équilibre sur leurs cinq doigts. Les familles – majoritaires – s'abreuvent de thé et de soda. Les hommes en repas d'affaires ou en retrouvailles amicales boivent, le plus souvent, de la vodka apportée dans des seaux à glace.

* * *

Je déjeune tard, je me rase à blanc avec un Bic une lame et du savon, j'écris, je regarde les montagnes et la brume. Je n'abandonne ma léthargie qu'en milieu d'après-midi.

Une piste pentue, gravie par des 4 × 4 à longueur de journée, longe le complexe hôtelier. Je décide de l'emprunter et parviens jusqu'au pied d'une cascade haute de 40 mètres. Les autochtones s'y rendent avec leur propre véhicule ou paient les services d'un des nombreux chauffeurs qui patientent en bas, tous équipés du même cheval : la très sainte et robuste Lada Niva. Ah, la Niva ! Les monstres allemands climatisés, GPS-isés, aux allures de bolides téléguidés, n'ont pas son encolure de bourrin rustique. La Niva, fabriquée par et pour les Soviétiques, a la simplicité racée des petits chevaux mongols. Elle gémit et pleure quand les BMW ronronnent.

Les Azéris se photographient devant la chute d'eau. Ils admirent le panorama et s'arrêtent dans l'une des trois *tchaïkhana* (maison de thé, café, bar) de fortune installées sur les hauteurs. Je m'y arrête aussi. Une bâche bleue disposée en tente, une table de camping, un samovar et un réchaud à bois équipent l'un des « salons de thé ». Rafi, un chauve au long corps de criquet, cadre dans une compagnie pétrolière de Bakou, s'assoit à mes côtés. Il tangue, vocifère et sent l'alcool. Il désigne du doigt le

Hyundai 4 × 4 garé près de la tchaïkhana ; c'est le sien.

— J'ai crevé en montant, peste-t-il.

Associé à la cuite du matin, cet aléa le rend bougon. Ou peut-être se comporte-t-il toujours de la sorte. Alors qu'il s'attaque cahin-caha au changement de roue, jouant maladroitement du cric, ses compères surgissent des environs. Ils sont six, aussi peu frais que lui. L'un d'eux, estonien d'origine azérie, architecte en Autriche, résume la situation :

— Je travaille à Bakou pour plusieurs mois. On a un long week-end, c'est férié lundi… Alors on prend du bon temps !

Cette bande de mâles ressemble à beaucoup de bandes de mâles prenant du bon temps entre mâles, dans ce pays comme dans n'importe quel autre. Ils suintent la testostérone et se répandent en blagues de cul.

— On a pas mal bu ce midi…, dit l'Estonien.

— Vodka ?

— Oui, oui… Pas que.

D'où l'état des troupes. D'où les yeux de lapin myxomatosé. Je parviens à tenir une conversation normale avec l'Estonien, mais avec les autres, plus saouls et moins anglophones, c'est compliqué. Un des gars s'approche :

— Tu connais l'Arménie ?

— Oui.

— J'encule l'Arménie !

Il glousse. Rires dans l'assistance. Rafi abandonne alors son atelier mécanique, comme si toute évocation de l'ennemi arménien impliquait qu'il participât à la discussion séance tenante. Il nous gratifie d'une analyse :

— *Fuck you Armenia !*

L'autre veut me convaincre :

— Tu te rends compte, ils ne sont que trois millions en Arménie ! Pourquoi ils ont besoin d'occuper notre territoire ? Ils ont bien assez grand chez eux. Qu'ils restent chez eux, bordel !

Personne ne le contredit, évidemment. Seul l'Estonien affiche plus de détachement que ses compères. Il faut dire qu'il ne vit pas « dans le jus », sur place, et qu'il n'est pas exposé à la propagande gouvernementale. En ce qui me concerne, je me retiens de dévoiler mon point de vue sur la question. Cela ne ferait probablement pas changer le leur et pourrait me valoir une fracture du nez. Il faut choisir ses combats.

Une fois la roue de secours installée, Rafi se rassoit, boit un thé, puis décrète :

— On y va !

Et, s'adressant à moi :

— Tu viens avec nous ?

Bien sûr, que je viens.

Nous prenons place dans le Hyundai. Rafi, pas remis de sa cuite du midi, dévale à trop grande vitesse la pente à 15 %, fend les virages comme s'il voulait éclater un deuxième pneu, répond au téléphone et conduit avec une seule main. Tout l'équipage se marre. Les enceintes crachent une *dance* locale matinée d'arrangements traditionnels. Mon voisin de droite, plus ivre encore que ses amis soulographes, me répète que « Rafi est pédé ! » et conclut quinze ou vingt fois cette même saillie par un rire de baryton.

Nous atteignons l'orée de la piste en trois minutes. Il m'avait fallu une demi-heure pour parvenir en haut. Rafi, traversant Ilisu à une vitesse absolument pas villageoise, manque d'emboutir une vache et stoppe finalement le véhicule devant une gargote en bord de route.

Nous nous installons sous une tonnelle et je m'attends à ce qu'une bouteille soit sacrifiée sur l'autel de l'amitié entre les peuples. Mais non : thé pour tout le monde. Les gars ont leur compte, semble-t-il, et la fin du week-end approche – ils lèvent le pied.

Un ménestrel à chapeau, sorti de nulle part, s'ancre alors près de notre table. C'est un accordéoniste édenté et buriné qu'on dirait échappé d'un long-métrage naturaliste. Il envoie du traditionnel azéri qu'il fait suivre d'un Mozart. Les gars tapent sur la table en rythme, claquent des mains et gueulent. Les blagues fusent, ça crie, ça souffle de fatigue éthylique. Ils me rappellent mes propres amis et nos virées arrosées. Nous sommes à peu près semblables, aussi cons et aussi majestueux dans notre inconséquence. À cette différence : je ne conduis pas bourré et je n'ai rien contre les Arméniens.

Mes compagnons du jour disposent de situations professionnelles confortables. Ils travaillent pour la plupart dans des compagnies pétrolières ou dans des sociétés liées au business du pétrole. Ils conduisent des voitures allemandes ou asiatiques, vivent à

Bakou, gagnent bien leur vie. Je n'ai pas le loisir de les interroger sur leur rapport à la vodka, car l'un d'eux m'assaille de questions et tique lorsque je lui explique que je n'ai pas de programme pour les prochains jours.

— Mais le pays est grand, y a plein de peuples différents, de régions. Qu'est-ce que tu veux voir ?

— J'sais pas… J'irai où le vent me porte.

— Mais, concrètement, tu vas où ?

— J'sais pas !

— Mais où ?!

Et cela dure jusqu'à ce que les gars plient bagage, grimpent dans leur 4 × 4 et partent en trombe en direction de Bakou.

Je me retrouve seul, à nouveau, ruminant la conversation qui vient de s'achever.

C'est vrai : je ne sais pas où je vais, ce que je ferai ce soir ni ce qui m'occupera demain…

Il me faut un plan de bataille.

Je découvre que la vodka Xan, principale marque azérie, est fabriquée dans l'usine Vinagro, près de Goygol, à l'ouest du pays. Je décide de m'y rendre. C'est à une demi-journée de route de l'endroit où je me trouve, cela nécessite à l'évidence plusieurs changements de véhicule et ça n'est pas sur mon chemin, car je prévois de gagner Bakou d'ici à dix jours, puis de m'envoler pour le Kazakhstan.

Ça n'est sur aucun chemin pour aller nulle part, d'ailleurs, puisque la route de Goygol s'achève en cul-de-sac aux portes du Karabagh militarisé. Mais une voix intérieure me signifie qu'il faut que je m'y rende.

Davaï.

Et ainsi je verrai du pays.

* * *

Après Qax, j'admire depuis l'autobus une campagne rugissante de douceur et de fruits. À l'ombre des vergers crapahutent des nuées de gosses. Des moissonneuses-batteuses antédiluviennes écourtent la béatitude du blé. Des paysans en marcel et chapeau confectionnent des charretées de bottes rectangulaires. Marronniers, tilleuls, noyers et peupliers entourent la route qui serpente au milieu de ce Shangri-la sud-caucasien. Je songe : la campagne bretonne, ma terre, devait ressembler à cela avant qu'on ne sacrifie bon nombre de ses talus, de ses chemins creux et de ses vieux chênes au nom du « progrès ».

L'Azerbaïdjan est une énigme de la géographie. Il partage avec la Russie, côté nord, les sommets du Caucase oriental. Le piémont embrasse une plaine barrée plus au sud par des collines arides. À l'extrémité méridionale, des montagnes séparent le pays d'un géant : l'Iran. Entre les deux, c'est la plaine immense, tantôt sèche, tantôt irriguée. À l'est, il y a la Caspienne et Bakou, la capitale, poumon économique et culturel, vigie étatique, centre politique. À l'ouest, c'est le grand ennemi arménien et la frontière totalement close, doublée d'une chaîne de montagnes et d'une ligne de cessez-le-feu autour du Karabagh. Goygol se trouve au nord de ladite frontière, à un jet de pierre du territoire disputé.

L'Azerbaïdjan accueille en ce moment les premiers Jeux européens, sorte de sous-compétition olympique que les responsables ambitionnent de transformer en vitrine, à l'instar de nombreux autocrates des nouveaux tigres économiques mondiaux qui s'entichent de Coupes du monde de tout et n'importe quoi pour façonner leur image, participer au concert des nations et se donner un air important durant les cérémonies aux côtés de leur première dame en robe de soirée. Bitumée, parée de publicités et de fanions, la grande artère qui pénètre dans Mingachevir a été réaménagée pour l'occasion. L'autobus ne l'emprunte pas. Il bifurque vers une parallèle bien moins reluisante où la poussière, les bordures défoncées et les nids-de-poule dessinent un autre pays.

Je n'ai pas beaucoup parlé à mes voisins durant le trajet, mais tous les voyageurs, dans le véhicule, paraissent savoir que je suis français, que je viens d'ici, que je vais là. Depuis mon arrivée dans ce pays, j'ai le sentiment d'être chaperonné à tout instant. C'est comme si une agence de voyages informelle – le peuple azéri – accompagnait mes déplacements et exauçait mes souhaits, à grands coups de sourires et sans arrière-pensée manifeste. Le changement de minibus est donc aisé : le chauffeur a téléphoné à un collègue pour lui annoncer mon arrivée. Je n'ai arpenté l'asphalte de la gare routière de Mingachevir que durant quinze secondes lorsqu'un homme m'interpelle :

— C'est toi ?

— Heu… Oui…

Je monte dans son véhicule, effectivement en partance pour Ganja, mon prochain point de chute, où je débarque deux heures plus tard. Ganja, deuxième plus grande ville du pays, est bien éloignée des splendeurs de Bakou, des douceurs de la Caspienne et de tout ce qu'une cité peut offrir de coquet et de sympathique. Je pose le pied sur le bitume de ce joyau délavé, un petit pas pour Legendre, un grand pas pour personne, et me voilà dans une Lada direction Goygol, où se trouve la fameuse usine.

J'interroge le chauffeur :

— Vous savez s'il y a un hôtel à Goygol ?

— Oui, je crois. Mais il est fermé. Ou bien il n'est pas encore ouvert.

— Et vous savez où je pourrais dormir ?

L'homme arrête la Lada dans l'artère principale. Il s'adresse à des badauds qui entament un conclave sur le thème « Il faut loger le Français ». Un vieux aux cheveux blancs interpelle un gars traînant dans la rue.

— Tu as une chambre chez toi ?

— J'sais pas… Ce soir ? Non… Heu… Hmmm… Oui, d'accord.

Le gars dans la rue, tôlier d'un café tout proche, s'appelle Ilik. Il habite une maison reliée à l'arrière-cuisine de son débit de boissons par une cour intérieure. Il me conduit chez lui et propose de me louer sa propre chambre pour 10 manats. Je comprendrai plus tard qu'il s'agit du lit conjugal et que ma présence ne contribue pas au réchauffement des relations au sein d'un couple en pleine glaciation.

Les pièces de vie forment un étroit couloir disposé autour de la chambre et débouchant sur une salle d'eau rudimentaire. Dans ce couloir se trouve la télévision, la cuisine ainsi que deux canapés.

On s'assoit.

— Tu veux du thé ? demande mon hôte.

— Oui, très bien.

— Ou plutôt une bière ?

— Avec plaisir.

Il aboie un ordre dans l'arrière-cuisine. Quelques instants plus tard, Lena pénètre dans le salon-couloir. Serveuse dans le café d'Ilik, la jeune femme arbore un jogging Adidas, un T-shirt moulant et des escarpins bon marché. Avec son grain de beauté près de la bouche, ses cheveux décolorés et ses cernes de junkie, elle aurait sa place au générique d'un film noir scandinave. Ilik, qui carbure au thé, fume davantage que les échappements d'un dragster. La télévision débite une épreuve de karaté des Jeux européens, puis du tennis de table féminin. Ilik désigne la canne à pêche posée contre l'arête d'un mur :

— Tu aimes ?

Naturellement, que j'aime la pêche. Je suis pêcheur.

Il se lève, fait tinter des plats dans la cuisine puis réapparaît avec du pain et une assiette garnie de ses prises récentes. Il ne voulait pas m'emmener à la pêche, hélas, mais me faire goûter son poisson. Ce sont des gardons, peut-être des brèmes. Je déguste. C'est « pas pire ».

* * *

Goygol allie l'étrange à l'inhabituel. Bardées de bois clair et parées de balcons assortis, les maisons qui entourent les rues principales ressemblent à des chalets alpins. D'ordinaire, en Azerbaïdjan, il n'y a pas d'église dans les villages. Souvent, il n'y a pas non plus de place centrale. Ici, une église de type ouest-européen, bien différente des édifices religieux arméniens ou géorgiens, occupe la place centrale. On doit ces incongruités à des Allemands. Une communauté de vignerons teutons, après avoir fondé la cité au XIXe siècle, a implanté ici la première cave du pays, en 1860. Plus tard, Staline, spécialiste ès déportations, les a priés d'aller voir en Sibérie ou au Kazakhstan si la bière était plus fraîche.

C'est dimanche. Il est 19 heures. Inutile de me rendre à l'usine ce soir. Je m'installe dans le bar d'Ilik, un bouge enfumé dans lequel les clients jouent au backgammon en ingurgitant du thé par hectolitres. La décoration renvoie aux grandes heures du rococo néo-ottoman, période oasis et sultanats. Une image murale de deux mètres par trois représente une chute d'eau à moitié dissimulée dans un mur de végétation. Lena, seule femme dans cette zone remplie de mâles poilus, patiente devant la « caisse » où trône un boulier en plastique. Elle ne fait pas semblant de ne pas s'ennuyer.

Je suis seul à ma table. Une heure passe, Ilik finit par me rejoindre et commande une bière, peut-être pour faire en sorte que je ne sois pas l'unique énergumène à boire autre chose que de l'eau chaude dans son établissement. Mon logeur, un Jean-Pierre Marielle en plus ventru, paraît las. Il expire à grands poumons et me fait comprendre que les affaires marchent à reculons.

À mesure que l'heure avance, certains clients troquent leur tasse contre une chope.

— Tu veux manger ? demande Ilik

Je réponds par l'affirmative. Il ajoute :

— Et… boire ?!

Étant déjà en train de boire, je suppose que la question signifie : tu veux boire de la vodka ? Cela m'irait parfaitement, mais nécessite de périlleuses manœuvres que Lena tente de m'expliquer. Je comprends mal. La serveuse et le patron veulent s'assurer que je souhaite bien *boire*, comme si cela impliquait des décisions graves.

Lena désigne l'arrière-cuisine, puis la table d'à côté occupée par deux buveurs de thé. Elle se gratte le cou à plusieurs reprises, accompagnant ce geste d'un air interrogatif et de pichenettes du doigt au-dessus de la gorge, entre l'extrémité de la mâchoire et la carotide. C'est le signe de ralliement en usage dans toute l'ex-URSS. Il signifie : « boire » ou bien « on boit ? » ou encore « j'ai bu ». De nombreuses légendes circulent à ce propos. Elles font souvent référence à un citoyen courageux qui serait monté au sommet de la flèche de la cathédrale Pierre-et-Paul, à Saint-Pétersbourg, à l'époque des tsars, afin d'effectuer une réparation. Pour le remercier, le monarque lui aurait permis de boire à volonté dans n'importe quel débit de boissons du pays. Il fit apposer pour cela le sceau impérial dans le cou de l'intéressé, qui devait montrer sa mâchoire afin d'obtenir à boire.

D'énigmatiques va-et-vient se succèdent durant une heure entre le bar et l'arrière-cuisine, le tout en l'absence du patron retranché je ne sais où. Vers 22 heures, la table à ma droite se libère. Ilik réapparaît. Il tire des rideaux fixés à deux rails installés au plafond au-dessus de ladite table, qui se trouve désormais isolée à la manière d'une alcôve. Je comprends les longues explications de Lena : il fallait attendre que les clients quittent leur table – la seule disposant d'un système de « camouflage » – avant de commencer à manger et, surtout, à boire. Le second serveur, parti un peu plus tôt, revient avec un sac en plastique rempli de victuailles. Il traverse la salle à vive allure, direction l'arrière-cuisine, comme s'il ne fallait pas que les clients puissent apercevoir le goulot dépassant du sac. On m'installe dans l'alcôve à l'intérieur de laquelle le dîner a été servi. Le festin se compose de brochettes de poulet, de tomates, de concombres, de ratatouille et de pain, auxquels s'ajoutent une grande bouteille de vodka Xan, du Coca-Cola et deux petits verres.

— On boit ? demande Ilik.

Et nous buvons. Cul sec, car la tradition l'exige. J'ajouterais : parce que le goût de la vodka l'impose… J'imite la geste d'Ilik, qui avale des gorgées de soda et dévore un morceau de poulet après chaque rasade de vodka. Il quitte la table et me rejoint par intermittence. On s'en jette un, on mange du poulet, il repart. Il revient, on s'en jette un autre, on remange du poulet. Les rideaux pourpres dissimulent notre bombance. Ils trompent hypocritement les regards mais pas l'ouïe des clients, ni leur jugeote. Tout le monde sait ce qui se passe dans la coulisse, d'ailleurs tout le monde a vu les munitions transiter et personne n'ignore ce que la mise en place des rideaux signifie. Mais voilà : il faut cacher cette vodka qu'on ne saurait voir. Ne pas pitancher trop ostensiblement pour ne pas fâcher les musulmans fervents. Ainsi va l'Azerbaïdjan, pays d'accros au thé et d'accros à la vodka, l'un pouvant cacher l'autre, et inversement.

Dans la bouteille, inexorablement, le niveau descend.

Un soiffard prénommé Moubazir pénètre dans mon salon. Je l'accueille comme il se doit, bien qu'il me hurle dans les esgourdes, répète chacune de ses phrases dix fois et catapulte concomitamment quelques centaines de postillons vers la troposphère. Je ne comprends pas vraiment ce qu'il dit, car il mange ses mots – il lui manque la moitié des dents de devant. Qu'importe ! Je le rince ainsi qu'un de ses camarades. Je rince aussi le serveur venu prendre la température alors que le bar se vide. À ce moment, nous sommes presque aussi nombreux dans l'alcôve qu'en dehors. Tout cela n'a plus vraiment de sens, mais les rideaux demeurent tirés. Tel un notable du coin, petit mafieux des bas-fonds ex-soviétiques, je mène grand train dans ma salle privatisée.

Et le niveau descend, descend… L'alcool m'électrise. Je glose dans un russe de compétition ; je ris gras et fort. À défaut de me faire comprendre, je fais claquer des *Da ! da !* démesurément sonores, comme dans un mauvais film d'espionnage.

Il reste de quoi s'en jeter trois ou quatre mais je finis par déclarer forfait.

Somptueusement saoul, je m'écroule dans le lit d'Ilik.

* * *

Vincent, un Jurassien installé en Géorgie, m'avait prévenu :

— Tu ne connais pas le mot *pokhmelje* ? Je suis content de te l'apprendre. Ça va te servir.

Pokhmelje, en russe, désigne la gueule de bois. Le mot signifie littéralement « sous houblon ». Ce matin, je suis *opokhmelevchiï*. J'ai les idées qui penchent et le gouvernail en vrac. Je me réveille de trop bonne heure avec la soif au ventre.

Je me rends à pied à l'usine après avoir avalé un café. La présence devant les grilles de l'immense complexe, un lundi matin à 9 h 30, d'un Français moyennement frais prétendant écrire un livre sur la vodka, déconcerte quelque peu les agents de sécurité qui oscillent entre incrédulité et exaspération. On me signifie qu'aujourd'hui, c'est férié, que personne ne travaille et qu'il faut que je revienne demain.

Cette perspective ne m'enchante pas : je n'ai pas envie de m'appesantir dans ces confins, je ne me sens franchement pas « comme à la maison » chez Ilik et je ne sais pas quoi faire de la journée.

En remontant la rue principale, je tombe sur Moubazir en route vers le café. Il me prend sous son aile et répète vingt fois que je suis son « invité ». Nous entreprenons une visite de Goygol, son église, son école, son église, son école. Puis, après trente minutes :

— Tu veux aller dans les montagnes ? s'exclame Moubazir.

— Bonne idée. Comment on y va ?

— En voiture. Mon cousin est chauffeur de taxi. Je l'appelle.

— Mais combien ça va me coûter ?

— Rien. Tu es mon invité !

Suis-je aussi l'invité du cousin ? Rien de moins sûr : les chauffeurs de taxi déplacent rarement leur tacot pour la gloire.

Quelques instants plus tard, un moustachu gare une Lada à une intersection. Enchanté. Moi pareil. Roulons ! Le pilote est seul devant. J'occupe l'arrière avec Moubazir qui n'en finit pas d'enfumer l'habitacle. Je regarde le paysage alors que la caisse zigzague sur des routes à lacets. Les montagnes, les vraies, se trouvent loin. Il faudrait parcourir 50 kilomètres vers le sud pour les approcher et cela, bien sûr, n'entre pas dans les plans du cousin. Nous nous arrêtons près d'une modeste chute d'eau bordant des sous-bois parsemés de tables où pique-niquent des autochtones, puis au pied d'une haute effigie du *Lider Maximo* Aliev. Et c'est tout. Fin de la promenade. Je rêvais de panoramas et de mouflons, j'ai admiré des bords de route.

Retour vers Goygol. J'insiste pour rémunérer le cousin, qui ne crache pas sur mon argent. Moubazir hurle :

— Faut pas payer ! T'es mon invité !

Je ne l'écoute pas. Je paye.

Moubazir se propose alors de m'emmener chez lui et, je ne sais trop pour quelle raison, j'accepte. Dix minutes plus tard, nous pénétrons dans son antre, un boui-boui de tôle douteuse et de contreplaqué moisi érigé dans un faubourg à l'orée de la ville.

Mon hôte s'affale dans un canapé hors d'âge surveillé par un palmier en plastique, principal ornement du salon. La table basse est un petit Verdun. Deux bouteilles de Xan vides côtoient des assiettes sales, des cigarettes éventrées et des sacs en plastique graisseux. Des fourmis opportunistes jouent les éboueuses dans une écuelle où stagnent un fond de sauce et un mégot. Il y a aussi des verres sales, un cendrier rempli à ras la gueule et une bouteille de Fanta. Çà et là, la tapisserie a agonisé, laissant des pans de mur à cru. Dans un renfoncement, une niche héberge des bibelots dominés par une photo de Moubazir jeune. Un Moubazir pas encore édenté, pas encore porté sur la boisson.

Et maintenant ? Il va peut-être me proposer un thé, ou bien une vodka. Nous fumerons et boirons, sans doute. Nous migrerons au bar quand la chaleur aura décru ou que l'ennui nous imposera de sociabiliser. Tout cela est possible et probable, mais j'ai la gueule de bois et la nausée lancine, là, dans mes entrailles. Corps et esprit me délivrent un même message : sauve-toi, quitte ces lieux, va dormir, trouve-toi un lit ou un coin d'herbe.

Je salue Moubazir et retourne chez Ilik, mon hôte de la veille. Son épouse, seule dans la maison, ne m'adresse pas la parole. Elle passe le balai puis se plante devant la télévision. Elle ronchonne. Dès lors, j'exclus l'idée de me vautrer dans le lit du couple. Ce serait au mieux impoli. Je m'assieds dans le canapé alors que la matrone, installée à quelques centimètres de moi, regarde une sitcom. Trente minutes passent et je décrète que ce ne sera pas pire ailleurs, étant donné que ça ne peut pas être pire qu'ici.

Je pars direction Ganja. Je trouverai un hôtel et reviendrai à l'usine demain, me dis-je.

On n'évoque pas assez, à travers le monde, dans les encyclopédies et les journaux, les charmes de Ganja, ses faubourgs infernaux, ses automobiles souveraines, sa rivière-égout, sa mairie colossale, son parc, son unique rue piétonne. On a tort : cette capitale régionale dispose de nombreux atouts parmi lesquels la proximité d'une gigantesque usine d'aluminium, un enfer de béton, de fumée et de tuyaux qui vous hurle la bienvenue lorsque vous approchez de la cité par l'autoroute de Bakou.

Je « descends » à l'hôtel Kapaz, où l'on voyage dans le temps pour 20 euros petit-déjeuner compris. Plus précisément, on y explore l'époque brejnévienne, quand l'architecture devait vous écraser sous les plafonds hauts, les lignes droites et le béton armé.

Le béton a vieilli mais les lignes sont restées droites. L'hôtel Kapaz accueille-t-il encore des hôtes ? Je ne puis dire. J'aperçois un groupe d'Azéris dans un couloir, mais… ah… peut-être est-ce un mirage. La réceptionniste m'attribue la chambre 409, au quatrième étage sans ascenseur. Les ascenseurs ne fonctionnent plus et même s'ils fonctionnaient, je ne risquerais pas ma vie dans ces pétroleuses. Le Kapaz compte une dizaine d'étages, dont seulement deux ou trois sont « ouverts au public ». Les autres ont été abandonnés.

Parquet moisi, fenêtres à châssis auto-aérant, matelas taché, odeur de crasse, salle de bains aux allures de geôle… La 409 dépasse mes espérances. Pour brancher le chauffe-eau labellisé « CE » (l'étiquette est bien entendu contrefaite), je dois baigner pieds nus dans une flaque d'eau. J'abandonne l'idée de me doucher quand surgissent des étincelles alors que mes doigts frôlent les fils dénudés. Ici, tout fuit. Les robinets rotent. Une poubelle remplie d'eau, accompagnée d'un seau, occupe un coin de la douche-chiottes d'une superficie de 2 mètres carrés. J'utilise le seau et le contenu de la poubelle pour me laver à l'eau froide.

Certains endroits ont la faculté de dissoudre la gueule de bois. Sur une plage ombragée, au bord d'une rivière, auprès d'un potager réchauffé par le soleil de juin ou dans un sauna norvégien, l'esprit s'oxygène. Le corps se revigore. L'hôtel Kapaz agit en sens inverse. Il sale les plaies.

Je déprime dans les rues de Ganja. J'avale un kebab. J'apprends que Tbilissi, où je déambulais une semaine plus tôt, a été ravagée par une crue dantesque – au moins dix personnes sont mortes. Je reste longtemps assis sur un banc, hébété et inerte. Ce voyage n'a pas de sens. Le ridicule tue. Je pense à mon fils né il y a seulement un mois. Je pleure.

* * *

Un concert d'aboiements me tire du sommeil à 6 h 30. Je repars pour Goygol avec la ferme intention de pénétrer dans la distillerie.

Devant l'usine, les agents de sécurité me suggèrent de tenter ma chance plus tard :

— Il n'y a personne. Revenez à 10 heures.

À 10 heures, l'homme en faction passe un coup de téléphone. Quelques instants plus tard, une secrétaire vient à ma rencontre.

— J'écris un livre sur la vodka. Est-il possible de visiter la distillerie ou de rencontrer un responsable ?

— Je vais parler aux patrons. Attendez ici.

Le gars de la sécurité interpelle la secrétaire, qui effectue un demi-tour et s'adresse à nouveau à moi :

— Pas possible… Désolé.

— Mais pourquoi ?

— Pas possible.

— Parce que les patrons ne veulent pas ou parce qu'ils ne sont pas là ?

— Ils ne veulent pas. Et ils ne sont pas là.

Je parviens à extorquer le contact d'un prétendu responsable et m'en vais avec la satisfaction du travail accompli : 500 kilomètres parcourus, une nuit passée en l'an de grâce 1970, deux bus, trois taxis, une cuite, une adresse électronique griffonnée sur un bout de papier vert.

Jamais je ne la visiterai, cette usine !

Tant pis.

Cela ne m'étonne qu'à moitié. J'ai tenté ma chance, mais, pour tout dire, j'aurais été surpris qu'on me laisse visiter ces lieux, pour la bonne raison que je suis étranger, que je me présente comme écrivain (j'évite de dire journaliste, synonyme de « fouille-merde »), et qu'on n'ouvre pas les portes d'une distillerie au premier venu. L'alcool, c'est de l'argent, beaucoup d'argent, donc du pouvoir, donc de la politique, donc un sujet sensible. Ceci vaut dans le monde entier, mais particulièrement en Russie et dans son ex-empire et cela ne date pas d'hier.

Jusqu'au XIVe siècle, les Russes buvaient principalement des boissons fermentées : de la bière, du kvas[1], de l'hydromel et, pour ceux qui pouvaient se

1. Boisson fermentée et pétillante, légèrement alcoolisée.

le permettre, du vin. La distillation n'était pas encore parvenue jusque chez eux. Ce sont les Génois et/ou les marchands des cités hanséatiques qui leur ont fait connaître ce procédé révolutionnaire. L'eau-de-vie exportée par les Européens de l'Ouest, fabriquée à base de raisin, a d'abord été utilisée pour ses vertus médicinales. Très vite, on l'a ingurgitée pour tout autre chose, à savoir sa capacité à saouler plus intensément que la plus forte des bières. Passer de l'alcool fermenté à l'alcool distillé, c'était comme troquer une charrette contre une Lamborghini : ça vous marquait un paysan au fer rouge. À l'Est, cependant, on manquait de raisin, élément principal des premières boissons distillées. Alors, vers le XVe siècle, des esprits futés – probablement des moines – ont distillé des céréales, matière première abondante. L'ancêtre de la vodka était né.

Cette eau-de-vie avait tout pour plaire. Facile à produire et à transporter, elle permettait de valoriser les excédents de céréales et, cerise sur le gâteau, sa fabrication produisait des résidus avec lesquels on pouvait nourrir le bétail. Certains ont flairé le filon et se sont enrichis grâce à sa commercialisation, ce qui n'a pas manqué d'attirer l'attention des autorités. Dès la fin du XVe siècle, Ivan III a instauré un monopole étatique sur la vente de ce produit. Seuls les détenteurs d'un privilège étaient autorisés à en faire commerce, moyennant le versement de taxes qui permettaient de financer l'effort de guerre. Par la suite, Pierre Le Grand institua le système du *kabak*, du nom des tavernes d'État habilitées à vendre de la boisson distillée. Ces établissements étaient tenus par des hommes choisis parmi les villageois les plus

« fiables », qui devaient prêter serment et embrasser une croix à l'église avant leur prise de fonction – d'où leur surnom de *tselovalnik*, littéralement « faiseurs de baisers ». Les tselovalniki n'étaient pas de débonnaires tenanciers mais, avant tout, des collecteurs de taxes. Dans bien des recoins de l'Empire, ils sont devenus la principale interface entre l'État et ses administrés. Ils se faisaient payer en espèces, ce qui a contribué à métamorphoser l'économie et l'organisation des campagnes. L'État et les marchands ont institutionnalisé par ce biais une domination des paysans et assuré l'intégration des villages les plus reculés dans le système autocratique. Dès lors, l'autosuffisance des communautés rurales n'était plus qu'un souvenir.

La relation très particulière qu'entretient le pouvoir russe avec ce qu'on appellera plus tard la vodka remonte à cette période. Rapidement devenu indispensable au financement de l'État, l'alcool a fourni jusqu'au tiers de son budget. Il a été au centre d'une politique en dents de scie. Les périodes durant lesquelles un monopole étatique était instauré ont coïncidé avec une augmentation de la qualité de l'alcool, mais aussi de son prix. Cela a entraîné une prolifération des vodkas de contrebande et une recrudescence de la fabrication « maison », avec des conséquences catastrophiques en matière de santé publique. L'État prenait alors des mesures pour encourager l'abstinence, mais cela vidait ses caisses. Alors il ouvrait à nouveau les vannes, se remplissait les poches, et ainsi de suite.

L'État était devenu dépendant à l'alcool. Plus précisément : il dépendait de la dépendance de ses ouailles à l'alcool. Dès lors, certains historiens n'hésitent pas à affirmer que le rapport des Russes à l'alcool a été façonné par des choix politiques.

Avant l'invention et la diffusion de la vodka, les prolétaires buvaient principalement à l'occasion des fêtes religieuses et lors d'événements extraordinaires. Les soûleries pouvaient être épiques, mais elles se déroulaient dans un cadre communautaire et demeuraient occasionnelles. Les paysans n'avaient pas accès, le reste du temps, à des boissons alcoolisées qu'ils ne pouvaient de toute façon pas s'offrir. L'apparition de la vodka, l'ouverture de tavernes et l'organisation par l'État d'une « ébriété rentable » ont tout changé. Il devenait possible de boire seul, dans des établissements dédiés, à n'importe quel moment de l'année, et de s'enivrer jusqu'à dilapider son dernier kopeck. À la tradition de l'alcoolisation festive s'ajoutait désormais un savoir-faire en matière de « biture » qui deviendrait la marque de fabrique de toute une nation… ainsi qu'un des éléments exportés dans son empire, jusque dans les montagnes d'Azerbaïdjan.

* * *

La route qui mène à Lahic, au cœur du Grand Caucase, serpente à partir d'Ismailli, au-dessus de précipices qui semblent vouloir aspirer voitures, bergers et moutons. Lahic se déploie autour d'une artère principale pavée qu'entourent des maisons en pierre percées d'échoppes à victuailles et souvenirs, d'où se répandent mille odeurs de légumes, de lainages et d'épices. Ce paradis montagnard ouvre sur une large vallée et, au loin, sur le mont Babadag, vigie et lieu saint culminant à près de 4 000 mètres.

J'ai décidé de me rendre ici parce qu'il « fallait » que je quitte Goygol. J'ai entrepris de fuir dès la fin de matinée, après m'être fait éconduire devant la distillerie. Sept heures de transports en commun ont suivi, et avec elles le bonheur de reprendre la route, la joie provoquée par l'observation des collines dorées défilant derrière la fenêtre d'un vieil autocar, et tout cela décuplé par la sensation de m'extraire d'un cul-de-sac.

Hidayat me harponne dès ma descente du taxi, à Lahic. Ce quasi chauve au large nez caucasien, au ventre arrondi et aux yeux brillants – fatigue ou alcool ? – loue des chambres dans une modeste propriété située à l'orée du bourg. Si j'en crois les reflets écarlates qui moirent son visage, il ne dédaigne pas s'en jeter un plus souvent qu'à son tour – alcool, probablement.

Je prends mes quartiers chez lui, dans une cabane en bois spartiate avec vue sur les montagnes.

Aux aurores, je pars marcher sur des sentiers paysans, à travers des torrents, auprès de bovins placides et jusque sur les crêtes, au-dessus de prairies garnies de fleurs sauvages.

Je revis.

Je dîne avec mon hôte au milieu du jardin embaumé par l'odeur de l'herbe encore verte. Hidayat m'explique avoir effectué de très nombreux boulots, parmi lesquels chauffeur et peintre, notamment en Sibérie. Au détour de la conversation, il confie percevoir 180 manats de pension mensuelle.

— C'est Tchernobyl, dit-il.

Je sursaute.

— Comment ça ?

— J'ai été là-bas…

— Là-bas… Là-bas ?

— C'était en septembre-octobre 1986. Chaque jour, on montait sur le toit de la centrale pendant une minute. Et ça pendant deux mois. On changeait de vêtements tous les jours. Après la douche, on jetait tout.

— Pourquoi toi ?

— Parce qu'ils enrôlaient davantage les gens du Caucase… J'ai reçu une lettre du ministère ici, au village. C'était après mon service militaire. Ça disait : vous allez à Tchernobyl, rendez-vous le 22 septembre à Ismailli.

— Tu n'avais pas le choix ?

— Si je n'y étais pas allé, la police m'aurait arrêté.

— D'autres habitants ont été appelés ?

— Cinquante-cinq hommes sont partis d'Ismailli. On n'est plus que quatre encore en vie.

Hidayat a fait partie de l'armée des liquidateurs… Les fameux liquidateurs ! Mon hôte appartient au cercle pas si restreint des soldats du feu atomique, sacrifiés de force, balancés au cœur de l'enfer avec pour objectif d'éviter le pire. Parmi leurs missions : l'enterrement au bulldozer de villages contaminés et le « tir au chien », à savoir la chasse aux animaux de compagnie laissés sur place par les habitants évacués (les bêtes accumulant de la radioactivité dans leur pelage, il avait été décidé de les éliminer). D'autres « volontaires », dont Hidayat, ont été chargés de monter sur le toit éventré du fameux réacteur numéro quatre. Ils devaient racler à la pelle les matières contaminées et les balancer dans le trou béant causé par l'explosion, afin de faire diminuer le taux de radioactivité aux abords du bâtiment et de permettre son confinement par un sarcophage de béton. Ils ne pouvaient rester que quelques dizaines de secondes par jour sur le toit, après quoi il leur fallait redescendre, enlever leurs combinaisons de plomb, se faire décontaminer puis cuver leur migraine et attendre qu'on leur dise de repartir au front. Avant que les autorités ne fassent appel à des êtres humains pour effectuer ce travail, elles avaient envoyé des robots d'exploration spatiale sur le toit. La radioactivité a fait calencher les engins.

Les liquidateurs ont épargné à l'Europe un holocauste nucléaire. Ils n'avaient pas le choix. C'était comme ça parce qu'il le fallait. Quand le bon citoyen français se réjouissait de la trajectoire miraculeuse du nuage, Hidayat et ses frères raclaient la démoniaque poussière et se constituaient un stock personnel de radioactivité pour les siècles des siècles.

— Tu as des problèmes de santé à cause des radiations ?

— En Ukraine, à l'époque, le médecin m'a dit : « Bois de la vodka tous les jours ou tous les deux jours. C'est bon contre les radiations. »

Cela paraît grotesque. Une farce ! C'est tellement absurde que je ris, pensant qu'Hidayat va m'emboîter le pas. J'ai tort. Il ne rit pas. Il est très sérieux.

— Quand je bois de la vodka, ça va. Quand je ne bois pas, j'me sens pas bien. La vodka, le vin et les fruits, c'est très bon contre les effets des radiations. J'ai beaucoup de problèmes à cause de Tchernobyl… Je dors mal. J'ai eu deux enfants avant de partir là-bas. Ils sont nés en 1984 et en 1986. Après Tchernobyl, je n'ai jamais pu en avoir d'autres.

Le chant du muezzin résonne entre les montagnes.

Les images d'Igor Kostine me reviennent à l'esprit. Photographe « attitré » de la catastrophe, Kostine s'est rendu très tôt dans cette zone du nord de l'Ukraine où l'atome avait déraillé. Tchernobyl est devenu son obsession. Il a immortalisé le pendant et l'après : le bâtiment du réacteur éventré, les villages abandonnés, la ferraille contaminée ensevelie par les bulldozers, les animaux difformes, les cimetières de véhicules, les cancéreux… et les liquidateurs.

Kostine n'était pas un paparazzi posté à 300 mètres. Il est monté sur le toit avec les liquidateurs, harnaché comme eux, forcé comme eux de compter les secondes avant de filer à la douche. Il est même entré (!) quelques années plus tard dans le bâtiment du réacteur, au cœur de l'enfer. J'ai lu un de ses livres il y a une dizaine d'années. Ses images m'ont assommé. Ses paroles continuent de me hanter.

La vodka agit-elle vraiment sur le métabolisme d'Hidayat, comme le cannabis sur celui des séropositifs ? Ou s'agit-il du placebo ultime ? Les médecins conseillaient-ils ce remède en connaissance de cause, sûrs de ses vertus thérapeutiques, ou bien ordonnaient-ils de boire de la vodka comme ils auraient prescrit des infusions de camomille ou du ragoût de faisan ? Puisque la vodka servait à tout, que les hommes soviétiques en raffolaient et que quand on est saoul, on pense moins à la douleur – à défaut de ne plus la ressentir – et aussi parce que les officiels n'avaient rien de moins dérisoire à proposer à ces damnés des confins ukraino-biélorusses, parce que la médecine n'avait pas de solution à offrir et que les liquidateurs n'étaient pas assez importants pour qu'on se préoccupât véritablement de leur santé, parce qu'ils n'étaient que des petits rats du régime qu'on pouvait envoyer à l'abattoir radioactif, des rats qu'on soulageait corps et âme à la vodka, ajoutant aux radiations l'alcoolisme, le second supplantant finalement les premières en intensité de douleur/jouissance et finissant par dissimuler le mal initial ? Je ne sais pas. Les médecins japonais ont-ils prescrit des cures de saké aux sacrifiés de Fukushima ? Si c'avait été le cas, le monde aurait bien ri et l'empereur aurait fait pénitence devant les caméras de télévision.

Hidayat s'adresse à Julia, son épouse :

— Tu peux aller chercher mes médailles ?

Julia revient peu après avec une boîte en moleskine. Hidayat en extrait des breloques qu'il dépose sur la table du jardin : trois récompenses décernées pour le travail accompli à Tchernobyl. Il ne les manipule pas avec la minutie de celui qui exhibe des trophées. Il n'y a pas d'obséquiosité dans sa gestuelle, plutôt un détachement, une légèreté peut-être feinte pour mieux se prémunir contre les mauvais souvenirs, mieux exorciser. Ressent-il de la fierté ? De la résignation ? De l'effroi ?

* * *

Je dîne à nouveau avec Hidayat le lendemain, à l'issue d'une journée passée à écrire et à marcher dans le village.

Julia a préparé une ratatouille ainsi qu'une salade de tomates et de concombres que nous agrémentons de pain. Nous mangeons à la vodka. Il n'y avait plus de Xan Premium à la boutique. La Zolotoie Koltso (un euro la bouteille) ne tient pas la comparaison, d'autant qu'elle est tiède.

— Après-demain, c'est ramadan, dit Hidayat.

J'ai laissé le paramètre « ramadan » de côté jusqu'à ce qu'un jour, peu de temps avant mon départ, je songe à vérifier les dates prévues pour 2015. Verdict : je serai en terre d'islam durant l'intégralité du jeûne. Il va de soi qu'organiser une virée éthylique dans ce contexte s'avère stupide et relève de l'autosabordement, mais il était trop tard pour changer mes plans.

— C'est pas bon pour mon livre, ça…

Hidayat souffle :

— Ohhhhhf ! À Lahic, tu prends trois musulmans, y en a deux qui boivent. Moi, je suis musulman, je bois.

Me voilà rassuré.

— Et Julia, elle boit ? dis-je.

— Oui, mais elle n'aime pas la vodka. Et elle ne boit pas pendant ramadan.

Le crépuscule tamise l'air de la fin de printemps. Des paysans fulminent derrière leur troupeau sur la route bordant le jardin d'Hidayat, en surplomb de la vallée. Nous trinquons sans nous étendre en toasts et parlons peu. Nous apprécions le silence et la fraîcheur. Demain, il faudra partir, quitter les montagnes et affronter la mégapole. Cette vodka a la saveur particulière des veilles de départ. Je ne suis là que depuis trois jours mais j'ai l'impression d'avoir vécu de longs mois chez mes hôtes.

Sereins, mutiques, nous achevons la bouteille. Les douleurs d'Hidayat semblent apaisées.

Une mélancolie douce me poursuit jusqu'au lendemain, alors que le gendre d'Hidayat me conduit à Ismailli. Dans l'habitacle de la Lada, une mélopée orientale sonorise le défilé des vallées. La musique a cette faculté de rehausser les sentiments, quels qu'ils soient : la complainte en mineur correspond à mon humeur, à l'avancement du voyage, à mon envie de ne pas quitter ma cabane et à mon désir paradoxal de ne pas m'enraciner. Le spleen s'évapore quand nous atteignons la plaine et que le gendre pousse la bagnole à 160 kilomètres à l'heure.

Je pars vers une galaxie lointaine : Bakou.

III
Un banquet

La capitale azérie, prise d'une fièvre olympique, est sur son trente-et-un. Tout est « Bakou 2015 » : taxis, lampadaires, échoppes, gobelets, casquettes, flics. Je ne serais pas surpris si un rat d'égout labellisé « Bakou 2015 » me grillait la priorité sur un trottoir. Le pouvoir n'a rien laissé au hasard. À la télévision, il n'y en a que pour ces jeux-vitrines. Il s'agit du plus important événement jamais organisé dans le secteur.

Au pays de l'or noir, le sport, synonyme d'argent, brille de mille feux. Le feu, symbole de l'Azerbaïdjan, est partout. Dans la température de l'air, dans les mausolées où brûlent des flammes décoratives, dans les talus des faubourgs, cramés par la sécheresse et menacés par les incendies, dans le moteur des voitures allemandes, dans l'eau hydrocarburée des rives de la Caspienne – la vraie mer *noire* – et dans les trois gratte-ciel en forme de flammes qui dominent la ville.

Tout cela durera-t-il ? Le feu s'éteindra-t-il quand s'épuiseront les filons ? D'où coulera l'argent quand le jus noir aura cessé de jaillir ?

Avec sa vieille ville très « carte postale » et ses relents d'hydrocarbures, Bakou, en temps normal, est une cité particulière. Ruisselante de pétrodollars, envahie de 4 × 4, elle couve une jeunesse qui grouille dans des bars à l'européenne. Elle n'a pas l'énergie brute de Tbilissi ni l'âme damnée d'Erevan. C'est la ville-à-papa du Caucase. La belle bru. Les Jeux européens exacerbent ces caractéristiques. Bakou paraît plus désoviétisée que jamais.

* * *

Rafig mesure 1,93 mètre. Né au Kazakhstan de parents kazakhs « slaves », il parle parfaitement russe, mais mal azéri. Il s'exprime de temps à autre en allemand, envoie des *Zoupèèèr* ! ou des *Das ist gut !* ponctués de rires aigus et brefs. Ses longs membres se balancent au rythme de sa force tranquille et cela lui confère une nonchalance rappelant à la fois Charles de Gaulle et Gaston Lagaffe. Diplômé en journalisme, il a renoncé à exercer son métier :

— Ici, on peut pas dire la vérité.

Vrai : le régime azéri apprécie très peu le journalisme d'investigation et, d'une manière générale, tout ce qui remet en cause son hyperpuissance.

À défaut de risquer sa vie en enquêtant, Rafig achète et vend des voitures entre la Géorgie et l'Azerbaïdjan. Il a un « petit business », comme dit son ami Vouzal en souriant. Et les deux compères se fendent d'un éclat de rire puis se tapent dans la main, tels des Laurel et Hardy du Caucase.

Vouzal, physiquement à l'opposé de son ami germanophone, né de parents azéris en Azerbaïdjan, a la rondeur du trois-quarts aile gastronome. Haut fonctionnaire, il est marié et père de famille. Comme Rafig, il a beaucoup voyagé, notamment en Asie.

Rafig m'a abordé alors que je dissertais avec le préposé à la tireuse dans un débit de boissons à l'écart du centre de Bakou. Je me suis installé dans ce bar après une journée infructueuse. J'ai marché durant six heures sous le cagnard. J'ai exsudé des rivières de sueur. J'ai traîné dans les faubourgs. J'ai arpenté les quartiers cossus, les quartiers douteux, le front de mer, le centre-ville, des rues impeccables et des rues défoncées. J'ai dévalé une colline en contrebas de laquelle j'ai découvert… l'autre Bakou. L'envers du décor, une banlieue aux ruelles de poussière où un derrick pompait l'or noir avec cet inénarrable mouvement de balancier. Près du derrick patientait un cheval, comme garé là par quelque vacher en rendez-vous.

De retour en centre-ville, j'ai offert une bière à Ian, un retraité sans le sou rencontré dans une rue touristique. L'homme, peu habitué à de tels égards, a semblé étonné par ma proposition. Nous nous sommes installés à la terrasse d'un bar branché où les serveuses nous regardaient d'un mauvais œil. Duo improbable : un touriste crasseux accompagné d'un vieux à béquille se déplaçant avec peine. Ian tremblait en portant son verre à la bouche.

Hormis cela, rien. Il ne s'est rien passé. Pas d'invitation. Pas de porte ouverte. Fiasco. Et les interrogations sempiternelles : que fous-tu là, Legendre, dégoulinant de sueur et de poussière, brasseur de vent, à rôder comme un chien sans maître en espérant qu'on te paye à boire en plein ramadan ?

Une douche plus tard, je me décidai à repartir au front alors que la nuit tombait. La vodka ne voulait pas venir à moi ? J'allais venir à elle. J'allais me lancer seul dans une homérique tournée des bars. Ce serait un rodéo dans les bas-fonds, une expédition comme on n'en avait pas échafaudée depuis les grandes soûleries d'Hunter Thompson ! Ce serait le point d'orgue de ce chapitre, et peut-être même de ce livre !

Voilà pourquoi, résolu à en découdre avec moi-même, j'ai pris position au comptoir du débit de boissons. J'ai commandé du fromage fumé, des tomates, du concombre et une vodka.

— De la vodka azérie, si possible, ai-je lancé au barman. Vous avez ?

— Elle est pas bonne, la vodka azérie, a répondu le jeune homme. Bois plutôt de la Russe. Ou alors, j'ai une excellente vodka suisse. Normalement, c'est 5 manats le verre. Je te la fais *discount* à 2.

Je discutais avec le barman, donc, quand Rafig, le gars d'1,93 mètre, est venu fureter près du zinc. Il m'a invité à sa table où se trouvait déjà Vouzal, le trois-quarts aile gastronome.

Entre deux blagues – Laurel tape dans la main d'Hardy, je pouffe –, nous évoquons des sujets sensibles : les femmes, le sexe, la démocratie. Ils me bombardent de questions sur la France et l'Europe. Je les bombarde en retour de questions sur le Caucase et l'Azerbaïdjan. Forcément, nous évoquons le conflit avec l'Arménie. Mes interlocuteurs se montrent pessimistes. Je dégaine mon grand projet d'Union transcaucasienne :

— En Europe, on a eu la guerre jusqu'en 1945. Soixante-dix ans plus tard, on vit en paix avec les Allemands. L'Union européenne n'est pas parfaite, mais c'est mieux que la guerre. Je pense que pour être en paix et pour ne plus dépendre des grandes puissances, les pays du Caucase devraient se fédérer. Vous devriez mettre en place une union !

— C'est impossible, mec. Trop compliqué. Et la Russie ne laissera jamais faire ça.

— Beaucoup de gens pensaient que l'Union européenne était impossible à faire !

Laurel et Hardy se marrent. Ma naïveté les émeut. Soit. Europhile convaincu, je prêche l'union partout où je passe, comme pour mieux me convaincre que notre fédération brinquebalante n'est pas encore morte, que tout reste à faire et que ce projet a du sens.

Le bar ferme, alors nous migrons, commandons trois bières en terrasse, et Vouzal déclare :

— Nicolas, j'ai quelque chose à te proposer. Si tu n'as rien de prévu pour demain, je serais très honoré de t'inviter à déjeuner. Je connais un lieu très spécial, loin du centre. On fera ça comme chez nous. Avec de la vraie cuisine azérie et de la vodka. Ce sera bien pour ton livre. Rafig, tu viens ? Oui, oui, tu viens. Tu seras là.

Formulé par ce genre de type, ce genre d'invitation ne se refuse pas. Nous nous donnons rendez-vous le lendemain alors que Rafig tente sa chance – en vain – auprès de deux bombes déambulant dans la nuit étincelante de Bakou.

J'enterre prématurément mon projet de tournée des bars. Je veux garder des forces pour l'épreuve à venir.

* * *

Un mauvais sommeil plus tard, je me rends au point de rendez-vous – une station de métro du centre de Bakou – à l'heure prévue.

Sur le chemin, discussion avec Roufat, un inconnu au physique d'athlète. Il est musulman, mais ne prie pas.

— J'aime la vodka, dit-il. Je peux en boire un litre !

— Un litre ?

— En mangeant, avec du kebab, ça se fait bien !

Un litre de vodka pour un seul homme, en un seul repas ? L'équation peut sembler farfelue. Je commence cependant à croire, à mesure que je vogue en ex-URSS, que l'arithmétique a ses mystères et qu'*homo sovieticus* a ses combines.

Vouzal me rejoint au métro. Rafig est aussi de la fête, toujours à s'exclamer en allemand. Nous traversons la ville jusqu'à atteindre une banlieue avec ses grands ensembles et ses échoppes orientales, ses chats errants, sa classe moyenne. Un taxi nous dépose au cœur de cette zone devant un restaurant aux allures de forteresse. Une petite armée de serveurs nous accueille. Vouzal, pas inconnu dans les parages, les salue tous. L'établissement détonne par son aspect neuf. Il comporte des tables extérieures et des salles privatives climatisées, hermétiques à la lumière. Nous prenons place dans la numéro un.

Avec son personnel pléthorique, ses alcôves discrètes, sa situation à l'écart du monde et à l'abri des regards, cet endroit pourrait servir de repaire aux parrains de la région. C'est peut-être le cas. Je me sens un côté Corleone alors que je m'assois en contemplant la vaisselle fine et, clou du spectacle, les verres à vodka sur pied. Sur pied ! Je jubile.

Vouzal a commandé un repas spécial. « La totale », en somme, le festin des grands jours, à la russe, sous forme de *zakouski* que les serveurs n'en finissent pas de déposer, débarrassant la table à mesure qu'elle se charge de plats, de coupelles, de corbeilles et d'assiettes. Une grande bouteille de Stolichnaya, l'une des plus célèbres vodkas russes, prend place à nos côtés. Servie glacée dans un seau, elle sera notre camarade durant les trois prochaines heures.

Assis en bout de table, Vouzal dirige l'orchestre. Il imprime le tempo de la symphonie de toasts qui s'enchaînent selon un rythme presque naturel, calé à la fois sur la progression du repas, sur l'absorption du verre précédent par notre organisme et sur la nécessité communément ressentie, à un moment donné, de marquer le coup en trinquant. Cela donne lieu à d'implicites consentements.

— Buvons ! dit l'un.

Et chacun approuve, car chacun sait qu'à ce moment précis, il faut boire. Et tour à tour, nous déclamons des toasts. Et nous buvons cul sec.

Le festin commence par une salade *mangal* à la sauce *souzma*, accompagnée de fruits.

— Les fruits, c'est bon en *zakouska*, dit Vouzal.

Les zakouski sont les hors-d'œuvre russes. Servis en canapés, sur du pain ou des blinis, en soupe, etc., ils peuvent être constitués d'une multitude d'ingrédients : hareng, porc, œufs de poissons, champignons, crèmes, oignons, ail, etc. Institution culinaire en Russie et en ex-URSS, ils sont les protagonistes incontournables d'un apéritif arrosé de vodka.

Les serveurs nous apportent du pain, que l'on m'offre en priorité.

— Le premier morceau de pain est toujours pour l'invité, confie Vouzal. C'est une tradition du Caucase.

Arrivent ensuite les testicules de mouton façon kebab accompagnées de yaourt traditionnel servi dans des pots de terre.

— Le yaourt, c'est bon pour l'alcool. Quand tu bois, ça aide l'organisme à « lutter »… Particulièrement avec la vodka.

Autant dire la vérité : je hais la viande de mouton. Elle et moi, nous sommes fâchés. Ça sent trop fort, le mouton, ça m'écœure, ça me tord, j'ai l'impression quand j'en ingurgite qu'une bergerie s'installe en moi. Je ne raffole pas non plus des abats, mais il faut goûter. Ça passe. Ces couilles ont le mérite d'avoir été bien cuisinées.

Les gars m'expliquent que ce type de plat, « c'est pour les événements spéciaux » : anniversaires, mariages, vacances.

Nous trinquons.

— Vous buvez parfois du vin ? dis-je.

— Ça dépend de chacun. Mais la plupart du temps, c'est vodka.

— Et les femmes, elles boivent de la vodka ?

Soit dit en passant, j'attends toujours de rencontrer des femmes : les représentantes de la moitié de l'humanité demeurent pour l'instant absentes de ce livre, ou presque.

— Depuis une dizaine d'années, les choses changent. Ça a commencé par la conduite. Elles ont conduit des voitures, puis fumé, bu, pris de la drogue… Mais c'est encore marginal. Les femmes boivent souvent du vin ou du champagne. Très peu boivent de la vodka. Hormis les Russes.

— Que pensez-vous de la Russie ?

— Mon cœur et ma tête sont azéris, mais mon âme est russe, dit Vouzal. On est nés avant la chute de l'URSS. Je me rappelle peu de chose de cette époque, mais… Tu sais, Rafig et moi, on n'est pas vraiment de ce pays[1]. Je pourrais vivre partout, mais, ici, je ne me sens pas chez moi.

— On voyage tous les deux beaucoup, dit Rafig. Quand je ressens l'atmosphère ailleurs, mon pays me déprime. C'est pas une question de politique, mais de vie sociale.

— Pourquoi ?

— Pour l'aspect libéral, financier, médical… Il y a énormément de raisons.

— Tu voudrais émigrer ?

— Pas question d'être un réfugié politique. Ce ne serait pas juste. Mais d'un point de vue sociétal, je préférerais vivre ailleurs.

— Où ?

— À Moscou, répond Rafig.

---

1. L'Azerbaïdjan.

— Tu n'as pas ressenti de racisme, en tant que Caucasien, en Russie ?

— En 2011, je suis allé à Saint-Pétersbourg pour le business. La policière à l'aéroport m'a demandé mon passeport et m'a dit : « Vous êtes caucasien ? Quelles sont les raisons de votre voyage ? » Et elle m'a noyé sous les questions. La façon dont elle m'a parlé, c'est comme si elle m'avait foutu sur la gueule. À l'hôtel, on nous a dit de ne pas sortir après 18 heures.

— Moi, je voudrais vivre en Ukraine ou en Géorgie, dit Vouzal. Ou alors en Europe, en Amérique…

De somptueux fruits et légumes interrompent notre causerie : tomates, aubergines, pommes de terre et poivrons cuits dans la graisse de mouton.

Pour éponger la vodka, les spécialistes conseillent de se gaver d'aliments salés et gras.

Nous nous gavons d'aliments salés et gras.

Nouvelle série de toasts : à l'amitié, à la « vraie démocratie », aux rêves.

— Tu parlais de l'URSS tout à l'heure…, dis-je à Vouzal.

— Oui… Je voulais dire : les gens qui ont 70 ans aujourd'hui ont connu une très bonne période de l'Union soviétique. Ils allaient à l'école et à l'université sans payer. Ils s'amélioraient eux-mêmes. Et à l'intérieur de l'URSS, tout était moins cher et de meilleure qualité. Il y avait un contrôle très strict des produits fabriqués. Mais le système soviétique n'a pas su anticiper l'avenir. Il voyait les choses à cinq ans…

Une approbation silencieuse suit. Il me semble que nous atteignons l'apogée du banquet. Celle-ci pourrait se révéler fugace ou durable, selon que le fragile échafaudage que nous avons mis en place – fureur et mutisme, rire, compassion, vodka, fraternité, zakouskis – demeure plus ou moins longtemps sur ses bases. Mais cet édifice finira quoi qu'il arrive par s'affaisser (dans l'idéal, il faudrait qu'il s'évanouisse), car nous nous quitterons bien un jour, et cela fait la beauté du banquet, que l'on pourrait résumer ainsi : boire jusqu'à plus soif, dire de belles choses, enfin tout saborder – quitter l'arène au firmament.

Nous changeons d'approche : vodka et tranche de citron.

— C'est moins amer, dit l'un.

À un moment, Rafig déclare :

— Manger et boire nous tuera !

Nous rions.

— La vie ne dure que sept jours, ajoute-t-il. Quand t'es vieux, c'est le week-end, tu te relaxes. Ça ne laisse que cinq jours pour prendre du plaisir.

Je songe alors : l'hédonisme, cette vertu précieuse ! Dans la vie, beaucoup de choses relèvent de la supercherie. Ceux qui n'ont pas (ou plus) à se poser la question de la survie s'échinent à exister en effectuant avec gravité des tâches prétendument sérieuses, comme écrire un livre, tondre une pelouse ou déclarer une guerre. Mais rien n'importe vraiment. Rien hormis la compagnie de vrais amis rassemblés autour de victuailles fraîches. Ainsi, lorsqu'un alignement de planètes permet, comme aujourd'hui, de disposer de tout cela, le temps s'éteint. On flotte.

Autour de cette table, quatre mètres sur deux, demi-pénombre, volets mi-clos, trois individus flottent. Ce sont deux Caucasiens du Sud et un Breton de l'Argoat réunis dans une apesanteur provisoire. Ils passent des barrières d'astéroïdes, traversent des naines gazeuses, imaginent des vortex. La télévision, dans un coin de la pièce, ne crache plus des clips américains, mais le fond diffus cosmologique : le bruit primal de l'univers.

— On l'a fait ! dit Vouzal.

Et il s'empresse de poser le cadavre au sol. La Stolichnaya a rendu l'âme vers 16 h 10.

— Une règle du Caucase : quand une bouteille est vide, tu la mets par terre. Une bouteille vide sur une table, c'est mauvais signe. Parce qu'ici, on pense que les bouteilles doivent être tout le temps pleines.

En Russie aussi, on fait en sorte de ne jamais laisser une bouteille vide sur une table. Les Russes disent à ce sujet qu'ils « évacuent le corps »…

Nous nous levons pour porter un dernier toast.

— C'est toujours comme ça, le dernier toast. On se lève et on trinque à nos familles. On se souvient aussi des morts, c'est une question de respect.

Je songe avec émotion aux miens, de morts.

Un serveur nous apporte l'ultime coupelle de fruits. Ce sont des *alcha*, sorte de prune très verte, très dure et très amère qu'on mange à la fin des repas après les avoir trempées dans le sel afin de faciliter la digestion. En ce qui me concerne, je m'étonne de digérer sans accroc les dizaines de mets ingurgités depuis le coup d'envoi du banquet ainsi que les dix verres de vodka concomitamment sirotés. Je gîte légèrement, mais pas au point de craindre une vague scélérate. Je n'ai pas le temps de sortir mon argent : Vouzal a déjà payé.

Nous achevons nos agapes dans un bar, autour d'un thé et d'un colossal assortiment de fruits secs. Située au dernier étage d'un immeuble, la terrasse où nous prenons place domine la banlieue de Bakou.

On aperçoit la Caspienne, frontière du Caucase, qui miroite au loin. Demain, je la survolerai comme on survole un lac. Une petite heure d'avion jusqu'à Aktaou, Kazakhstan, prochaine étape sur ma route.

IV

Comment j'ai refusé une invitation sexuelle à l'arrière d'une semi-remorque

Assis à l'ombre près de la mer, je sue. J'écris ça :

« Aktaou. Est-Caspienne. Soleil sur l'asphalte. Kazakhstan de nulle part, baraquements, souvenirs d'Empire, cavaliers sédentaires, mémoire arasée. Bagnoles et moteurs. Grandes femmes bridées. Pays de rien, de gaz et d'huile, de déserts, d'odeurs. Caspienne lacustre, vagues mortes, techno-music, accordéon, serpents, veuves noires. Rêves de cocagne. Routes et chameaux. Filles du Khan, beautés, haltérophiles, boxeurs. Tortues. »

La région de Manguistaou, vaste comme l'Irlande, est située à l'extrémité sud-ouest du neuvième plus grand pays au monde : le Kazakhstan, quatre fois moins peuplé que la France. Le Kazakhstan, en Europe, tout le monde s'en fout. C'est tout juste si le citoyen moyen connaît l'existence de ce mastodonte équivalant en taille à deux mille Luxembourg, mais dont on parle deux mille fois moins que le moindre pet foireux d'un sous-secrétaire d'État luxembourgeois. Et parmi ceux qui connaissent son existence, une part non négligeable n'associe le Kazakhstan qu'à Borat et imaginent un territoire recouvert de mornes steppes. Borat, dans le film éponyme, est un antihéros vicelard et plouc sorti d'un pays arriéré, hybridation de clichés balkaniques et de décrépitude soviétique. Conseil : ne parlez pas de *Borat* à un Kazakh sans vous être assuré que votre interlocuteur n'est pas du genre à vite dégainer les poings. Les Kazakhs ont peu apprécié que le seul *blockbuster* mondial évoquant leur pays les dépeigne comme des sauvages pratiquant l'inceste. À part ça, concernant les étendues de steppe, c'est vrai : le Kazakhstan en compte des millions d'hectares… comme il compte des millions d'hectares de forêts continentales, d'alpages, de dépressions arides et de zones humides. En fait, il recèle des sites naturels parmi les plus phénoménaux au monde. Des déserts, des montagnes jusqu'à 7 000 mètres, des mers intérieures, des lacs de toutes sortes et, surtout, des curiosités géologiques défiant l'entendement.

Je rêve de fouler le sol de Manguistaou depuis deux ans. C'était en 2013, je revenais du Kirghizstan par un vol Bichkek-Istanbul. L'avion survolait le Kazakhstan. Le ciel était sans nuages, j'étais côté hublot, je regardais là-dessous.

Là-dessous : un décor de science-fiction, quelque chose qui surpassait en excentricité tout ce que j'avais pu observer jusqu'alors. Des ondulations non répertoriées dans mes rayonnages. Des circonvolutions d'anciens cours d'eau ou de mers disparues, d'océans peut-être. Je restais coi. Englué dans mon siège, surélevé par la beauté du monde, je me disais sans vraiment y croire qu'un jour je viendrais là. Que je verrais ces choses. Aujourd'hui, j'y suis. Plus exactement, je suis à Aktaou, capitale régionale et haut lieu de la déglingue urbaine.

Aktaou et ses cent soixante-quinze mille habitants occupent une position de vigie au bord de la mer Caspienne, au bout du bout de l'Asie centrale, à quelques encablures du Turkménistan et de l'Ouzbékistan.

Loin de tout.

Astana, la capitale, est à cinquante heures de train. Aktaou a été construite *ex nihilo* durant l'époque soviétique, afin de servir de poste avancé pour l'extraction d'uranium, puis pour celle du pétrole et du gaz. Une centrale nucléaire a longtemps alimenté l'usine de dessalinisation d'eau de mer pourvoyant la zone en eau potable. Aktaou ne ressemble à aucune autre ville. Ici, il n'y a pas de nom de rue, mais des numéros. Un numéro par *microraïon*, un autre par bloc d'immeubles. Les habitants disent : « J'habite au 1-14-22. » Le monument central est un avion de chasse Mig posé sur un socle, nez pointé vers le ciel. Les immeubles soviétiques, certains décorés de fresques rappelant la Seconde Guerre mondiale, d'autres d'immenses portraits de guerriers kazakhs, côtoient les délires architecturaux – achevés ou non – à la mode locale, c'est-à-dire clinquants.

À Aktaou, on ne vient pas pour les vacances. On n'y va pas comme à Pornic ou Marrakech. On y va comme on va au Kazakhstan : parce qu'on le veut, qu'on le désire, qu'on y a de la famille ou qu'on y est contraint à l'exil, ou parce qu'on travaille pour une compagnie gazière. En juin, la température monte comme la petite bête : 27 °C la nuit, 30 au matin, 40 à 14 heures, un peu plus quand rien ne va plus. On utilise alors sa voiture pour faire 100 mètres. On mène une vie climatisée. Les chanceux qui ne travaillent pas en plein air ne sortent pas. Des tempêtes noient la ville sous la poussière. Tout paraît hostile : le climat comme le béton, l'isolement comme les veuves noires qui nichent sur la plage. Mais des gens vivent ici ! Travaillent ! Élèvent des enfants ! Baisent et mangent, jouent, nagent, comme ailleurs.

En juillet, les plages se transforment en rivieras jalonnées de restaurants-discothèques. Toute la ville déferle. Les Kazakhs bronzent et pêchent. Moi, je les observe. Les corps sveltes des femmes et ceux, musculeux, des hommes, font écho à un sport national : le soin des apparences. Les Kazakhs aiment en mettre plein la vue. Leur bagnole et leur corps doivent signifier leur opulence, même lorsqu'ils ne sont pas réellement opulents. Il faut montrer, quitte à se ruiner.

Je peine à expliquer ce goût pour l'ostentation. Je suppose qu'il renvoie à l'histoire récente de cet État jeune qui n'était encore, au XIXe siècle, qu'un ensemble de territoires occupés par des tribus nomades ennemies ou affiliées. Ces peuples, intégrés à l'empire des tsars puis à l'Union soviétique, ont été sédentarisés de force avant d'accéder à l'indépendance avec la chute de l'URSS. En cent cinquante ans, ils sont passés – fulgurante métamorphose – d'un mode de vie tribal à la collectivisation, puis au capitalisme effréné. Les Kazakhs tirent une partie de leurs particularismes de leur passé de cavaliers nomades, auquel s'ajoute le passage rapide du communisme au capitalisme, c'est-à-dire de la rareté des biens à leur surabondance.

Deux hommes m'interpellent alors que je photographie une nuée de gosses barbotant dans la Caspienne.

— Tu fais quoi ?

Je leur explique.

— Prends-nous en photo aussi.

Je m'exécute. Les gars me proposent à boire.

— Tu aimes la vodka ?

Et ils ricanent, l'air de dire : il va voir, le petit Français, ce qu'est le style local. Une bouteille d'Imperial Black Jack patiente sur un rocher en plein soleil. Ils m'en versent dans un gobelet en plastique.

J'avale la Black Jack cul sec. Elle est chaude, bien entendu. Effet tord-boyaux.

— C'est de la vodka de mafieux ! dit l'un.

S'agit-il d'une boutade ? Affirme-t-il cela parce que la vodka s'appelle « Black Jack », ou parce que lui-même et son compère sont des mafieux ? Je ne sais pas, mais je constate qu'ils ont l'air, avec leur assurance de chefs de meute et, pour l'un, avec ses lunettes à la Tony Montana, de grossistes en stupéfiants ou de maquereaux. Ce que semble confirmer la proposition qui suit :

— Tu veux... *baby* ?

— Quoi ?

— Tu veux baiser ?

— Non, les gars, merci, dis-je.

— Tu veux pas une fille ?!

— Non, vraiment.

Cent mètres plus loin, d'autres jeunes me font signe. Ce sont cinq hommes, la vingtaine, torse nu, parmi lesquels des barbus à la mode néomusulmane qui m'ont tout l'air de salafistes. Je repère vite le chef. Plus silencieux que les autres et davantage en retrait, il m'observe tel un loup. À la fois bienveillant et alerte, son regard signifie : « Je t'accepte parmi nous, mais je te surveille. »

En Asie centrale, l'islam, empreint de soufisme et interdit durant des dizaines d'années par les communistes, est une version très édulcorée de ce qu'on connaît et de ce qu'on subit dans certains endroits du monde. La cohabitation plutôt pacifique avec l'Église orthodoxe crée un climat d'acceptation et de tolérance. Les habitudes prises durant l'époque soviétique, notamment en ce qui concerne l'alcool et les libertés des femmes, font contrepoids aux dynamiques expansionnistes d'un islam totalitaire. Mais ici aussi, depuis la chute de l'URSS, le retour du religieux entraîne une augmentation de la pratique et, par ricochet, la montée en puissance de courants rigoristes.

En témoigne ce fait divers survenu en 2013 à Aktobe, dans l'est du pays, quand la police a arrêté trois jeunes, fervents musulmans, suspectés de préparer un acte terroriste. Les minots auraient projeté de faire exploser une distillerie dont les propriétaires avaient mis sur le marché une vodka « bénie par Dieu », en quelque sorte. Les bouteilles portaient cette mention : « Allah a assez de forces pour tout le monde. » Ce coup de génie marketing, sans doute pensé comme un moyen de donner bonne conscience aux musulmans tentés par un petit apéro, a suscité un tollé. Les autorités religieuses ont crié au blasphème. Les bouteilles ont été retirées du marché. Quelques mois plus tard, les trois gamins suspectés d'avoir fomenté une sainte vengeance étaient arrêtés, puis jugés et condamnés à des peines de prison ferme.

Je m'assois sur un rocher auprès d'un des barbus.

— Vous faites quoi dans la vie ? dis-je.

— On travaille pour des compagnies pétrolières.

— Tous ?

— Tous.

— C'est un bon travail ?

— Ça paye bien. On passe dix jours sur les champs de pétrole, ensuite dix jours en vacances ici. Tu fais quoi, toi ?

— Heu… J'écris un livre sur la vodka.

Leurs regards traduisent un mélange d'amusement et de désapprobation.

— Nous, on ne boit pas.

— Jamais ?

— Non, on est musulmans ! Et puis c'est ramadan.

Je m'abstiens de rétorquer que tous ses coreligionnaires ne font pas preuve d'un même rigorisme.

Plus loin sur la plage, une structure de béton et de métal attire mon attention. Ce pourrait être le décor d'un film de Tarkovski. C'est un artefact pur soviétique échappé d'une époque maudite de course à l'atome et à l'espace, post-Hiroshima. C'est une passerelle sur pilotis qui fait office de terrasse pour un des nombreux cafés installés dans le secteur. Sur cette terrasse, il y a des clients. Ce qui va suivre ? Je sais d'avance.

— Eh toi, viens !

— Moi ?

Je tombe à pic : un festin est en cours. Une dizaine de convives, la plupart de type russe, quelques-uns de type kazakh, sont réunis. C'est tout juste si l'on aperçoit quelque place nette sur la table envahie de victuailles et de restes, constellée tel un champ après une bataille durant laquelle les belligérants se seraient entretués à coup de cuisses de poulet. Des bières vides côtoient une bouteille de cognac à moitié entamée.

— Assieds-toi !

Ces hommes saturés d'alcool incarnent l'antithèse du concept de « mâle » popularisé par Jean-Paul Gaultier. Ils sont à la délicatesse et à la sophistication ce qu'un tortionnaire khmer était à l'humanisme. Ils éjectent des rires depuis leurs entrailles jusque dans la stratosphère. Ils postillonnent et tartinent tout ce qu'ils touchent – verres, bouteilles, cigarettes, ainsi que mon carnet – avec la graisse accumulée sur leurs mains. Ils sont vêtus de T-shirts bon marché, de shorts et de chaussures de plage. Le soleil couchant miroite sur leurs dents en or. L'un, torse nu, exhibe un ventre sculpté par le houblon, arrondi comme un fût. Combien pèse-t-il ? Cent dix kilos ? Cent trente ? Il arbore un tatouage au-dessus du téton gauche ainsi qu'une croix orthodoxe tombant d'une chaîne accrochée à son cou.

Aucun de ces gars ne pourrait franchir le seuil d'un établissement parisien branché sans provoquer quelques gloussements. Mais ils ont une qualité qui fait défaut à beaucoup de métrosexuels snobs : ils sont sympas et hospitaliers.

Routiers pour la plupart, ils vivent aux quatre coins du Kazakhstan et se retrouvent quand ils le peuvent à Aktaou, terminus et cul-de-sac : après, c'est la mer. En attendant de regagner leurs chez-eux, à quelques milliers de kilomètres par-delà les steppes et les déserts, ils prennent du bon temps entre hommes, au bord de l'eau.

Ils m'inondent de questions et m'incitent à manger. Dans le monde russe, l'incitation à manger correspond peu ou prou à une obligation de manger.

— Allez, mange !

Je dépiaute une cuisse de poulet.

— Tu veux du cognac ?

Je bois du cognac.

La conversation est décousue car tout le monde veut parler au Français, aussi ai-je à peine le temps de répondre à une question, ou de tenter d'en poser une, que l'un des gars interrompt un autre gars qui lui-même avait interrompu un autre gars qui m'avait demandé de le prendre en photo alors qu'un autre se moquait de la France et de l'Europe « décadente », de tous nos « problèmes » d'immigration et de cette « folie » de mariage homosexuel.

— Qu'est-ce tu penses de Poutine ? dis-je à l'un.

— Il est top ! Il a redonné sa fierté à la grande Russie.

— Et l'Europe ?

— Elle n'a pas de pétrole !

Et nous nous répandons en rires graveleux arôme poulet-cognac.

Je pourrais festoyer avec mes nouveaux amis jusqu'à épuisement des stocks d'alcool et de blagues, mais l'heure tourne et j'ai rendez-vous.

* * *

Sur l'esplanade dominant le front de mer, je rejoins Simona, mon hôte de la veille, une jeune Kazakhe qui m'a offert l'hospitalité via Internet. Elle est venue avec deux de ses amis, une fille et un garçon, trentenaires comme elle, branchés comme elle sur la fréquence Occident. Leur allure et leurs rêves – Simona me parle avec des étoiles dans les yeux de la Normandie, où elle a séjourné l'an passé – tranche avec l'approche « pied au plancher » de mes camarades routiers.

Alors que nous déambulons parmi les familles et les loueurs de voiturettes pour enfants, je discute avec Ivan, l'ami de Simona, fils d'une professeure d'université d'Almaty. Le jeune homme parle cinq langues et joue du piano. Il vénère Rachmaninov, Maupassant et Tolstoï.

— Ma mère est très mal payée…, dit-il.

— Les enseignants gagnent mal leur vie ?

— Ce qui paye ici, c'est le gaz et le pétrole !

Lui-même travaille pour une compagnie pétrolière. Dès qu'il peut, il voyage.

— J'ai visité cinquante-cinq pays… Je n'aime pas le mien.

— Pourquoi ?

— Les gens sont stupides et n'ont pas de culture. Ils sont aveuglés. Il y a 97 % d'idiots. Le Kazakhstan est gouverné par une mafia familiale. Les gens s'en foutent parce qu'ils croient que la stabilité et l'argent, ça suffit. Ils ne s'intéressent pas à la démocratie ni à la richesse intérieure.

Si l'on m'avait dit, une heure plus tôt, qu'un pianiste efféminé me parlerait de richesse intérieure, j'aurais cru à un coup de fatigue du scénariste.

Ivan évoque Tchinghiz Aïtmatov, le « Voltaire » kirghize.

Aïtmatov, romancier virtuose, était un intellectuel centrasiatique majeur et l'un des écrivains les plus célèbres de l'URSS, auteur du roman *Djamilia*, traduit en français par Louis Aragon. Membre du Parti communiste de l'Union soviétique, il a connu les rêves et les désillusions rouges. Son père, dignitaire du PC, fut déclaré ennemi du peuple et assassiné à 35 ans lors des purges staliniennes quand Tchinghiz Aïtmatov avait 10 ans. Par la suite, il a violemment dénoncé les crimes et escroqueries idéologiques du stalinisme, sans jamais renier totalement le communisme. Il devint un proche de Gorbatchev et un diplomate de haut rang.

— Le communisme, c'est soixante-dix ans pour rien ! s'exclame Ivan. Tu te rends compte : soixante-dix ans, putain ! Regarde ce que ça a fait. Regarde nos villes ! Elles sont moches. Tout est moche !

En ce qui me concerne, Aktaou me fascine. Je ne dirais pas que cette ville est belle, non. Elle m'a d'abord paru extrêmement inhospitalière, glauque, brûlante, mais son étrangeté m'attire. À mesure que je l'arpente et que sa lumière de fin de journée m'irradie – une lumière de table de chevet, jaune orangée, pulsée à travers le ciel sans nuages et reflétée sur la mer sans vagues –, je me sens aimanté.

Mais c'est un emportement romantique, je le sais. Pourrais-je vivre à Aktaou ?

— Parfois j'aime ma ville, parfois je la déteste, dit Simona. L'été, ça va, on peut se promener sur le front de mer, il y a des bars…

— Mais l'hiver ?

— Il n'y a rien à faire. Et tout est loin.

* * *

En quelques heures d'errance sur la plage, hier, j'ai observé cent nuances de citoyenneté kazakhe. Cette étendue balnéaire est un creuset, me dis-je, une éprouvette dans laquelle un démiurge aurait introduit à mon intention un échantillon quasi représentatif de la population du pays : riches, pauvres, intellectuels, Blancs, bridés, orthodoxes, musulmans, maquereaux, routiers, etc. Pour l'ethnologue de bac à sable que je suis, c'est une aubaine. Je décide donc d'y retourner, à la fin d'une journée passée à écrire dans la pénombre de ma chambre d'hôtel en sous-sol – l'étage le moins cher, où s'entassent des travailleurs ouzbeks.

Mais rien ne se passe.

J'emprunte l'allée piétonne jusqu'à son extrémité nord, au niveau du restaurant Argo. Je redescends jusqu'au sud, près du parc d'attractions et des falaises. Je remonte à nouveau vers le nord en profitant de la lumière, en songeant, tant pis, à aller manger un morceau et à me coucher de bonne heure. La journée de demain sera longue. J'ai rendez-vous aux aurores avec Boris, chauffeur, et Bakhram, traducteur. Je pars pour quatre jours en jeep sur des pistes défoncées à travers les déserts de Manguistaou, pour une expédition préparée de longue date – une exception à la règle que je m'impose consistant à m'en remettre le plus possible au hasard.

Je n'ai pas le loisir d'élaborer davantage mon programme canapé-tisane. Au loin, quelqu'un crie.

Quelqu'un crie mon prénom. Version russe.

— NIKALAAAAAAA !

J'avance en plissant les yeux. Je distingue une poignée d'individus assis, entourés de très nombreuses canettes de bière. Plus je m'approche des intéressés, plus mon pressentiment se transforme en évidence, jusqu'à devenir certitude : ce sont les routiers de la veille désormais plagistes intégraux, torse à l'air sous un nuage de fumée de cigarettes, gaieté aux lèvres, gloussant comme des mômes à la piscine. Plusieurs sacs en plastique remplis de bouteilles forment des jalons autour des gars, qui m'invitent à prendre place alors que j'enterre ma soirée tisane. On me sert une bière grand format – il n'y a pas de « demi » en ex-URSS et d'une manière générale, la demi-mesure fait peu recette ici.

Deux nouveaux types participent aux festivités. Max, d'abord, un trentenaire en slip de bain, aux bras décorés de tatouages, pas plus épais qu'un grillon à la sortie de l'hiver. Il s'exprime avec difficulté. La buée dans son regard et la désynchronisation entre ses gestes et ses paroles trahit un état d'ébriété avancé. Son coude saigne, conséquence d'une chute, me dis-je. Il y a aussi un Kazakh dont je ne connaîtrai pas le prénom, un grand mec aussi vif et athlétique que Max est rabougri.

Nous trinquons en admirant la mer. Max m'interpelle et tente de s'exprimer en anglais.

— *I... lo... love you. You... my fr... fr... friend.*

Quelque chose de ce genre.

Assis à ma gauche, Rachi me fait comprendre que le nouveau venu n'est pas vraiment leur pote, qu'il est « con » et qu'il a trop bu.

Rachi ne ressemble ni à un Slave ni à un Kazakh.

— Je suis ouïghour, dit-il. De nationalité kazakhe.

Les Ouïghours, ethnie turcophone et majoritairement musulmane de l'ouest chinois, font partie des peuples que les frontières centrasiatiques actuelles, pas moins artificielles que toutes les autres, ont placés sous la tutelle d'une administration lointaine – Pékin. Mais l'ouest chinois borde le Kazakhstan oriental et rien ne différencie le territoire des Ouïghours chinois de celui des Kazakhs d'Almaty. N'étaient leurs passeports, ces gens seraient chez eux d'un côté et de l'autre des miradors.

Vêtu d'une chemisette rose, crâne et barbes rasés, Rachi se répand moins en blagues salaces que ses compatriotes. Il parle peu et observe beaucoup. Son regard cavale dans le lointain. Lorsqu'il rit, il semble davantage maître de lui-même que ses camarades. La plupart du temps, il ne rit pas. Il sourit. On dirait qu'il se sait au-dessus du lot et qu'il considère que cela lui impose de ne pas faire étalage de sa sagesse.

Alors que le soleil décline, que Max vitupère et que le jeune Kazakh lui intime de fermer sa gueule, quelqu'un me dit :

— Tu manges avec nous ?

— *Da* !

Il me semble qu'ils me proposent d'aller au restaurant, mais je n'ai pas tout compris. Il est question de nous installer « plus loin » et de « traverser la ville ». Soit. Nous quittons la plage et faisons escale dans une épicerie où notre escouade ne passe pas inaperçue.

J'entre avec Alik, qui me dit :

— Qu'est-ce que tu veux manger ?

— Peu importe, je suis pas difficile.

Il commande des bières, des salades, du pain, des cuisses de volaille en pagaille ainsi qu'un poulet rôti entier, oui, entier, au cas où nous pâtirions d'un manque de lipides. Tout cela correspond à un repas pour vingt alors que nous sommes six ou sept. Derrière la vitrine, j'aperçois Max et le jeune Kazakh qui s'invectivent. Le ton monte. Le Kazakh décoche un coup de poing que Max reçoit sur le côté du visage. Il vacille mais ne tombe pas. Puis il hurle, prêt à en découdre et probablement conscient – à moins que l'alcool n'ait définitivement éteint ses lumières – qu'il ne peut que perdre face à plus fort et moins saoul que lui.

Inquiet pour la suite, j'interroge Alik :

— Heu… Qu'est-ce qui se passe ?

— T'inquiète, pas de problème. C'est entre eux.

Nous passons à la caisse. Je propose de participer aux frais et, sans surprise, me vois opposer une fin de non-recevoir. J'invoque un prétexte pour rester dans la boutique alors qu'Alik en sort et, discrètement, je fais l'acquisition d'une bouteille de vodka.

Dehors, la tension est un peu retombée. Les gars ont arrêté deux taxis. Je ne sais toujours pas où l'on va.

Notre véhicule, lesté de deux Russes avinés, d'un Ouïghour pensif et d'un Breton circonspect, serpente durant de longues minutes dans la banlieue d'Aktaou. Nous nous enfonçons dans les entrailles du monstre alors que la nuit tombe sur les pipelines, les immeubles dévorés par le sable et les zones industrielles à l'allure postapocalyptique. Enfin, la voiture s'engage sur une allée poussiéreuse. À son extrémité : un terrain vague. Des nids-de-poule. Quelques lampadaires souffreteux. Des camions. Beaucoup de camions. C'est un parking. Plusieurs dizaines de bahuts sont garés dans l'attente d'un chargement et du départ qui suivra. Je me demande où les gars prévoient d'installer le dîner. Très vite, j'obtiens une réponse. L'un d'eux ouvre la porte d'une remorque à trois essieux, longue de 25 mètres. Deux veilleuses éclairent l'intérieur. La remorque ne contient, pour toute cargaison, que deux palettes en bois disposées l'une sur l'autre – notre table.

Le voilà, mon restaurant du soir !

Je grimpe dans la remorque, où l'on m'attribue l'unique siège disponible : un jerrican couché sur le flanc près de la table où s'entassent sacs en plastique, cendriers et miches de pain constituant un foutoir digne d'un lendemain de mariage à la mode balkanique. Les gars s'assoient sur une traverse reliant les deux flancs de la remorque. Le repas est servi. Chacun picore dans les boîtes de salade, s'empiffre de poulet et trempe son pain dans la sauce. On m'offre une bière.

— Tu veux du cognac ? dit Alik.

À ce moment, je sors la bouteille de vodka de mon sac.

— C'est cadeau ! dis-je.

Exclamations dans l'assistance.

— Tu l'as achetée quand ?

— Au magasin, tout à l'heure…

— Il nous a bien eus, le Français ! Il a fait croire qu'il achetait des cigarettes, en fait, c'était de la vodka. T'es un bon gars, toi.

Je marque des points, mais, s'ils saluent unanimement mon geste, mes hôtes ne s'empressent pas de faire honneur à la bouteille. Plusieurs d'entre eux boivent du cognac ; les autres ingurgitent de la bière. Pour la forme, je me sers une vodka. Et nous trinquons.

— À l'amitié !

— À l'amitié !

Il ne fait pas moins chaud dans la remorque qu'en dehors, cela va de soi. Donc, je sue. La graisse du poulet recouvre mes mains, mes vêtements, tout, me dis-je, jusque peut-être les cratères de la lune qui brille là-haut. Le festin, rythmé par la litanie des toasts et des blagues de cul, est interrompu par les interventions de Max. Exclu du dîner, l'écorché tourne autour du convoi et revient à la charge par intermittence. Ses provocations ne laissent pas insensible le jeune Kazakh, qui bout sur son banc et prévient que si ça continue, il va le démolir (pas le banc, Max). Les gars tentent de ramener l'un et l'autre à la raison, mais le plus musclé des deux finit par descendre de la remorque ; il se poste devant Max, qui n'a pas le temps de songer à monter sa garde, reçoit une mandale et s'écroule, puis se relève, yeux hagards et membres saignants. Il titube mais n'abdique pas. De retour aux abords de la remorque, il dit :

— Bande de pédés !

Il utilise le mot *pederast*, insulte fort prisée des Russes.

Nouveau coup sur la gueule. Cette fois, Max ne tombe pas, mais le Kazakh veut finir le boulot. Il lui dit quelque chose du genre « Allez viens, connard, viens que je te démonte la face ! » L'autre se dérobe et claudique jusqu'à son camion. Il grimpe dans la cabine et s'enferme alors que son ennemi du soir, perché sur le marchepied, lui hurle d'ouvrir. Max n'obtempère pas. Il démarre. Quelle idée pourrie peut bien agiter ses méninges à cet instant ? Je crains le pire. Le bahut, attelé à une remorque à triple essieux, vrombit dans la nuit.

J'ai toujours admiré la sagacité des chauffeurs routiers, capables de faire passer leurs colosses articulés dans des trous de souris sans égratigner ni le colosse, ni le trou de souris, et tout cela en gardant leur sang-froid. Je ne doute pas qu'en temps normal, Max soit capable de telles prouesses, mais avec trois grammes d'alcool dans le sang… Même les meilleurs défaillent.

Le camion rugit. La cabine suspendue souffle. On dirait que Max, qui chancelle derrière le volant, n'a pas enlevé le frein à main. Quelque chose cloche, car le mastodonte fait du surplace tandis que les roues motrices vomissent des jets de poussière. Les gars crient. L'illuminé persévère et parvient à avancer, mais trop vite, bien trop vite. Son convoi frôle une autre remorque, finit par quitter son emplacement et s'immobilise au milieu du parking dans un vacarme dantesque. Max entreprend alors une manœuvre qui, dans son état, relève de la prouesse homologable ; il engage une marche arrière sans visibilité – la poussière s'ajoute à l'obscurité – et réussit à redresser son attelage, désormais paré pour le départ. Il passe une vitesse et détale. Son gros diesel pétarade sous les étoiles.

Debout près de la remorque, nous regardons l'homme et son camion franchir l'orée du parking puis disparaître.

— Merde, dis-je. C'est problème. Gros problème. Il va où ?

— J'sais pas, répond Alik, l'air philosophe.

Nous regagnons l'intérieur de la remorque et trinquons derechef. Quelques instants plus tard, Alik se tourne vers moi :

— Tu veux une fille ?

— Euh, non, ça va, merci. J'ai une copine.

Ils rigolent.

— Mais nous aussi, on est mariés. On connaît des super filles kazakhes ! C'est cadeau, tu es notre invité, c'est pour toi !

— Non, non, merci les gars… C'est sympa.

Une jeune femme se pointe quelques instants plus tard près du camion. C'est une Kazakhe, la trentaine, pimpante et tout sourire. Elle connaît bien mes hôtes et inversement, si j'en crois les familiarités qu'ils s'échangent. Les gars me la présentent.

— Tu es sûr que… tu…

— Non, non, c'est bon.

— Ça te dérange pas, si je m'en vais ? dit Alik.

— Mais non, bien sûr, dis-je, vas-y.

Il me salue, me confie son numéro de téléphone et m'invite chez lui à Almaty. Il quitte la remorque et s'en va bras dessus, bras dessous avec la fille de joie vers quelque lupanar improvisé.

Plus tard, dans le taxi qui me ramène en ville, je pense à Max, parti avec son camion et son malheur, et à la prostituée dont je ne connais pas le prénom, sans doute en plein travail à l'heure qu'il est. Qui sont-ils, ces deux-là ? Où dormiront-ils ce soir ?

***

7 heures du matin.

La chaleur n'étouffe pas encore la cité, mais ça ne tardera pas. L'engin m'attend : un Nissan Patrol du début des années 1990, customisé et rehaussé, équipé d'un pare-buffle, d'un filtre à air extérieur, de phares auxiliaires et de pneus BF Goodrich All Terrain – ce qui se fait de mieux. Ce sera ma résidence mobile durant les quatre prochains jours. Je ne me promène pas dans ce genre de dragster pour le plaisir d'entendre rugir le V6 : pour aller où je vais, il est indispensable de disposer d'une telle monture. Surtout, il faut un pilote sachant la manœuvrer, la réparer et, le plus important, sachant s'orienter dans un dédale de plateaux et de dépressions exempt de panneaux, de routes et de présence humaine, où la température peut atteindre 45 °C et où aucun réseau téléphonique ne permet aux naufragés de solliciter Peugeot Assistance. L'homme en question se prénomme Boris. C'est un géant roux au cou épais comme celui d'un jeune cerf, qui parle fort mais jamais pour ne rien dire et qui fume sans interruption des Aroma Rich dégageant une odeur de tabac à narguilé.

Nous partons pour les déserts de Manguistaou.

Aux abords d'Aktaou, les routes mènent dans la gueule de loups industriels. Nous, Français, avons nos ronds-points. Les Kazakhs ont leurs tuyaux. Les canalisations serpentent partout, sur le sol poussiéreux aux abords des rues, par-dessus les entrées de parking et à travers la plaine.

Nous prenons la direction de l'est. Comprendre : là où il fait encore plus chaud. Sur la route, les semi-remorques kazakhs et turkmènes tamponnent des camions-citernes et croisent à vive allure les 4 × 4, et le sable vole au cul des mécaniques.

J'ai le sentiment de parcourir un univers parallèle.

La dépression de Karaghie rompt la monotonie du plateau sur plus de 50 kilomètres de long, sans aucun arbre pour dissimuler l'horizon. La vue porte d'un bout à l'autre. Des ondulations courent dans l'affaissement dont les teintes varient du gris au rose et au blanc craie. On aperçoit à l'horizon les reflets d'un immense lac de sel. Il n'y a pas de rivières. Il en surgit après les pluies – rares – mais elles disparaissent vite, laissant place à des canyons nus.

Plus loin sur notre route se trouve Janaozen, trou du désert qui ferait passer Aktaou pour Deauville. Janaozen n'existe que par et pour le pétrole. C'est un enchevêtrement de tuyaux, de routes en terre, de friches, de stations-service et d'immeubles posés dans un antimonde d'asphalte et de poussière. La ville jouxte un ensemble de champs de pétrole qui forment une constellation de derricks comme autant de symboles d'une époque : celle de l'échappement-roi. Les machines injectent le sang des profondeurs dans les méandres de tuyaux dont on ne sait pourquoi l'un croise l'autre, ni où ils mènent. Mais une chose est sûre : c'est notre civilisation qui se reflète ici, dans les miroitements au-dessus des flaques, vers l'horizon de métal. Une époque de toute-puissance et d'orgueil, d'exploitation des hommes et des ressources, d'épuisement des hommes et des ressources.

Après Janaozen, les routes laissent place à des pistes et, dans la plupart des cas, au désert immense. Boris s'arrête alors, observe l'horizon à 360 degrés, jette parfois un œil à la carte et déclare :

— C'est par là.

Les dépressions apparaissent à l'extrémité de plateaux à l'horizontalité totale. Les canyons sculptés par l'érosion forment une Monument Valley kazakhe. Les pics ciselés côtoient les monts aux sinuosités lunaires, teintés de sédimentations vertes, ocre ou roses. Si l'on excepte les pèlerins qui se rendent dans d'antiques mosquées souterraines, seule une poignée de touristes – en majorité des employés de multinationales du pétrole et du gaz – visitent chaque année ces lieux parcourus uniquement, il y a encore vingt ans, par des éleveurs de chameaux. Boris est l'un des rares chauffeurs capables de se repérer dans les dédales de Manguistaou. Il fait partie des pionniers du Far West kazakhe.

— Je commence à très bien connaître ces endroits, dit-il. Toutes ces pistes, on les a ouvertes depuis le début des années 2000, avec mon équipe. On est venus, on est revenus, on s'est progressivement souvenu des routes. Avant, personne ne faisait ce genre de voyage.

— Tu vis à Aktaou depuis longtemps ?

— Depuis quarante-cinq ans. Mon père était militaire ici. Il travaillait dans les usines de l'armée de l'air.

— Avant d'être guide, tu faisais quoi ?

— J'étais dans les forces spéciales soviétiques.

Je tique.

— Quel genre de boulot ?

— Hum… À Aktaou, on protégeait les secrets autour de l'uranium… Après la chute de l'URSS, j'ai travaillé pour des compagnies d'hydrocarbures, service oléoducs.

Je reviens à la charge, plus tard, alors que nous dînons autour d'une table de camping, seuls au milieu d'un décor de péplum, au bord d'un lac de sel long de 20 kilomètres, et que notre festin attire des nuées d'insectes.

— Boris, c'était comment, les forces spéciales ?

— Ahhrf… Tu sais… Ahhrf… On nous donnait des ordres. On obéissait…

— Tu as fait des missions à l'étranger ?

— Ahhrf… Une fois, en Hongrie…

Et il dit en anglais :

— *It was soviet time… It was soviet time…*

Je n'en saurai pas plus, excepté qu'il maîtrise le sambo, l'art martial des soldats d'élite russes. En d'autres termes, Boris, s'il n'a pas trop perdu de son savoir-faire, peut tuer un homme avec ses mains avant que l'intéressé ait eu le temps de songer une dernière fois à ses amours et aux petits matins d'été.

— Es-tu nostalgique de l'Union ?

Silence.

— Oui. La situation était stable. Il y avait plus d'égalité, pas un système de classes comme maintenant : les riches, les pauvres, les moyens. Il y avait très peu d'insécurité. Si tu ne travaillais pas, tu allais en prison… Comme ça, pas de chômage.

— Et Gorbatchev, tu en penses quoi ?

Je sais que Gorbatchev a nettement moins bonne presse ici qu'en Occident. Beaucoup de Russes et d'ex-Soviétiques, en particulier ceux qui n'ont pas profité de la chute de l'URSS pour s'enrichir, le considèrent comme un traître. À leurs yeux, il est coupable d'avoir déclenché le morcellement de l'Union, d'avoir mis fin à l'utopie communiste et d'avoir sabordé un système qui avait de nombreux défauts mais qui, rétrospectivement, pour certains, valait bien le grand n'importe quoi des années 1990.

Lorsqu'il dirigeait l'Union soviétique, Gorbatchev, qui n'était pas un grand buveur, avait entrepris de s'attaquer à l'ivrognerie. La vente de vodka fut limitée à certains créneaux horaires. Un système de coupons en restreignit l'achat à une bouteille par personne et par mois. Des vignobles entiers furent arrachés. La mortalité diminua rapidement, mais les Soviétiques désireux de contourner la législation s'en remirent au système D. La fabrication d'alcool artisanal connut un nouvel essor. Certains distillaient des céréales, du sucre… D'autres buvaient de l'eau de Cologne, de l'acétone, du liquide de frein… Le volontarisme de « Gorbi » en matière de lutte contre l'alcoolisme contribua à son impopularité. Il fut surnommé « le secrétaire minéral ».

La réponse de Boris fuse, agrémentée d'une injure.

— *Pederast* ! Gorbatchev a précipité la chute de l'URSS, ça a entraîné des guerres civiles partout, sauf au Kazakhstan et au Turkménistan. Lui et Eltsine ont foutu la merde. Eltsine a enfoncé la Russie plus bas que terre. La seule chose qu'il a faite de bien, c'est de laisser Poutine lui succéder.

Il rit, puis reprend :

— Poutine a redressé la Russie. Quatre-vingt-dix pour cent des Russes lui sont favorables.

— Mais… la démocratie ?

— Certains peuples ne sont pas prêts pour la vraie démocratie. C'est comme demander à un élève de maternelle de résoudre un problème de lycée…

Nous toastons à tour de rôle. Avant le départ, lorsque j'avais proposé d'offrir la vodka pour l'excursion, Boris m'avait dit qu'il ne buvait « que de la bière ». Bakhram, mon traducteur, un jeune homme travaillant dans un hôtel de luxe d'Aktaou, avait quant à lui déclaré : « J'en bois pas. Enfin, un peu, mais bon… »

Et puis, hier soir, il est venu aux nouvelles :

— On va boire de la vodka ?

Boris idem :

— Demain, quand on boira la vodka…

Bakhram à nouveau :

— Il va falloir boire la vodka, parce qu'elle va être trop chaude, à force de rester dans la voiture.

Et une fois la première bouteille achevée, Bakhram a remis le couvert.

— Demain, on achètera des bières et de la vodka !

Pour des types qui ne boivent pas de vodka, ils en parlent beaucoup… J'annonce qu'une seconde bouteille patiente dans mon sac (j'ai été prévoyant). Mes compères sourient.

— Il fait bien les choses, ce gars-là.

Sorti de la bouche d'un ex-soldat d'élite, ce compliment me touche.

— J'ai une blague, dit Boris. C'est un alcoolique. Sa femme ne sait plus quoi faire. Un ami lui dit : vide les bouteilles de vodka dans un grand récipient et, à l'intérieur du récipient, tu mets un chat mort. Pour le dégoûter. La femme s'exécute et part de chez elle. Lorsqu'elle revient, elle tombe sur son mari. Il est en train d'essorer le chat mort.

— Moi aussi, j'en ai une, dit Bakhram. C'est un scientifique qui fait subir des tests à un alcoolique. Il enferme l'alcoolique dans une pièce derrière une glace sans tain. L'alcoolique tourne en rond et finit par boire. Pourquoi vous avez bu ? demande le scientifique. Parce que vous étiez là, derrière la glace : j'avais quelqu'un avec qui trinquer. Le scientifique recommence. Il transforme la glace en miroir. L'homme patiente, puis finit par boire la vodka. Pourquoi vous avez bu ? J'ai trinqué avec le gars dans le miroir ! Nouvelle expérience, cette fois sans glace. L'homme tourne en rond durant une heure. Un cafard traverse la pièce. L'homme dit : « À ta santé ! » Et il boit.

* * *

Au cul des véhicules, le surlendemain, alors que l'expédition s'achève à l'orée d'Aktaou, les nuages de poussière se confondent avec ceux du ciel dans un ballet gris. J'observe les ouvriers chargés de couler l'enrobé par 45 °C, sans ombre nulle part, avec la benne fumante pour chauffage auxiliaire. Ils sont enturbannés, casqués, cagoulés et chaussés de lunettes noires. Lorsqu'ils ne manient pas la pelle, ils patientent, accroupis chacun sur son bidon d'eau, jalonnant les voies à la manière de sentinelles-esclaves, gardiens du bitume, déportés des steppes.

* * *

Le train Mangyshlak-Aktobe doit m'emmener de la banlieue d'Aktaou jusqu'à Beyneu, d'où je prendrai place dans un autre train en partance pour l'Ouzbékistan. Vingt-cinq heures de voyage m'attendent.

Après le départ, chacun sort ses victuailles. On se nourrit de *plov*, de pain et de samoussas. Comme dans la plupart des trains ex-soviétiques, tous les wagons disposent d'un samovar, petit astronef bardé de tuyaux d'où suinte une eau brûlante. Le déjeuner entraîne une agitation de sacs et de couverts durant une heure, puis viennent la sieste et son corollaire : une torpeur qui abat les êtres. Le sifflement des éventails répond à ceux des essieux. La ferraille envoie des symphonies d'abysse dans la plaine, comme les envolées d'un hautbois dont on jouerait sous l'eau. Le son et l'image se collisionnent. Paysage : steppe brûlée, barrée au loin par des collines incapables de lutter contre la platitude ; poteaux de bois en enfilade ; rares villages. J'observe autour de moi les femmes avachies et les hommes transpirant dans le silence de canicule.

Le Mangyshlak-Aktobe n'est pas un train. C'est un western-spaghetti.

La nuit qui suit ne me permet pas de goûter aux joies du sommeil ferroviaire. Il y a saisie des passeports à la frontière kazakhe, visite de courtoisie des militaires et fouille aléatoire des bagages. J'ai le droit à une entrevue privée avec le préposé au contrôle des pièces d'identité, pour une sombre histoire de visa pas encore valide qui, de fait, doit me servir quinze jours plus tard lors de mon prochain passage au Kazakhstan. Retour dans ma couchette. Je m'endors.

Quelqu'un me secoue les pieds.

Mon rêve s'interrompt.

Quand je me réveille, je constate qu'un militaire m'observe de très près. Il examine une liasse de portraits-robots, fixe à nouveau mon visage, examine encore les portraits-robots, fixe mon visage. Il dit, en désignant le cliché au-dessus de la pile :

— C'est toi ?

Qu'arriverait-il si je répondais « oui » ?

— Non, dis-je.

Un cirque à peu près semblable occupe mon temps libre côté ouzbek. Contrôle des passeports, fouille, va-et-vient. Nouvelle excursion en cabine puis visite d'un soldat. Ce dernier observe la photo ornant mon passeport, sur laquelle je suis rasé, puis se tourne vers moi en désignant ma barbe de trois semaines, dans l'attente d'une explication.

Que dire ? Que dans la famille, il nous pousse des barbes comme du chardon ? Je me contente de sourire.

— T'as pas de rasoir ? grogne le douanier.

Comme j'aimerais avoir le courage de rétorquer :

— Ta femme, elle s'épile à la cire ou à la pince ?

Je maintiens mon sourire benêt.

V

Le grand assèchement

Autre pays, autre désert, quelque part au Karakalpakistan, région semi-autonome de l'ouest ouzbek.

8 heures du matin.

Après l'interminable contrôle frontalier, le train s'éveille. Il est envahi par des vendeurs de viande grillée, samoussas, bière, eau, qui filent dans le couloir en scandant leurs refrains commerciaux. Les wagons sont autant de cours des miracles où l'on négocie des robes et des chargeurs de batteries, du lait et du kvas, de la bière et des bagues, du parfum. J'observe les changeurs d'argent, monuments ouzbeks au même titre que les coupoles de Samarcande. Je hèle une grosse femme au visage en pomme. Il me reste 2 600 tenges kazakhs, soit un peu plus de 10 euros. Elle extrait de son sac une liasse de 15 centimètres d'épaisseur.

Dans ce pays, la liasse de 15 centimètres d'épaisseur fait partie du paysage. On paye un repas en 1 000 ou en 5 000. Un euro, c'est 4 000 soums au marché noir. Pour une nuit d'hôtel, comptez 50 000 soums et une trentaine de billets. Mon agent de change a la dextérité d'un croupier : 1 000, 5 000, glissement du pouce et de l'index sur le papier, hop, 1 000, 5 000, 10 000, pouce et index, hop. Soixante-six mille soums en ma faveur.

Vingt-quatre heures après mon départ d'Aktaou, j'arrive en gare de Koungrad. Je pose un pied en Ouzbékistan pour la première fois de ma vie.

La sortie des quais s'effectue entre deux barrières formant un goulet où s'engouffre la meute des voyageurs et où vocifère une noria de chauffeurs empoussiérés qu'on dirait échappés d'un asile. La voix des premiers couvre celle des seconds, qui crient plus fort. Les uns hurlent « Noukous, Noukous ! », les autres « Ourguentch ! ».

L'Ouzbékistan s'offre à moi et je ne sais que faire, ni où aller. Je prends tardivement une décision. Ce sera Moynaq, ex-ville portuaire située au bord de feu la mer d'Aral.

* * *

Le taxi collectif fonce sur la route désespérément droite menant à l'impossibilité d'un rivage. Je me cramponne quand la Chevrolet bas de gamme, arrogante dans les nids-de-poule, cabriole à 120 kilomètres par heure. Nous traversons le delta de l'Amou-Daria, du moins ce qu'il en reste. Le fleuve mythique, frère siamois du Syr-Daria – autre pourvoyeur en eau de la mer d'Aral – serpente dans la plaine du Karakalpakistan. Il continue malgré son agonie d'arroser les peupleraies et les roselières. La verdure dissimule un désastre, que rappelle la présence des canaux en partance vers les champs de coton de la région, toujours dévolue à une monoculture imposée par le pouvoir ouzbek, planifiée avant lui par l'ingénierie soviétique avec le résultat qu'on sait : la *mort* d'Aral. L'Amou-Daria, de nos jours, s'égare avant de confluer. Il n'a plus la force de rouler ses flots jusqu'à quelque part et, de fait, ne se jette plus dans rien. Il s'assèche progressivement jusqu'à l'ancien rivage, désormais situé à plusieurs centaines de kilomètres de ce qu'il reste de la mer.

À mi-chemin, le chauffeur s'arrête et nous explique qu'on va changer de voiture. Un autre taxi doit arriver en provenance de Moynaq. Tout le monde descend. Ce genre de circonvolution est normal en Asie centrale. C'est la vie. Il ne sert à rien de s'en étonner, encore moins de vociférer comme un Français râleur.

Nous patientons en bord de route. Les trois autres passagers, des travailleurs qui rejoignent leur famille à Moynaq pour le week-end, en profitent pour achever une bouteille de vodka.

— Tu veux goûter ? demande l'un.

Il me sert un verre de Qarataw.

— C'est notre vodka nationale !

Il n'y a rien à manger et la vodka est tiède. Il fait 40 °C. Je bois. C'est dégueulasse.

— Prends du soda, dit l'homme.

Dont acte. Et nous repartons.

* * *

Moynaq, qui a existé par et pour la mer, subsiste avec son souvenir. Les reliques de l'époque humide sont dispersées en ville tels les indices d'un morne jeu de piste. C'est presque trop gros, trop parfait dans la bêtise. Un surdoué préconise l'utilisation de l'eau d'un fleuve à grande échelle pour permettre une monoculture de coton ; l'irrigation à outrance assèche la mer nourricière d'une région dont Moynaq, jadis port de pêche, constituait l'avant-poste. Aujourd'hui, la ville exhibe ses attributs de pacotille : ici un poisson gravé sur un monument d'entrée de ville ; là, une ancienne conserverie…

Je m'attendais à trouver une cité-fantôme. Erreur : Moynaq évolue dans un entre-deux. Un purgatoire.

— C'est particulier… Mais c'est chez nous, dit Aziz, 20 ans, rencontré dans la rue.

Le jeune homme, corps élancé et visage fin, yeux de chanteur-à-minettes, me conduit jusqu'à l'ancien rivage où a été aménagé un mémorial et où ont été regroupés une poignée de bateaux rouillés, vestiges tragiques. Aziz a fini ses études. Il ne travaille pas.

— Y a pas beaucoup de boulot à Moynaq… À part des trucs manuels.

— Tu as déjà vu la mer ?

— Non. Je suis né en 1994… Mon père l'a vue. Et mon grand-père était pêcheur.

On ne pêche plus rien ici, me dis-je, hormis des remords.

Nous croisons un vieil homme sur les hauteurs dominant la mer transformée en tapis de sable. Chapeau élégant, moustache taillée, il regarde au loin.

— J'ai travaillé sur le bateau là-bas.

L'embarcation prend la rouille à quelques dizaines de mètres devant nous. L'homme ne veut pas donner son prénom, ni que je le prenne en photo. Il s'en va en grommelant et continue sa marche au bord de l'« eau ».

* * *

La chaleur m'accable. L'air chargé de sel, de sable et de poussière m'assèche. Je rêve à la Sibérie, à l'odeur des pins, à l'humidité des bouleaux, à la rusticité des datchas, aux rivières, aux pluies d'été. Dans vingt jours ! Je sais ma chance : certains autochtones aspirent durant toute leur vie à quitter ces lieux damnés, sans jamais pouvoir s'en éloigner de plus de 50 ou 100 kilomètres. Eux n'ont pas l'argent, ni le passeport-qui-va-bien, encore moins les visas qu'il faut, pour partir. Ils n'ont rien que leur nationalité ouzbek. Et des chimères. Moi, je me promène dans leur misère, certain de pouvoir m'enfuir d'une manière ou d'une autre, à un moment ou à un autre – demain, la semaine prochaine, dans un mois au pire, en cas d'embûche nécessitant l'intervention de « mon » ambassade.

La température impose une discipline drastique. Inutile de mettre le nez dehors entre 10 heures et 17 heures. Je me lève à 7 heures et je sors avant le petit-déjeuner. Je prévois deux heures de marche et planifie une mise au vert pour la journée : exercices physiques, écriture, sieste.

C'est samedi matin et Moynaq n'a pas le réveil furibard. Quelques gosses frôlent à vélo les premiers travailleurs. Ceux qui s'en vont vers Koungrad attendent en grappes près d'un amas de tôles qui n'a de gare routière que l'intitulé. Des chiens entament leur journée d'errance. Ma présence ici, si tôt, surprend. C'est ainsi depuis mon arrivée à Mangyshlak avant-hier : j'ai l'impression de me promener nu, avec un fez sur la tête, des bas résille et des tatouages primitifs, tant j'attire les regards. Il faudra que je me rase, ce sera ça de moins incongru dans ce pays d'imberbes...

Quatre gars m'interpellent alors que je marche vers l'entrée du bourg. Assis à l'ombre d'un appentis, ils carburent à la bière, à l'exception de l'un d'eux, qui exhibe une bouteille de Qarataw presque vide. Pas plus mal, qu'elle soit vide, me dis-je : par acquit de conscience, j'aurais bu de la vodka à cette heure si on m'en avait proposé, mais la perspective m'enchante d'autant moins que je suis à jeun. Il reste de la bière, cependant, et il faut peu de temps pour que je sois intronisé invité de marque. On m'en sert une grande rasade dans un verre à champagne – tous boivent dans des verres à champagne. Nous trinquons. Coup d'œil à ma montre : 7 h 30 du matin. À quelle heure ont-ils entamé les hostilités ? Voici ce que je puis dire : ils roulent des yeux vitreux et postillonnent, parlent fort, prennent le vent lorsqu'ils se lèvent. Khakhat en particulier flirte avec la surchauffe.

— Vous travaillez à Moynaq ? dis-je.

— C'est samedi. On se repose ! s'exclame l'un.

— Mais vous faites quoi comme travail ?

— Je suis instituteur, confie Alexeï.

— Nous, on n'a pas de travail, dit Avi.

Son camarade Akbar fulmine :

— Y a pas de travail ici ! Y en a à Moscou, au Kazakhstan, mais pas ici ! Bordel de merde ! C'est la faute au maire, au gouverneur, à tous ces cons. Qu'ils dégagent, putain !

L'homme accompagne sa charge de grands gestes. Ses bras tatoués feulent l'air. Il désigne mon carnet et me fixe :

— Écris ça. Écris tout ça ! Et publie-le !

Il se tait. Puis reprend :

— Mais tu ne montres pas ça à Tachkent, hein ?

Sous-entendu : ne montre pas ça à aux autorités[1].

— Sinon, j'suis mort !

Ils remplissent mon verre.

— Vous viviez à Moynaq quand la mer était encore là ?

— Oui, répondent-ils comme un seul homme.

Tous sauf Akbar ont connu la mer.

— On pêchait. On allait nager…

— Y a plus de poisson, plus de mer, plus d'usine, dit Avi. Plus rien ! Putain de bite !

L'un des gars se lève. Il s'accroupit à quelques mètres de nous, dans la poussière. Il tousse, crache, puis vomit, alors qu'Avi pisse non loin. Akbar et Alexeï s'invectivent. Le ton monte, mais ils n'en viennent pas aux mains. Cela ressemble à une engueulade de vieux amis. Une sévère engueulade d'amis ivres à 8 heures du matin.

— C'est une histoire d'argent, m'explique Avi en aparté.

Les gars poussent un cri collectif. C'est un appel, mais destiné à qui ?

Une jeune femme en chemise de nuit sort du bâtiment derrière nous. Elle ramasse nos verres. Je me

1. Tachkent est la capitale de l'Ouzbékistan.

rends compte que nous sommes au bar, bien que rien ne permette d'identifier la baraque en question comme étant un bar. Je comprends aussi que la fille est la serveuse et que les marches poussiéreuses sur lesquelles nous sommes assis constituent en quelque sorte la terrasse ombragée de ce *lounge* des enfers. La serveuse, que les gars ont probablement tirée du sommeil une heure ou deux plus tôt, ne nous gratifie pas des attentions dont bénéficient les habitués du Ritz. Elle débarrasse nos verres sans un mot, puis regagne son logis.

Avant de se lever, mes camarades joignent leurs mains et passent leurs paumes sur leur visage, à la musulmane. Ils me demandent de les imiter, ce que je fais. Si un salafiste nous voyait !

— Tu es musulman ? dit Akbar.

— Heu… catholique.

C'est à moitié vrai, puisque j'ai été baptisé, mais aussi à moitié faux. C'est cependant plus simple de me contenter de cette réponse plutôt que de tenter d'expliquer que je suis un peu anticlérical mais pas anticlérical primaire, pas vraiment athée, mystique et pragmatique, presque païen ? pas sûr de grand-chose, et que j'ai surtout la religion du doute.

— Merci pour la bière ! dis-je

Est-ce que je le pense vraiment ?

* * *

À Moynaq, les habitants luttent contre l'envahisseur : un sable mêlé de sel et de terre formant des nuées qu'un nœud de vent soulève et promène de toit en cour, de palissade en voiture et de paillasson en arrière-cuisine. On barricade les fenêtres pour se prémunir contre la chaleur, mais aussi contre la poussière, cette foutue poussière. On balaie devant chez soi. On balaie beaucoup, surtout les femmes. Il n'y a qu'à examiner l'état des cours, souvent impeccables : c'est parce que les femmes arrosent et balaient, et cela s'appelle la double peine : la mer nourricière a laissé place à la poussière viciée.

Je sors à 17 h 30.

Personne dans les rues. Il fait trop chaud – encore. Un portail rouillé claque. Le vent siffle. Des paires d'yeux m'épient par-dessus un mur. Des gosses me suivent.

— *Hello*, crient-ils, visages d'anges, sourire aux lèvres.

Et ils me demandent si je peux leur donner des crayons.

À 19 h 30, je m'arrête devant la « mer ».

Un oiseau tournicote par-dessus les épaves. C'est un spectacle. Comme tout spectacle, il contient sa part de beauté. Une famille ouzbek, flanquée d'une armée de jeunes filles parlant un russe parfait, arrive sur place en même temps que moi. Nous selfisons. Forcément. Je suis la chose, la bête de foire française, l'incongru. Alors je me laisse selfiser et les filles se font prendre en photo devant l'ancienne mer. Comme si tout cela n'était pas sérieux. Et moi, pourquoi suis-je là ? Pour les mêmes raisons qu'eux : pour le spectacle.

* * *

Je quitte Moynaq le lendemain en emportant un goût de sel et d'amertume. Nouvelle journée sur la route, escale à la gare routière de Noukous où un chauffeur m'offre un verre de vodka alors que nous patientons devant une tchaïkhana, puis départ pour Khiva.

Après Noukous, la monotonie du Karakalpakistan laisse place à un désert plus ondulé. Le gris vire au jaune. Des collines noires menacent le voyageur de non-retour. Le chauffeur, qui pèse au moins 150 kilos, a les yeux bridés, un double menton et des lunettes d'aviateur qu'il replace de temps à autre en haut d'un nez démesurément petit. Ajoutée à la beauté du désert, à la vitesse et aux effets de la vodka, la pop échappée de l'autoradio m'euphorise. Transporté jusqu'au fantasme, je m'imagine – bienfaits de la mobilité – dans un Orient bollywoodien, un monde de caravansérails et de marchands. Je me sens apaisé. Pour la première fois depuis près d'une semaine, j'ai l'impression d'aller quelque part.

Les chocs esthétiques surviennent souvent quand on s'y attend le moins. À l'extrémité d'une route de campagne, l'asphalte s'élève. Une étendue d'eau, parcourue de forts courants et bordée de zones humides, surgit à l'ouest. Ça ne peut pas être un lac, ni un affluent quelconque, ni un champ inondé. Non… Qu'est-ce que… Le voilà donc ! C'est l'Amou-Daria qui roule des flots jaunes. Je l'imaginais rabougri et souffreteux, à l'article de la mort, ce fleuve mythique, descendu en son temps par Ella Maillart dans des conditions autrement plus précaires que celles dont je bénéficie. Je découvre un Amazone. Un grand monsieur nerveux. Ici, l'Amou-Daria, pas encore l'ombre de lui-même, arrose fièrement la plaine. Il donne envie de se perdre dans ses roselières et d'y pêcher le silure. De se baigner dans ses eaux troubles ou de voler un bateau.

* * *

J'arrive en fin d'après-midi à Khiva, l'une des trois célébrissimes cités antiques d'Ouzbékistan.

Khiva est un enclos touristique hérissé de minarets et de dômes bleu ciel. Un Saint-Malo du désert.

Hier, il a fait plus de 50 °C. Aujourd'hui, le vent rend la chaleur supportable mais la torpeur règne. Le ramadan s'achève dans deux semaines et les rues sont presque laissées aux chiens et chats. Quelques touristes tentent la marche dans la vieille ville, bob sur le crâne. Je croise des groupes d'étrangers en voyage organisé. J'entends : « Elles sont où, Françoise et Marie ? »

Les autorités ouzbeks imposent aux étrangers de s'enregistrer, moyennant paiement, tous les trois jours au minimum. Seuls les hôtels agréés sont autorisés à effectuer cette formalité. Si vous ne disposez pas de votre collection de tickets d'enregistrement lors de votre passage à la frontière, tout douanier zélé est en mesure de vous soutirer des dollars et de vous faire goûter aux joies de la procédure. Ce système archaïque entretient une machine à cash qui bénéficie aux hôtels (un peu) et au gouvernement (beaucoup). Surtout, il permet à l'État de baliser votre séjour. Devant l'impossibilité théorique de dormir chez l'habitant, le touriste se voit condamné à l'itinéraire tracé : les trois villes timurides, la capitale Tachkent, quelques villages de montagne, et circulez. Cette stratégie de contrôle fonctionne d'autant mieux que les lieux en question contiennent les principales attractions du pays, organisé avec le tourisme comme avec le coton : en monoculture.

* * *

C'est la saison morte. La plupart des autochtones sont au travail ou à l'abri chez eux. Je n'ai pas de plan, pas d'inspiration ni de volonté. J'écris péniblement. Mes idées sont moites. Je songe à quitter le pays, et vite. C'est pourtant un haut lieu de la consommation de vodka en ex-URSS, je le sais, mais on dirait que ce n'est pas le moment ni l'endroit.

Je marche dans la vieille ville et bifurque rapidement en dehors des remparts. Seuls les gosses m'interpellent. Je me mets en tête d'acheter de la vodka, ça peut toujours servir. Une échoppe : rien. Un supermarché : rien.

— Vous n'avez pas de vodka ?

— Non.

Je vacille. Et si je m'étais gouré ? Et si l'Ouzbékistan était parfaitement sobre ? Et moi, hors sujet ? Pis : peut-être que le pays est rempli de pères-la-vertu, peut-être que les quatre lève-tôt de Moynaq sont les seuls amateurs de spiritueux à 1 000 kilomètres à la ronde. Ressaisis-toi, Legendre ! Reprends la route. Sans beaucoup d'espoir, je franchis le seuil d'un autre supermarché. Le vaste hangar comprend plusieurs renfoncements. L'un est occupé par une boucherie : chou blanc. Je pénètre dans l'autre en m'interrogeant sur l'absence de vodka dans les magasins locaux et… Sainte Mère ! C'est une cave !

Une cave à vodka aussi bien achalandée qu'un Super U pendant la foire aux vins. Une pièce entière, cinq mètres par cinq, remplie de bouteilles sur 2,5 mètres de hauteur. De quoi saouler un bataillon. Beaucoup d'étiquettes me sont inconnues. Marques locales, dessins bigarrés, bouteilles opaques, translucides, longues, larges, petites, ventrues… Il y a même de la fausse Absolut : l'Absolutnaya. Je me régale du spectacle offert par cette corne d'abondance. J'achète une bouteille. Je ne sais pas quand, ni avec qui je la boirai, mais quitter cet endroit les mains vides relèverait du sacrilège.

Je traverse le bazar à la recherche d'un barbier. D'ordinaire, en Asie centrale, un bazar porte bien son nom. Celui-ci est vide. Pas une pastèque, pas un bout de viande : mauvais moment, encore. Peut-être que j'arrive après la bataille. Mais voilà : depuis mon entrée en Ouzbékistan, j'ai trop souvent l'impression qu'il n'est pas l'heure…

J'entre dans un salon de coiffure pour hommes. Dans la pièce bondée, un autochtone, debout auprès d'un fauteuil rouge, passe sa main sur ses joues en me regardant, l'air interrogatif. Je hoche la tête, sous-entendu : « Oui, coupez-moi la barbe ! » Ce plaisir bon marché me réjouit toujours. Deux possibilités : le barbier rase à la hâte, sans amour et sans technique, ou bien il fignole comme un artisan. Celui à qui je m'en remets aujourd'hui appartient à la deuxième catégorie. Il opère avec la précision d'un géomètre. Il prend soin des grains de beauté, coupe sur les pommettes, auprès des sourcils, taille les pattes au ciseau, égalise autour des oreilles à trois reprises de chaque côté, nettoie la nuque au rasoir, puis au ciseau, enfin achève de me persuader que j'ai affaire à un grand professionnel : après avoir appliqué une lotion, il parachève son œuvre en me faisant claquer chaque oreille, puis la nuque, vers la gauche, vers la droite, me masse le crâne avec une araignée à pattes de fer. Un coup d'eau de toilette, voilà. Une nouvelle vie t'attend dehors, *gentleman*.

En sortant, je revis. Khiva, elle, ne revit pas. Je me perds dans ses faubourgs et m'attable devant une gargote que je n'appellerais pas bar – ce serait contrevenir à la hiérarchie des troquets. Il y a là un congélateur avec, à l'intérieur, des bières, des sodas et des morceaux de viande ; un fil à linge où pendouillent des poissons séchés ; deux tables en plastique installées sur le trottoir, dont une occupée par des Ouzbeks. Je m'assieds devant l'autre et n'ai pas le temps d'avaler deux gorgées que je suis appelé à la première. Je rejoins Boria, Sancho, Danchkhor et Alioch qui refont le monde comme des millions d'hommes au même moment, à la terrasse d'autres bars ici ou sur d'autres continents. Seul Boria boit de l'alcool (de la bière). Policier à Khiva, flanqué de mille dollars mensuels, il vit « plutôt bien ». Il a des bras comme des petits chênes, un cou de génisse et des tatouages. Il rit gras, on se tape dans les mains. Il dit : « Nikoooooo », lève sa chope et donne le signal :

— *Davaï !*

Ma monogamie intrigue mes hôtes :

— Tu veux pas baiser ?

— T'as pas de copine ici ?

— Non, elle est en France…

— Et alors ! Elle est loin !

— Oui, dis-je. Mais elle voit tout ! Elle sait tout.

Ils partent d'un rire frappadingue.

— C'est elle la *khan* dis-je.

Khan signifie « chef » ou « dirigeant » dans plusieurs langues turques, dont l'ouzbek.

Nouveau rire.

Je dévie vers le terrain politique, mais je n'obtiens que des demi-réponses trop angéliques pour sonner vrai. Les uns et les autres jurent qu'en Ouzbékistan, « on est libres » et que l'État prend merveilleusement soin du peuple. Ils sont peut-être sincères, mais ils donnent l'impression d'en rajouter. Je peux les comprendre : critiquer le pouvoir, dans ce pays, c'est risquer d'être harcelé par les services de renseignements, de perdre son emploi, voire d'agoniser dans une geôle au milieu du désert avec les oreilles ou la bite arrachées.

La soirée avance, deux ou trois heures passent et la nuit tombe. Bientôt, je fais partie du décor. Des nouveaux venus se joignent à nous. Ils me saluent comme si j'appartenais à la confrérie – l'obscurité dissimule mes habits d'étranger. Je m'assimile au bon temps du lundi soir. Je tente de deviner le sens des moqueries que s'envoient ces mâles bourrus. J'attrape au vol des surnoms. Il y a le gros, un obèse peu loquace qu'ils appellent « le *khan* ». Il y a « l'Antiquaire », un vendeur de tapis du vieux Khiva, polygame, père de dix enfants, affirme-t-il. Il y a un mastard plus discret qui, lorsque je l'interroge, déclare à la manière d'un bouilleur de cru clandestin :

— Je fais du business… Hum. En Ukraine…

Il y a aussi Islam, le fils du tenancier. Islam apprend le métier. Il a 7 ans, peut-être 8. Il écoute les conversations des hommes et sert les bières. Il débarrasse les tables, balaie la poussière et arrose le sol. Les gars l'apostrophent :

— Islaaaaam !

Islam fais ci, ou bien fais-ça…

Nous picorons du poisson séché. Le tenancier allume un barbecue à même le trottoir et des brochettes parviennent sur notre table quand la nuit tombe. Boria les arrose de vinaigre. Nous dégustons la viande avec du pain et des rondelles d'oignons crus, sans couverts. La table se change en patinoire de graisse. Il est question d'arroser le festin à la vodka.

— On boit ? dit l'un.

Mais rien ne se passe.

— On va boire ? dit l'autre.

Oui, oui, buvons ! Mais toujours rien. Pas l'ombre d'une bouteille. Je finis par décréter qu'il est l'heure de partir. Les gars m'empêchent de payer. Je m'en vais repu en plus d'être rasé.

* * *

Natalia a 28 ans, un visage de souris, des yeux noirs brillants, des cheveux de jais, la voix éraillée. Elle rit comme une enfant, par à-coups, et alors elle emplit l'espace de féminité et de désinvolture. Mais son regard se départit rarement d'un voile de mélancolie. J'ai su, ou du moins pressenti, au bout de quelques minutes seulement, qu'elle portait un fardeau. Elle ne dissimule pas vraiment sa tristesse, mais sa beauté l'éclipse un peu. Quand ses yeux errent dans le vague et que ses lèvres se figent, elle semble brasser des pensées noires ou des rêves.

J'ai rencontré Natalia dans un taxi à Ourguentch. Elle m'a abordé spontanément et m'a invité à passer quelques jours chez elle. Nous nous sommes donné rendez-vous le lendemain. La patronne de l'hôtel dans lequel je logeais, à Khiva, a insisté pour savoir où j'allais et qui était cette « amie » qui devait m'héberger. J'avais besoin d'un enregistrement officiel pour les deux ou trois jours que j'allais passer chez Natalia. La patronne a consenti à m'en procurer un – moyennant 7 dollars par jour – mais a exigé, en échange, de connaître le nom de mon hôte et de voir son passeport. J'ai rechigné, je n'ai confié que des informations fausses et j'ai dû échafauder une stratégie pour m'extraire des griffes de l'inquisitrice, certainement influencée dans sa démarche par l'obsession du contrôle qui imprègne l'État ouzbek, et se croyant autorisée de fait à s'improviser agent du renseignement soi-disant au nom du respect des formalités, plus vraisemblablement dans l'intérêt de son petit business. Un touriste qui loge chez l'habitant, c'est un client en moins. Identifier l'habitant en question, c'est pouvoir le neutraliser à coup de rumeurs, d'intimidation ou de dénonciation.

Natalia habite avec son fils, son mari, sa belle-mère, sa belle-sœur, la grand-mère de son mari et les trois neveux de ce dernier dans une maison plantée dans la campagne autour d'Ourguentch. On y accède par un chemin de terre, de poussière surtout, perpendiculaire à la grand-route, au bord duquel les vieux tuent le temps en observant les mouches voler quand vient la fin d'après-midi. Comme beaucoup de maisons ici, celle de Natalia est configurée en bunker : fenêtres closes et rideaux opaques, porte d'entrée non vitrée et hermétique autant que possible. Le contraste avec les habitats européens contemporains, ouverts plein sud, plein ouest, me saisit. En Europe du Nord, on cherche le soleil jusqu'au gavage – jusqu'à crever de chaud derrière le triple vitrage. Ici, on s'en protège.

À l'intérieur, un poêle et un lavabo occupent le sas d'entrée. La grande salle comprend une table traditionnelle et des tapis au sol (on mange assis par terre), ainsi qu'un espace surélevé où trône un large téléviseur. Le congélateur est installé au beau milieu d'un couloir qui distribue les chambres. Au fond, c'est la cuisine, territoire des femmes, c'est-à-dire de toute la maisonnée à l'exception du mari de Natalia, qui ne se mêle pas davantage des tâches ménagères que la plupart des mâles ouzbeks.

Face à la cuisine, un grand cellier occupe près de 50 mètres carrés remplis d'outils et de sacs de riz. Près de ce cellier se trouve le tapis de la grand-mère. Aveugle et malentendante, elle se déplace péniblement à l'aide d'un grand bâton de bois. Elle évolue centimètre par centimètre, dos voûté à l'extrême. Elle n'a plus la force de travailler. Elle parle peu. On lui parle peu. Le plus souvent, elle reste assise ou allongée sur le tapis. Parfois, elle migre vers un autre lieu, une autre pièce, dans une longue épopée. Elle a comme cela trois ou quatre endroits de prédilection.

Le vestibule donne sur un jardin. Une table basse en torchis occupe une terrasse de terre. On y pose des tapis, on s'y allonge et on y boit le thé, le soir. Le chemin contournant la table mène aux toilettes dissimulées au fond du jardin – une cabane de bois avec deux planches et un trou. À droite, un appentis abrite un four en terre et un réchaud. Non loin se trouve la douche : une toile tendue entre quatre piquets dissimulant les baigneurs à peu près jusqu'aux épaules, sous un toit de tôle surplombé par un bac en fer rempli d'eau chauffée au soleil. Un poulailler est apposé à la palissade du fond. Une grappe de pintades dépenaillées, gloussantes, erre entre les pieds de maïs qui occupent la majeure partie du jardin, à savoir tout l'espace central. Une pompe à eau manuelle perce une des extrémités de la terrasse.

J'arrive en milieu de journée, quand les allées et venues des femmes et les jeux des gosses animent la maison. On m'accueille chaleureusement, mais sans effusion, avec presque une indifférence qui signifie que je suis l'invité, que l'on me reçoit comme n'importe quel invité et qu'il n'y a rien de plus normal. Natalia a préparé son plat favori : des poivrons farcis à la viande et au riz, cuisinés dans un bouillon de pommes de terre et de tomates. Nous mangeons avec son époux à qui j'offre la bouteille de vodka achetée à Khiva.

Mon hôte ne tarde pas à s'épancher. Elle se confie à moi, allez savoir pourquoi, comme à un ami ou à un frère. Elle n'aime pas l'Ouzbékistan. Elle veut partir.

— Ici, 50 % des hommes vont en Russie. S'ils n'ont pas étudié, ils partent. Ils sont maçons, vendeurs… Ils travaillent douze heures par jour pour envoyer trois cents dollars par an en Ouzbékistan.

— Pourquoi sont-ils obligés de partir ?

— Tout est cher. Un petit boulot, ça rapporte 80 dollars par mois. On a une tradition du paraître. Les dents en or, par exemple, c'est pour montrer la richesse, mais on n'est pas riches ! Une fête de mariage, c'est six cents ou sept cents personnes, parfois mille. Il faut inviter le maximum de monde. Tu sais jamais qui est qui. Et ça coûte un argent fou.

Elle nous sert du thé, puis reprend :

— La vie est difficile… En hiver, encore plus. On n'a pas de gaz. On vit dans la même pièce, là où il y a le poêle. On a l'électricité six heures par jour. Les enfants ne peuvent pas faire leurs devoirs. Nous, ça va, on est près de la route. Mais à 20 ou 30 kilomètres vers l'intérieur, c'est pire. Ils n'ont pas de voiture, rien… Si tu n'as pas été à l'université, tu fais quoi, ici ? Regarde, y a pas de café Internet, pas de bars… Rien !

— Que fais-tu quand tu ne travailles pas ?

— Les jours normaux, on reste chez nous. On s'occupe de la maison, on fait à manger… Certains jours, pour les anniversaires, la fête des femmes, la fête des enfants, on sort… Sinon, on ne sort pas. Ce mode de vie, ça ne rend pas intelligent, tu comprends ? C'est pour ça que j'emmène toujours mon fils avec moi quand je vais à Ourguentch… Pour qu'il voie le monde. Tu sais, je suis contente d'avoir un garçon. La vie est trop dure pour les filles. Si un mari dit à sa femme de ne pas travailler, de rester à la maison, c'est comme ça. Tu restes à la maison. Je ne fais pas confiance aux hommes ouzbeks. Ils ne sont pas bons. Beaucoup de mes amies ont étudié à l'université, mais elles restent à la maison pour travailler.

Elle dit cela alors que son mari, parti faire la sieste, a quitté la table.

— Les gens sont très malades, ajoute-t-elle. Il y a beaucoup de problèmes respiratoires.

— À cause de la mer d'Aral ?

— Oui.

— C'était différent avant ?

— Il n'y avait pas autant de poussière. Ça a commencé vers 1980-1982.

— J'ai remarqué que les gens en Ouzbékistan ne parlent pas de politique…

— Les gens sont gentils, agréables… Mais ils ont peur. Ici, tout est secret. Tu ne sais jamais ce qui se passe. Je n'aime pas notre président.

— Pourquoi ?

— Il a 84 ans[1] ! Tu te rends compte, 84 ans ! Quand il vient à Khiva, tout le monde doit faire des bouquets de fleurs, nettoyer devant chez lui… Et la route est impeccable. Tout est éclairé. Mais juste à côté, dans les villages, y a pas d'électricité. La fille aînée du président a plein d'hôtels à Khiva, Boukhara, Samarcande… Et le meilleur hôtel de Tachkent. Son surnom, c'est Googoosha. Elle a aussi une compagnie de bus. Elle est en prison en ce moment, car elle voulait « la vie européenne »… Elle pense différemment. Elle est plus européenne que

1. Islam Karimov est décédé en 2016. Son successeur, Shavkat Mirziyoyev, a entamé un processus de libération (relative) du régime.

son père… Pour lui, les Ouzbeks ne doivent jamais devenir intelligents. Ils doivent rester à la maison. On ne sait pas combien de temps Googoosha va rester en prison. Personne ne sait. Les Ouzbeks ne savent même pas qu'elle est en prison. Je le sais parce que je regarde la télé russe.

Goulnara Karimova, alias Googoosha, est effectivement une fille à dictateur typique. Femme d'affaires riche à millions, ex-ambassadrice de son pays auprès de l'ONU, habillée façon Hollywood et refaite idem, elle s'est prise à rêver, entre autres lubies, de devenir une pop star et s'est payé l'enregistrement d'un disque dans lequel elle susurre des paroles insipides posées sur des orchestrations « modernes » et mises en image dans des clips à plusieurs centaines de milliers de dollars. Ses incursions sur le terrain des affaires et, donc, de la politique – en Ouzbékistan, tout ce qui touche à l'argent est contrôlé ou surveillé par le pouvoir – ont fini par agacer en haut lieu. Des manœuvres dignes de *Dallas*, orchestrées par des dignitaires gouvernementaux ou des forces de sécurité, ou bien par le père de Googoosha lui-même, ont précipité la chute de son petit empire et précédé son placement en « résidence surveillée », sans qu'on sache véritablement ce qui lui est arrivé.

Ça se passe comme ça chez les Karimov, au pays des minarets azur et de l'esclavage soft.

J'interroge Natalia à ce sujet :

— Les Ouzbeks sont toujours obligés d'aller travailler dans les champs de coton ?

— Quand tu es au lycée ou à l'université, tu pars pour deux mois dans les champs de coton en septembre-octobre. C'est une obligation, oui. Et tu travailles gratuitement ! Si tu ne veux pas y aller, tu payes.

— Et les enfants ?

— Les écoliers n'y vont plus aujourd'hui, parce que les journalistes étrangers en ont beaucoup parlé.

— Il y a beaucoup d'écart entre les gens « normaux » et les riches ?

— Un appartement à Khiva, ça coûte 70 000 ou 80 000 dollars. C'est construit par le gouvernement, vendu par le gouvernement… Qui peut se payer ça ? Et puis, si tu es riche, tu ne restes pas ici. Tu vas à Tachkent ou à l'étranger. Si je trouve un moyen de vivre ailleurs, je partirai.

— À l'étranger ?

— Oui.

— C'est possible ?

— Tout le monde peut essayer. J'ai tenté deux fois d'avoir un visa pour l'Angleterre. Ça n'a jamais marché. Une amie à Londres m'a envoyé une invitation. Je ne l'ai jamais reçue…

Une coupure d'électricité nous interrompt. Natalia et son mari m'installent dans une grande chambre et me prêtent le ventilateur familial pour la nuit. Je dors profondément pour la première fois depuis plusieurs semaines. Le lendemain, je déjeune tard, je travaille et je sieste. Personne ne quitte la maison durant la journée. Les femmes effectuent les tâches ménagères. Le mari de Natalia se tourne les pouces. Il y aura peut-être une fête, ce soir, chez un de ses amis.

— Ils boiront de la vodka, me dit Natalia. Tu pourras y aller, si tu veux.

— Et toi, tu viendras ?

— Non, je ne peux pas. C'est pour les hommes.

En fin d'après-midi, nous partons nous baigner avec le mari et le fils de mon hôte. Une piste poussiéreuse longe des rizières d'un côté et, de l'autre, un canal qui charrie une eau marron extorquée à l'Amou-Daria. Des barrages créent des sas dans lesquels tourbillonne un courant vif. On arrête la voiture en amont d'un de ces ouvrages, en surplomb d'une langue de terre qu'on pourrait nommer plage à condition de considérer le terme dans son acception large. Nous nous baignons. Le fils, nu, échafaude des tas de boue. Le mari, nageant à contre-courant, parvient à avancer de 2 mètres au prix d'un effort intense. Moi, au meilleur de ma brasse de petit bain, je stagne et réussis à ne pas me faire emporter. La fraîcheur de l'eau me fait oublier un peu la fournaise.

La fête du soir est annulée : encore un rendez-vous manqué.

Natalia me propose d'aller au restaurant. Son mari, qui ne veut pas se joindre à nous, nous laisse partir avec leur fils.

Le taxi nous dépose devant un établissement traditionnel, à l'entrée duquel nous choisissons notre poisson dans un bassin en béton où pataugent des carpeaux de 2 à 5 livres. Natalia paraît préoccupée. Elle n'écoute pas vraiment ce que je raconte. Il est rapidement question de son mari.

— Je ne l'aime pas, dit-elle.

Inutile d'avoir lu tout Freud pour constater que lui non plus n'est pas amoureux. Il n'y a jamais de marque de tendresse entre eux.

Natalia m'affirme que le type a un passé tortueux.

— Après une bagarre, il a été recherché par la police. Il a fui à Moscou. Il est parti deux ans… Je n'ai pas eu de nouvelles pendant ce temps. Il est revenu à la maison un beau jour, sans me prévenir, et il s'est arrangé avec les autorités. Il ne fait rien de ses journées !

— Pourquoi tu ne le quittes pas ?

— Parce que ça ne se fait pas. C'est pas possible. Enfin, si. Mais je serais mal vue au travail, ça me créerait des ennuis.

Je souffle. Que dire ? Elle reprend, sans émotion apparente :

— Il me bat, parfois.

Je reste prostré. Le salopard, non content de ne rien faire de ses journées, castagne sa femme quand elle a un peu trop raison ou qu'elle lui demande pourquoi il ne cherche pas de travail.

— C'était pis avant. Il était plus… nerveux. Depuis qu'il est revenu de Moscou, c'est mieux.

— Il ne te bat plus ?

— Si, mais c'est rare. Quand j'attendais mon premier enfant, je me souviens, il m'a tapée à la tête. J'avais deux cocards.

Elle rit de sa voix éraillée.

— À notre mariage, il était trop saoul. Il s'est endormi sur la table… On boit beaucoup de vodka pendant les mariages ouzbeks. Il y avait huit cents personnes… Quand il boit de la vodka, il devient violent.

— Tu ne peux pas aller à la police ?

— Ce serait pis. Il m'attendrait au retour.

Je me sens nauséeux. Peut-être est-ce la faute du poisson et de son arrière-goût de vase. Peut-être est-ce dû à ma position de touriste. Moi, je passe. Je partirai demain. Je laisserai Natalia avec son homme et sa tristesse, comme j'ai laissé la mer d'Aral à sa vacuité. C'est ainsi. Je vais dans les misères, sac sur le dos, comme on va à la piscine municipale.

Natalia anticipe ma question.

— Tu ne peux rien faire pour moi. J'ai plusieurs amis en Europe. Ils ont déjà essayé de m'envoyer des lettres d'invitation pour que j'obtienne un visa. Je n'ai jamais reçu les lettres et toutes mes demandes ont été refusées.

Rien. Je ne peux rien faire. J'aimerais, à l'instant, lui donner de l'amour, non pas lui faire l'amour, juste l'embrasser, lui offrir de la vraie tendresse, lui faire ressentir des choses que sûrement le gentleman n'a jamais songé à lui faire ressentir, lui masser les jambes ou les orteils, la prendre par l'épaule, mais ça non plus je ne peux pas.

Je regarde son fils assis près de nous. Suivra-t-il la voie de son père ? Combien y a-t-il de maris violents dans ce pays ? Combien de mâles, parmi ceux avec qui j'ai festoyé depuis un mois, font régner l'ordre conjugal comme des SS dans un camp de concentration ?

Je dors mal. Je cauchemarde et je me dessèche. Je me réveille à 5 h 30, vaseux comme le fond du canal.

* * *

Je quitte Khiva avec l'intention de me perdre dans les montagnes autour de Samarcande, en évitant autant que possible cette dernière. Je paye une place dans un taxi collectif et entame une longue, lente et poussiéreuse épopée à 50 kilomètres à l'heure, 90 quand les circonstances le permettent.

La voiture dégueule de bagages et remugle dans les côtes. Le désert lèche la route. Tout paraît loin. Je pensais m'arrêter à Boukhara uniquement pour changer de moyen de transport et repartir dans la foulée pour « quelque part ». J'y arrive après huit heures de route, abruti par la chaleur. Je décide d'y passer la nuit.

* * *

Dominée par le minaret Kalon, la vieille ville de Boukhara grouille d'habitants quand vient le soir. Les pierres dorées, les dômes océan et l'état de conservation exceptionnel des monuments confèrent à ce lieu un caractère intemporel.

J'assiste à un match de foot improvisé au pied du minaret. J'observe les mimiques des gosses, je repère les meneurs, les bretteurs, les plus-forts-que-toi. Ils jouent entre des murs millénaires, balancent des pointards sous l'égide de tas de pierres labellisés Unesco, courent sur un sol foulé en leur temps par les seigneurs timourides et même par Gengis Khan, mais évoluer dans une telle arène ne semble pas les émouvoir : c'est chez eux.

De la musique retentit alors que je quitte le « stade ». Devant moi, à l'orée d'une allée, un guitariste et un percussionniste sonorisent une agitation des grands soirs. J'interpelle un homme.

— Qu'est-ce qui se passe ?

— C'est un mariage !

Je songe un instant que je pourrais m'y faire inviter, que l'homme en question a toutes ses entrées dans le secteur, qu'il est le père de la mariée, que ce serait un honneur de vous avoir parmi nous, cher ami français, que la vodka coulerait à flots, que j'assisterais à d'incroyables scènes nuptiales et que je me réveillerais dans trois jours en haut d'un minaret.

En fait, l'homme est un badaud.

— Tu veux venir chez moi ? dit-il.

J'oublie mes rêves de fête et suis Faïzoulo chez lui. La bicoque de mon hôte borde une cour occupée par une table basse et une petite oasis formée par quelques arbres fruitiers. Le chat qui déambule à nos côtés s'arrête net et se fait les puces. Un bouc nacré broute un carré d'herbe. Des bocaux de menthe marinée exhalent une odeur de Maghreb. Faïzoulo apporte du raisin noir, du melon et… du vin. Je m'attendais à voir arriver la vodka et voilà qu'il me sert un ersatz de porto labellisé Portveïn 55, qu'il verse dans des bols à thé. Nous trinquons.

Le minaret Kalon surplombe la terrasse du haut de ses 47 mètres.

— Regarde, dis Faïzoulo. C'est pas formidable ? Je suis bien, ici !

Oui, c'est beau. Le ciel sans nuages chatoie dans un bleu hyperazur qui se marie au jaune des pierres et cet alliage répond aux senteurs des fruits, au sucre du vin, à la verdure de la petite oasis, à la nonchalance du bouc et à l'espièglerie du chat. Les yeux de Faïzoulo ne trahissent rien d'autre que le bonheur de se trouver ici, maintenant. Oui, on est bien.

Faïzoulo, 63 ans, technicien de réseaux électriques, ne veut pas prendre sa retraite.

— Si je m'arrête, je meurs, dit-il.

Il part d'un grand rire et m'explique comment sa famille a gravi, peu à peu, modestement, la très pentue échelle sociale ouzbek. J'apprends cependant que ses deux fils, tous deux gérants d'hôtel, ont émigré. Par choix ou, comme beaucoup d'Ouzbeks, par contrainte, manque de travail oblige ? Faïzoulo ne m'en dira pas davantage, hormis que l'un de ses enfants vit à Londres et l'autre à Los Angeles.

Alors que la nuit tombe, nous rapatrions la bouteille de vin vers la maison. Dans le salon, le téléviseur diffuse une chaîne d'information russe qui, sans surprise, vante les mérites de Poutine.

— Pourquoi la France ne veut-elle pas livrer les *Mistral* à la Russie ? me demande Faïzoulo.

Il fait référence à ces fameux bateaux de guerre commandés par la Russie à des chantiers navals français. Après que les Russes ont annexé la Crimée, l'État français, en représailles, a refusé de livrer les rafiots. J'aimerais entamer un débat, mais Faïzoulo me prend de court : mon russe trouve ses limites dans les rapports de force militaro-industriels.

— C'est de la politique, tout ça, dis-je, penaud.

Cela ne satisfait pas mon interlocuteur. J'ajoute, schématique :

— La France ne livre pas les bateaux parce que la Russie fait la guerre en Ukraine…

Le regard de mon hôte traduit une vive incompréhension. Que n'ai-je pas dit !

— La Russie ne fait pas la guerre là-bas. C'est pas vrai ! Il y a eu un référendum, des élections… Les habitants du Donbass ont parlé !

— Il y a pourtant des soldats russes en Ukraine… Et il y a de la manipulation. Des deux côtés, certes, mais il y en a côté russe !

— Le problème, dit Faïzoulo, c'est que les États-Unis et l'Europe veulent contrôler le monde. Ils veulent baiser la Russie. Mais la Russie est un grand pays ! C'est un géant !

Il a raison – la Russie est un géant. Il a aussi raison, certainement, quand il affirme que l'Occident veut contrôler le monde. C'est en partie vrai, ou du moins ça l'a été. Quant au fait que les puissances atlantiques aient cherché, depuis la chute de l'URSS, à « baiser » la Russie, certains épisodes en témoignent, effectivement. Ce que ne dit pas Faïzoulo, c'est que le grand échiquier mondial compte de nombreux joueurs et que, bien souvent, hélas, tout le monde essaie de baiser tout le monde. Cette équation rend l'analyse complexe et oblige, si l'on veut entrevoir les finesses de la géopolitique, à se départir d'un certain chauvinisme. Mais Faïzoulo ne l'entend pas ainsi ; il vénère Poutine, il vénère cette Russie qui-ne-fait-jamais-de-mal-à-personne-et-que-tout-le-monde-embête, et je me prends les pieds dans mon russe en essayant d'argumenter. Mince. Nous savons tous deux que cet échange ne mènera nulle part, aussi nous finissons par nous taire, puis nous trinquons et je pars, alors que la nuit tombe, après avoir remercié mon hôte.

* * *

Aziz, patron de l'hôtel dans lequel je loge, me salue alors que je pénètre dans l'étroit couloir faisant office de hall d'accueil. Il n'a pas oublié la proposition formulée lors de mon arrivée, quelques heures plus tôt. Alors que je lui expliquais le but de mon séjour, il avait extrait une bouteille de vodka de sa banque d'accueil et dit :

— Tu veux boire ?

— Plus tard ! Là, je pars en ville, avais-je répondu.

Ce soir, il semble décidé à m'offrir l'apéro. Mais il ne sort qu'un verre.

— Seulement si tu bois aussi, lui dis-je.

Il grogne puis apporte un second récipient, qu'il remplit. Nous trinquons. Je bois d'une traite, comme l'exige la tradition ; lui aspire une lampée, grimace et arrose une plante verte avec le reste, dans un geste empreint d'une discrétion toute relative.

— Pourquoi tu ne bois pas ?

— C'est ramadan !

Bon Dieu ! Je suis sorti de piste.

Ma locomotive a déraillé.

Boire seul pendant qu'un autochtone fait semblant de m'imiter pour me faire plaisir : quelle farce ! Ça ne peut pas durer. Je décide de quitter l'Ouzbékistan prématurément. Cela, au passage, évitera que la chaleur ne m'extermine.

* * *

Fermée à tous les vents, la gare de Boukhara offre un sentiment d'emprisonnement. Tout le monde, y compris les Ouzbeks, doit montrer son passeport pour voyager à l'intérieur du pays. Une fois le billet en poche, il faut se présenter au poste de police, puis passer le contrôle électronique des bagages. Je confie ensuite mon billet et ma pièce d'identité à un contrôleur installé près des quais ; je ressors enfin mon attirail à la demande du chef de wagon.

Des palissades entourent la gare, si bien que personne, hormis les voyageurs, ne se rend ici. Les gares européennes sont ouvertes à tous les vents. Elles sont les cœurs des métropoles, elles sont des enjeux politiques, des moteurs économiques, des symboles de l'hyperouverture occidentale, du culte de la vitesse et du fantasme de la liberté de circulation. Ici, les gares disent l'inverse : contrôle, lenteur, bureaucratie. On voudrait inciter les gens à rester chez eux qu'on ne s'y prendrait pas autrement.

Au départ du train, les passagers se signent à la musulmane. Qu'Allah soit avec nous, me dis-je, et pourvu qu'il baisse le thermostat durant la nuit.

Dans la bande dessinée *Snowpiercer*, le train s'organise en classes sociales. Remonter les wagons, si l'on déjoue les pièges et si l'on ne meurt pas en route, c'est grimper l'échelle du bas vers le haut. En bas : les esclaves, ignorant pour certains tout de leur condition. En haut, les maîtres, idem.

Dans le Boukhara-Tachkent, je loge en *platzkart* – la troisième classe. J'entreprends de me rendre au restaurant situé à l'autre bout du train. En passant dans les rames, j'ai l'impression d'évoluer dans *Snowpiercer*. Je traverse la deuxième classe, puis la première. Les wagons sont plus propres. Certains sont compartimentés et mieux aérés. Les visages changent ainsi que les habits. J'aperçois des allures européennes et des babioles d'Occident. J'arrive au restaurant avec le sentiment d'avoir parcouru la société ouzbek de part en part.

Il fait encore plus chaud dans ce wagon que dans le reste du train. Je m'assois et je m'évente. Je tente l'immobilité car moins de mouvements, c'est moins de chaleur. Je n'ai rien commandé, mais la serveuse dépose un plov et une bière sur ma table. Ce doit être la norme ! Très bien. Il faut que je mange, de toute façon.

Mes voisins d'en face arrosent le même ragoût avec de la vodka Stolichnaya.

Un vieil homme, coiffé d'un chapeau traditionnel, adresse des réprimandes à la serveuse et au chef de rame. Il hausse progressivement le ton et rien ne le calme. Des voyageurs appuient son argumentaire. J'apprends que l'ancien déplore l'impossibilité d'ouvrir les fenêtres dans ce foutu wagon. Vrai : elles sont bloquées – un comble. J'apprends aussi qu'il se plaint au sujet de la vodka. Elle n'est pas fraîche, ô scandale. Plusieurs voyageurs m'entretiennent de ce problème.

— Au prix qu'on paye, quand même !

Les regards des clients se croisent. Acquiescement des uns et des autres. On repère alors mon allure exotique… et me voilà invité à une table. Samchi, petit trapu aux dents de travers, voyage avec son ami Savenat et sa femme Nigora, de dix ans son aînée. Il s'agit en fait de sa deuxième épouse. Je précise qu'en bon polygame, il est toujours marié à la première.

— Mon autre femme est restée à Boukhara, dit-il. Elle doit accoucher bientôt. Nous, on part en montagne pour quelques jours.

Ils me servent et me resservent de la bière dans un bol à thé, m'inondent de zakouski et me proposent du plov. J'ai à peine terminé que l'un de mes hôtes remplit à nouveau mon plat.

— Vous ne buvez pas de vodka ? dis-je.

— Elle est pas fraîche ! Normalement, oui, on en boit, mais là, non.

— Vous êtes musulmans ?

— Bien sûr, s'exclame Samchi. Tu sais, je suis ouzbek et russe. Parce qu'on est frères ! C'est l'Union soviétique ! Donc, je bois du thé, de la bière et de la vodka.

— Si tu veux, on se rejoint demain midi à Tachkent, dit l'un. On boira de la vodka.

J'aimerais dire oui. Mais non. J'ai décidé de rejoindre au plus vite le Kirghizstan *via* le Kazakhstan. Je veux passer le 14-Juillet au frais, dans les montagnes. J'ai devant moi une journée complète de route, hors éventuelles embûches, et deux frontières à franchir. Je n'ai pas l'habitude de refuser des invitations, ni de m'en tenir à une rigueur d'état-major anticipant les batailles, mais cette fois, je veux filer à l'anglaise. C'est lâche, car je décline une proposition qui m'amènerait peut-être trois jours durant à débattre des affaires du monde dans un brouillard éthylique, et aussi parce que je rate mon rendez-vous avec l'Ouzbékistan pour des raisons qui n'ont pas valeur d'excuses et qui me vaudront des regrets – de ne pas avoir visité la campagne, de ne pas avoir donné plus à ce pays, de ne pas avoir pris davantage – mais il faut faire des choix et celui-là n'est peut-être pas le pire.

— Désolé, dis-je à mes camarades. Je pars pour le Kirghizstan…

J'arrive à Tachkent au petit matin. Sereine, arborée, fraîche (à cette heure), la ville m'invite à ne pas la quitter. À nouveau, l'Ouzbékistan me dit : « Reste un peu. »

Je m'engouffre dans un taxi en partance pour la frontière.

VI

L'ivresse des hauteurs

— Notre vodka, c'est la meilleure. Les Kazakhs viennent ici pour en acheter, car la kazakhe, elle est dégueulasse ! Certains ont des grands sacs, ils repartent avec vingt bouteilles ! Tu te rends compte !

Cette tirade m'est offerte par une tenancière d'échoppe du côté kirghize de la frontière. L'aimable dame, qui a décoché un grand sourire lorsque je lui ai expliqué que j'écrivais un livre sur la vodka, propage-t-elle de chauvines légendes ? Probablement pas, même s'il est possible que les Kazakhs s'approvisionnent chez leurs voisins en partie parce que tout y est moins cher que chez eux… Cela dit, pour concocter une bonne vodka, il faut avant tout une bonne eau. Et les montagnes kirghizes fournissent en abondance une eau pure, descendue des glaciers, parfaitement adaptée à la production de la troisième boisson nationale après le *koumys* (lait de jument fermenté) et le thé.

Dans le minibus qui m'emmène à Talas, la grande ville la plus proche, alors que la grand-mère à ma droite s'envoie des reniflades de tabac à priser, j'observe les eaux du réservoir de Kirov qui miroitent au pied des montagnes. Une tête de Lénine sculptée dans la roche domine un barrage en voûtes. L'œuvre mesure une dizaine de mètres de hauteur et témoigne de l'obsession du pouvoir soviétique pour la maîtrise des éléments et la manipulation de l'image dans un grand enchevêtrement de paradoxes. Le marxisme prônait la mort des idoles, mais les caciques ont entretenu un culte de la personnalité à l'égard du chef, selon qu'il servait leurs intérêts. Ceux-là mêmes qui ont précipité la disgrâce de Lénine ont parfois encouragé sa starification. Les statues, bustes, portraits, permettaient de signifier l'appartenance au système jusque dans les recoins du Tian-Shan.

Vingt-cinq ans après l'implosion de l'URSS, la trogne de Vladimir Ilitch Oulianov continue de fixer l'horizon. Son visage immobile semble ne rien exprimer, comme si tout cela (l'Union) n'avait pas vraiment existé. Comme si ça n'avait été qu'un film dont on aurait conservé les décors en prévision d'une hypothétique suite.

Ce bon vieux Lénine considérait l'alcool comme un outil de domination au service de la bourgeoisie et l'ivrognerie comme un dommage collatéral du capitalisme. Il n'aimait pas la vodka. Après l'accession au pouvoir des bolcheviques, il a imposé de sévères restrictions sur la vente de spiritueux. Outre leur aspect idéologique, ces mesures avaient pour objectif, en diminuant la quantité de céréales utilisée pour produire de l'alcool, d'assurer la pérennité des livraisons de blé à l'Armée rouge durant la guerre civile qui ensanglanta le pays de 1917 à 1923. À cette époque et jusqu'à la fin des années 1930, l'ivrognerie revêtait un aspect honteux pour quiconque prétendait être un « vrai communiste ». Après avoir consolidé son pouvoir, Lénine autorisa cependant la vente de boisson à faible degré d'alcool. Après sa mort, la vodka « pleine puissance » fut à nouveau commercialisée. Un monopole étatique fut réintroduit. Le tout, principalement pour des raisons économiques : les finances de l'URSS étaient exsangues et Staline avait besoin de cash, donc de taxes, pour financer son premier plan quinquennal. La fin justifiant les moyens, il alla jusqu'à interdire toutes les ligues de vertu. Il déclara : « Qu'est-ce qui est le mieux : dépendre des capitaux étrangers ou des revenus de la vodka ? » Sacré filou.

Contrairement à Lénine, le petit moustachu ne s'encombrait pas de scrupules concernant l'alcool. À mesure que son règne se transformait en tyrannie, il utilisa la boisson pour mieux contrôler les masses – un peuple saoul est un peuple docile. Ensuite pour soumettre ceux qui l'entouraient. L'alcool devint pour lui ce que les communistes dénonçaient quelques années plus tôt : un outil au service de l'asservissement et de la domination. D'innombrables anecdotes témoignent de sa perversion éthylique. Les dîners au Kremlin ainsi que les « réunions » nocturnes dans les datchas du dictateur étaient régulièrement noyés dans le tord-boyaux. Staline déclamait de longs toasts aux bras droits qu'il considérait comme loyaux. Cela lui permettait de renforcer les liens d'amitié et de dépendance ou de proférer des avertissements. C'est ainsi qu'il s'exclama, en levant son verre en l'honneur du commandant de l'armée de l'air Alexandre

Novikov, présent dans la pièce : « C'est un bon maréchal, buvons à sa santé. Et s'il ne fait pas son travail correctement, nous le pendrons ! »

Staline obligeait à boire ceux dont il se méfiait afin de les désinhiber et d'entamer leur capacité à mentir. Saouler à mort les gros bonnets du Parti lui permettait de les humilier ou de les monter les uns contre les autres. La plupart du temps, il était hors de question de refuser un verre ou de boire son contenu en plusieurs fois. Certains ont payé de leur vie de telles imprudences. Durant les agapes, les convives ingurgitaient du champagne de Crimée, du brandy arménien, du vin géorgien et de la vodka. Le patron se faisait servir dans un récipient à part et, bien souvent, lorsque ses convives étaient contraints d'avaler vodka sur vodka, il se contentait de vin. Parfois, il faisait semblant de boire de l'eau-de-vie alors que son verre contenait un autre liquide. Les banquets duraient souvent jusqu'aux aurores. Les dignitaires de l'un des deux États les plus puissants au monde finissaient par tituber, par vomir et par être ramenés chez eux par leurs gardes du corps. Ces rendez-vous devinrent des supplices. Khroutchev a évoqué ces moments dans ses *Mémoires* : « Le téléphone sonnait presque tous les soirs : "Viens, on va dîner." Ces dîners étaient horribles. Nous rentrions chez nous à l'aube alors qu'il était l'heure d'aller travailler. J'essayais de me rendre au bureau à 10 heures du matin et de faire une sieste durant l'heure de midi, car il y avait toujours un risque que, si vous ne dormiez pas et qu'il [Staline] vous rappelait le même jour pour dîner, vous finissiez par somnoler à sa table. Les choses se passaient mal pour les gens qui somnolaient à la table de Staline. »

Malgré cela, les invités préféraient en être. Il valait mieux subir les humiliations du chef que d'être ignoré, mis au placard ou déporté.

Même les représentants étrangers eurent affaire, dans une moindre mesure, aux lubies du patron. Churchill, pourtant rompu à la consommation de spiritueux, est ressorti en titubant de certaines entrevues avec l'intéressé. En 1939, après le partage de l'Europe de l'Est avec l'Allemagne nazie, Staline accueillit en grandes pompes Ribbentrop, ministre des Affaires étrangères allemand. Un dîner gargantuesque fut organisé au Kremlin. Avant le début du repas, l'homologue russe de Ribbentrop, Viatcheslav Molotov, proposa d'effectuer une tournée de toasts en l'honneur de chaque membre des deux délégations, soit vingt-deux personnes au total. Staline gratifia chacun de quelques mots, puis on trinqua vingt-deux fois. Après cela, Allemands et Russes étaient fin saouls. Mais alors que les uns et les autres espéraient commencer à se sustenter, Molotov déclara : « Maintenant, nous allons boire en l'honneur de tous les membres de nos délégations qui ne pouvaient pas assister à ce dîner. »

Je songe à la folie des hommes en observant la gigantesque effigie de Lénine qui s'éloigne derrière les vitres du taxi. Est-ce l'abus de vodka qui a donné aux Soviétiques l'idée d'ériger aux quatre coins du plus vaste empire au monde, comme ici dans la campagne kirghize, des statues représentant un homme qui a toujours claironné qu'il ne souhaitait pas devenir l'objet d'un culte ? Non. L'ivresse du pouvoir a de multiples carburants. Elle se nourrit de la psychologie des puissants, de leurs traumatismes, des guerres, de la solitude dans les hautes sphères, de l'espionnite, des luttes de clans, de la paranoïa qui finit par rendre aveugle, ou fou, ou les deux, et alors, quand l'alcool et les psychotropes s'ajoutent à ce cocktail, le pot devient vraiment pourri. Et l'on finit par planter des statues dans les montagnes d'Asie centrale.

En plus de borner le territoire, les effigies de Lénine symbolisaient la domination de l'homme sur la nature, autre obsession des hiérarques soviétiques. Il fallait barrer les fleuves, araser les collines, défricher les plaines, industrialiser les rivages, et tout cela sans limite, comme si rien ne pouvait arrêter l'Homme. A posteriori, cette philosophie apparaît d'autant plus pathétique ici, au Kirghizstan, où les montagnes tutoient les 7 000 mètres et où chaque massif, chaque torrent, ridiculise par sa beauté les entreprises hasardeuses d'*Homo sovieticus*.

Le Kirghizstan est une bibliothèque de montagnes : il y en a de toutes les sortes, partout. C'est comme si le Grand Architecte avait décidé d'y stocker toutes les déclinaisons de pentes en prévision d'un aplanissement général. En été, les éleveurs semi-nomades installent leurs yourtes dans les pâturages nommés *jailoo*, qui forment une sorte de territoire connexe renfermant l'âme du pays ; un Kirghizstan dans le Kirghizstan, disséminé aux quatre coins du territoire, partout où il y a des vallées. Et il y a beaucoup de vallées. Les Kirghizes y élèvent chevaux, vaches et moutons. Ils y concoctent la boisson nationale, le koumys, dont le peuple entier se délecte de la jeunesse jusqu'à la mort.

Difficilement contrôlable et considéré comme « arriéré », le mode de vie nomade ne convenait pas aux dirigeants soviétiques, qui ont entrepris d'inciter tout ce beau monde à embrasser la voie du « progrès », à savoir celle de l'immeuble en béton, de l'agriculture collectivisée et de la sédentarité. Des villes ont poussé là où il n'y avait que villages, alors que les Kirghizes délaissaient progressivement le nomadisme, qui a cependant survécu aux années noires.

* * *

J'arrive à Talas en fin d'après-midi, trop tard pour rejoindre un pâturage, d'autant que je ne sais pas s'il s'en trouve à proximité, s'ils sont accessibles et si oui, comment.

Edil, qui tient un petit snack avec sa mère, me parle du jailoo de Besh-Tash alors que j'avale un de ses hamburgers.

— C'est très joli là-bas. Il y a un lac et une rivière.

Ma foi ! Cela m'irait très bien. Le jeune restaurateur appelle alors un ami qui propose de me conduire dans les montagnes et de revenir me chercher moyennant 60 dollars. C'est cher. Je négocie le lendemain avec des chauffeurs rencontrés en ville. Quarante dollars : marché conclu. Avant le départ, je fais le plein. Ne sachant combien de temps je resterai en altitude, ni ce que je trouverai sur place, je prévois des vivres pour quatre jours : oranges, tomates, concombres, gâteaux secs, trois pains ronds et un saucisson. J'ajoute à mon trousseau deux bouteilles de vodka dont une en forme de gourde militaire, couleur kaki, avec faucille et marteau, édition spéciale soixante-dix ans de la victoire de 1945, célébrée cette année dans toute l'ex-URSS. Je me mets en route avec Tounarbek, chauffeur volubile, qui me dit :

— Tu parles anglais ? Ma fille parle anglais. Je peux aller la chercher pour qu'elle vienne avec nous ?

— *Da*.

Et Tounarbek roule vers sa maison. En chemin, il se tourne vers moi :

— Ça ne te dérange pas si je prends aussi ma femme et mon fils ?

— *Niet !*

Nous stoppons devant chez lui. Sa fille monte à l'arrière, ainsi que sa femme, son fils, une fillette et un nourrisson. Nous voilà à sept : moi devant avec le pilote, la petite famille à l'arrière.

La route, qui se change rapidement en piste, longe une merveille de torrent parsemé d'îlots arborés. Avec l'altitude apparaissent les premiers pics coiffés de blanc et la rivière s'embellit encore, parée de blocs de pierre et entourée de pelouses. Plus on monte, plus c'est beau, plus la durée prévisionnelle de mon séjour croît, passant de deux à trois, puis quatre jours. Après une heure et demie de route, les premières yourtes apparaissent à l'extrémité du jailoo, qui s'étire en longueur sur une dizaine de kilomètres dans une vallée à 3 000 mètres d'altitude. Le cours de la rivière, désormais à nu, alterne entre lignes droites, méandres et escaliers d'écume.

Chevaux et vaches s'y abreuvent alors que les moutons paissent sur les hauteurs.

— J'ai un ami plus loin, dit Tounarbek. Tu pourrais t'installer chez lui.

Nous nous arrêtons près de la yourte de Razak, qui veut bien de moi et propose que je dresse ma tente près de son campement. Nous nous mettons d'accord sur un forfait premium : thé, beurre et pain contre une petite somme à la fin de mon séjour.

Razak, 54 ans, passe les trois mois d'été avec sa femme Loumira, sa fille Meïdina, 13 ans, et son fils Aïpirna, 8 ans, sur un replat de 2 hectares séparé du lit majeur de la rivière par un affleurement de roche. Son modeste troupeau – une dizaine de chevaux et quelques vaches laitières, très peu comparé aux cinq cents moutons que gardent certains de ses voisins – vaque côté nord sur une pelouse qui s'étend jusqu'à la pente. Les chiens Aktosh et Alavaï, lorsqu'ils ne somnolent pas à l'ombre de la yourte, se chargent d'aboyer plus ou moins pertinemment quand quelque chose survient. Le plus souvent, ce « quelque chose » est un voisin qui passe à cheval.

Le campement est constitué d'une yourte abritant un espace cuisine et un « salon » dans lequel on installe la table du dîner et où dort la famille, ainsi que d'une tente dédiée au stockage du koumys. Cinq cents mètres à un kilomètre séparent chaque campement, le tout formant des chapelets de perles blanches – les yourtes – sur plusieurs dizaines de milliers d'hectares de pâturages arasés, comme un golf au milieu des montagnes.

Les familles s'installent chaque année au même endroit. On pourrait croire, à voir ces yourtes disséminées dans la vallée, que chacun pose son attirail où ça lui chante et où il y a de la place. En fait, non. Ce n'est pas parce qu'il n'y a pas de barrières qu'il n'y a pas de territoires. Les éleveurs, eux, savent que tel animal appartient à tel voisin, que tel défilé marque la limite de tel pâturage, que telle vache n'a rien à faire aux abords de tel escarpement. Le jailoo n'est pas une communauté hippie. C'est un paysage utilitaire organisé selon des divisions que le visiteur ne perçoit pas au premier coup d'œil. Un espace de vie avec ses codes et ses règles, où des gens travaillent pour vivre et gagner de l'argent, de même que le bocage armoricain et l'*openfield* du Kansas sont des constructions humaines. Imaginer un nomadisme « en communion avec la nature » et plaquer sur ce mode de vie un romantisme mielleux, c'est faire fausse route. Ceux qui voient dans la yourte un totem fantasment bien souvent l'existence prétendument « simple » et « hors du temps » des nomades. Celle-ci, en réalité, s'avère complexe, certes proche de la nature mais basée sur un façonnement des paysages, et connectée au monde (car il faut bien le vendre, ce koumys…).

Une fois parvenus « en haut », les éleveurs kirghizs adoptent un mode de vie assez proche de la sédentarité. Leur yourte est leur seconde maison. Elle est fixée au sol, stable, chauffée grâce au poêle, certes exiguë, mais relativement confortable. Des tâches récurrentes rythment la vie quotidienne : traite, rassemblement du cheptel, surveillance des pâturages, fabrication du koumys, du pain et du beurre, rangement du logis, préparation des repas…

Prenons le cas de Jean-Luc Morin. Cadre supérieur chez Banque 3000, Jean-Luc se rend le lundi au siège de sa société, à La Défense. Le lendemain matin, il honore un rendez-vous à l'autre bout de Paris. L'après-midi, il prend un TGV pour Lyon, d'où il revient vingt-quatre heures et une nuit d'hôtel plus tard. Il regagne Paris – et son hôtel, car en fait, Jean-Luc habite avec sa femme et ses enfants à Lille – puis se rend à Londres durant deux jours pour participer au congrès annuel des chefs de projet de Banque 3000. Il emprunte l'Eurostar. Au retour – on est vendredi –, il regagne son domicile vers 20 heures.

Qui est le nomade ?

Razak, ou Jean-Luc ?

* * *

En quittant Boukhara, je m'étais juré de fêter le 14-Juillet ailleurs que dans une ville écrasée de chaleur au milieu de la plaine. J'espérais secrètement commémorer la prise de la Bastille dans les montagnes kirghizes. Quarante-huit heures, un train de nuit, quatre autobus, un hôtel miteux, trois taxis et deux frontières plus tard, j'y suis. J'ai tiré sur le moteur, j'ai roulé en fond de cinquième, je suis amaigri, mais j'y suis.

Je regarde les étoiles : voûte parfaite. Là-bas, à l'ouest, on tire des feux d'artifice. Je songe à l'étape du jour : un Français a-t-il gagné ?

* * *

Il se passe toujours quelque chose dans un jailoo. Un voisin s'arrête, on sort le thé et le koumys. Le troupeau s'égare, on part le rameuter. On selle un cheval. On furète dans les montagnes. On accueille un parent. On tente de deviner le temps qu'il fera demain… Razak et Loumira travaillent presque sans interruption du matin au soir. Lui surveille les bêtes avec ses jumelles ou monte un âne pour effectuer la corvée de bois. Tantôt il bricole le poêle, tantôt il trait les juments. Loumira s'ébroue dans son pré carré : la yourte. Lorsqu'elle ne prépare pas à manger, elle range, nettoie, sert le thé, fabrique le koumys et le beurre…

Le soir, je trinque à la vodka avec Razak. Nous sommes assis près de la yourte autour d'une table oblongue. L'air est pur. Aucun bruit ne parvient jusqu'à nos tympans hormis celui de la rivière qui court dans le lointain. Existe-t-il plus merveilleux salon ?

Razak porte des jeans, des baskets et une veste kaki. Le labeur, le soleil et la cigarette ont émacié son visage. Il parle peu. Il sourit rarement. Il observe. Sa vie lui convient-elle ? Apprécie-t-on de passer quatre mois dehors, l'été, auprès des animaux, et de dormir avec sa femme dans la même pièce que ses enfants, sans intimité, lorsqu'on sait qu'il existe autre chose, que certains ont abandonné l'élevage pour s'adonner au commerce ou à la magouille et qu'ils se blottissent dans des lits de plume, repus de télévision, de bière et de loisirs ?

* * *

Je dors mal. Les nuits sont froides à 3 000 mètres. Réveil aux aurores.

Je pars marcher près de la rivière où je rencontre un voisin occupé à pêcher la truite. La rivière Besh-Tash, qui donne son nom au jailoo, regorge de truites. Ô paradis ! À la majesté de la vallée et à la solennité grandiose des montagnes s'ajoute la présence d'un animal que je vénère. La truite, donc, baronne madrée, rapide et méfiante, qui ne s'accommode que des eaux pures. Là d'où je viens, en Haute-Bretagne, elle a disparu depuis… Quand, au juste ? Depuis qu'on a installé partout des barrages, des moulins et des écluses ? Depuis que la chimie s'est mariée à l'agronomie ? Depuis que l'homme saoulé de pétrole a cru bon d'abattre tout ce qui entravait la marche en ligne droite des moissonneuses-batteuses ? Là d'où je viens, les quelques survivantes se cachent dans des cours d'eau plus protégés que les autres. Ailleurs, les associations de pêche opèrent chaque année des lâchers de poissons d'élevage, toujours aux mêmes endroits, avant le jour de l'ouverture. Et l'on se rend en masse auxdits endroits pour tenter de séduire avec de gros lombrics des truites obèses qui mordent machinalement et savent à peine dissimuler leur ombre. Triste spectacle d'une nature vidée de son contenu, que l'on regonfle artificiellement pour tenter de faire croire qu'il y a « du poisson ».

Tous les éleveurs du jailoo possèdent une canne à pêche. Quand les cannes ne servent pas, elles sont rangées à la verticale contre un pan de yourte, fixées par une des cordes soutenant la toile de feutre. Cela fait un spectacle étrange, comme des antennes paraboliques équipant l'habitat traditionnel.

L'homme pêche à rôder à la cuiller, avec un simple moulinet à toc. Il noie son leurre face au courant, sans lancer ni récupérer de fil. Une technique rustique mais efficace : il sort deux truites en trente minutes. Il me tend sa canne. Je joue de la cuiller au-dessus d'une berge creuse et derrière des roches. Je ne prends rien, mais un bonheur me submerge, ce même sentiment de béatitude mêlé de réminiscences de l'enfance qui m'envahit dès que je tiens une canne au bord d'un cours d'eau. Il est décuplé aujourd'hui par la beauté des lieux, par la force des montagnes et par la limpidité des eaux.

Le pêcheur m'invite à boire le thé. Je le suis jusque dans la yourte familiale, où son épouse me propose du koumys. Je décline : le koumys et moi sommes fâchés.

L'acidité de ce breuvage peine à dissimuler le goût du lait fermenté. C'est âpre, légèrement alcoolisé, pas forcément mauvais, mais voilà : je suis tombé malade dans les heures qui ont suivi mon premier « test », deux ans plus tôt. Une journée au lit, immobilisation totale, victoire du koumys par *knock-out*. Chat échaudé craignant l'eau froide, je n'ai pas envie de retenter l'expérience, alors je refuse. Pas simple.

— Mais pourquoi ? me demande-t-on.

— Quand je bois koumys, y a problème, dis-je.

Et je fais des ronds sur mon ventre.

Cela déclenche l'hilarité.

Je salue mes hôtes après qu'ils m'ont offert plusieurs tasses de thé et entame une marche vers les lacs situés plus haut dans la vallée. Je m'arrête au passage dans une yourte où j'ai été invité la veille. Là, rebelote : il me faut expliquer à nouveau les raisons de mon abstinence en matière de koumys.

— Mais si, tu vas boire ! dit le maître des lieux.

— Non, désolé.

— Mais pourquoi ?

Ronds sur le ventre. Grimaces.

— Mais non, tu ne peux pas être malade avec le koumys !

— Si, si… Du thé, c'est très bien. Ou de la vodka.

— Le koumys, c'est la vodka du jailoo !

Il n'a pas tort. Le koumys est aux Kirghizes ce que le vin est aux Géorgiens : un symbole doublé d'un rempart, ou du moins d'une alternative, à la vodka. Les Kirghizes boivent du koumys en grande quantité, particulièrement les nomades, qui en disposent quasiment à volonté. Cela, ajouté au fait que l'échoppe la plus proche peut se trouver à plusieurs heures de route, explique en partie pourquoi l'on consomme moins de vodka dans les alpages qu'en plaine.

J'entame des pourparlers dignes d'un sommet de l'Otan. Je déploie des ruses. Un éleveur de passage se joint au camp d'en face. L'épouse de mon hôte, d'abord acquise à ma cause, opère un revirement. Elle s'exclame :

— Allez, goûte !

Je finis par emporter la mise à l'issue d'une éprouvante session de négociations durant laquelle j'ai entrevu la possibilité du pire. J'ai cru qu'on allait invoquer Manas, le héros légendaire kirghiz, me traduire devant le tribunal du koumys et me renvoyer à la frontière. Voire m'injecter du lait de jument en intraveineuse, dans une yourte médicalisée sous la surveillance d'un vieux à chapeau et bouc grisonnant.

On m'offre finalement du thé et je reprends la route.

Au loin, des cris de guerriers.

Ce sont des gosses qui se baignent dans l'eau à 8 °C du premier lac, clos par un éboulement d'où s'échappe la rivière. Un second réservoir naturel, dix fois plus vaste, est séparé du premier par un amoncellement de roches dissimulant le torrent que l'on entend gronder par-dessous. Des pics enneigés surplombent, du haut de leurs 4 000 mètres, cette baignoire à fées dont la surface irise en vert, cobalt ou turquoise selon l'humeur des cieux. Assis sur une plage de gravillons, seul face aux montagnes, j'engloutis un sandwich de fortune en souriant benoîtement, conscient de mes privilèges.

Effectuer le tour du lac s'avère ardu. Je patauge dans des prairies humides, traverse à gué deux torrents glacés et saute durant près d'une heure de rocher en rocher, le souffle court, avant d'atteindre le chemin étroit qui mène à l'alpage.

Retour au camp huit heures après mon départ.

Le lendemain, je subis les contrecoups de l'effort et de l'acclimatation à l'altitude. Je suis amaigri et rougeaud. J'ai les lèvres en crevasses, des coups de soleil, la diarrhée. Mes jambes sont des échafaudages de courbatures. Mon corps fait savoir qu'il n'évolue pas dans son milieu. Je passe la journée à lire et à écrire, tournant autour de la yourte en fonction de l'ombre. J'observe la vie du jailoo. Je joue au foot avec les enfants. Je dîne avec Razak et Loumira : pain, beurre, thé, riz au lait. Je propose d'arroser le repas à la vodka.

— Avec quelle bouteille ? dit Razak.

— Celle qu'on a entamée avant-hier…

— Elle est finie !

Il dit cela sans aucune gêne, comme si toute bouteille, une fois ouverte, était destinée à ne pas croupir dans un recoin de la yourte durant plus de vingt-quatre heures.

— J'en bois un peu le matin, précise-t-il.

Je comprends qu'il a achevé la bouteille au petit-déjeuner. Je sors donc la « petite sœur ».

* * *

Malik, bientôt 50 ans, visage glabre, cheveux grisonnants, buste de boxeur. Profession : grossiste en koumys, chasseur à ses heures perdues. L'homme se rend dans le jailoo tous les trois à quatre jours pour acheter de la boisson fermentée qu'il revend ensuite à Talas. Il apporte des provisions et des nouvelles fraîches.

Ce grand gaillard au regard bienveillant, ou roublard, ou les deux, je ne saurais dire, a garé son pick-up à l'aube devant notre campement. Il est accompagné d'une marmotte inerte qui gît sur un des pans de la cabane en toile.

— J'ai un ami, dit-il, il peut boire cinq bouteilles de vodka sans problème. Moi, une bouteille, ça passe bien… Trois, c'est parfait. Cinq, j'peux pas. Je fais 98 kilos, pas de problème avec trois bouteilles. J'ai un ami qui fait 125 kilos, il peut boire du matin au soir. Parfois, on boit quatre bouteilles ensemble. Parfois cinq !

— Les gens boivent plus ou moins qu'avant ?

— À l'époque de l'Union soviétique, on buvait beaucoup plus. Maintenant, c'est de temps en temps. Aujourd'hui, beaucoup de gens ne boivent jamais.

— Pourquoi ?

— Parce qu'ils travaillent ! Dans les kolkhozes et les sovkhozes, on travaillait de 9 heures à 17 heures. Après, tu faisais quoi ? Tu invitais des amis et tu buvais. On ne travaillait ni le samedi ni le dimanche… Maintenant, c'est différent. Après la chute de l'URSS, on a tous obtenu un bout de terrain. Chacun a fait son business. Moi, je ne songe pas à partir en voyage : pas le temps ! Si je pars en été, je me fais doubler par des concurrents.

— Le capitalisme tue la vodka ?

Il rit.

— C'est ça.

— Et la religion ?

— À l'époque, on ne faisait pas le ramadan. Le pouvoir disait : il n'y a pas de Dieu. Moi, je le fais aujourd'hui. Pendant le ramadan, j'arrête de boire. Et aussi un mois avant. Je reprends un mois après… Dans les années 1990, il y avait cent personnes à la mosquée pour l'Aïd. Aujourd'hui, c'est mille !

— Pourquoi les gens boivent moins de vodka dans les jailoo ?

— Mais ils n'ont pas le temps de boire ! Ils se lèvent à 5 heures, travaillent toute la journée, tout le temps… T'as bien vu : ils surveillent leur troupeau en permanence.

— C'est vrai… Qu'est-ce que tu faisais avant de vendre du koumys ?

— J'étais militaire. J'ai entraîné l'équipe de volley de l'armée pendant plusieurs années. À la chute de l'URSS, je me suis retrouvé sans travail avec quatre enfants à nourrir… J'avais pas d'argent. On mangeait peu, c'était la misère. J'ai monté une affaire de construction-réparation de cabanes et meubles. Ça marchait bien. J'ai eu jusqu'à cinq ouvriers. Après, la ville s'est agrandie. J'ai eu de la concurrence. Ça devenait moins rentable, alors j'ai arrêté. Il y a seize ans, je me suis lancé dans le commerce de koumys. Au début, j'étais à moto, puis j'ai acheté un 4 × 4.

— Tu gagnes bien ta vie ?

— En ce moment, j'achète le litre pour 30 soms. Je le vends 70 soms… Plus tard dans la saison, ça descend à 60 soms, parce qu'il y a beaucoup de production. Aujourd'hui, j'achète du koumys à huit éleveurs. L'année prochaine, j'espère passer à quatorze.

* * *

J'écris durant la matinée puis m'en vais marcher vers les hauteurs sur la piste menant à Toktogoul. Un voisin nous rend visite dans l'après-midi. Comme toutes les personnes de passage, ce moustachu élancé ne s'encombre pas de formules de politesse, ni de marques de bienséance, lorsqu'il se présente au seuil de la yourte. Il dit *Salam Aleykoum*, entre, s'assoit et se prépare à ce qu'on lui serve du thé. Chez les nomades d'Asie centrale, on ne dit pas « merci » lorsqu'on se fait servir. On tend simplement sa tasse. Lorsqu'elle est vide, sans dire « s'il vous plaît », on la tend à nouveau. Le préposé au service (une femme, le plus souvent) y verse du thé fortement infusé, puis de l'eau chaude.

La coutume veut qu'on ne remplisse pas une tasse à ras bord. Cela permet au convive de boire le thé toujours chaud et de se faire resservir rapidement. C'est donc un signe d'hospitalité. Tasse à moitié vide : vous êtes le bienvenu. À l'inverse, un récipient trop rempli peut signifier qu'il est temps que vous mettiez les voiles…

J'ai tendance à dire « merci » à chaque fois qu'on me sert, comme un garçon bien élevé, et Razak me le fait remarquer. Cela l'étonne, car l'hospitalité, dans la yourte, est la norme. Davantage encore, c'est une nécessité. Quand un étranger, un voisin ou un parent se présente, il faut le sustenter parce que la coutume l'impose. C'est comme ça. Inutile de se confondre en remerciements.

Le voisin moustachu nous invite à partager la rupture du jeûne chez lui. Nous nous rendons en fin de journée dans sa yourte, plus vaste que celle de Razak et Loumira, moins austère, aux murs intérieurs parés de tentures multicolores. Près du seuil se trouve un meuble en bois élimé sur lequel trône un téléviseur alimenté en électricité par un panneau solaire. Qu'on se le dise : ici aussi, à l'ombre des cimes inviolées, loin des rubans d'asphalte et des laideurs industrielles, on peut se laisser engourdir par les sirènes cathodiques. Où faudra-t-il aller, à ce rythme, pour être certain d'y échapper ? Les tréfonds de la Papouasie ont-ils été contaminés ? Reste-t-il des havres dans la noirceur des grottes birmanes ? Jusqu'où Jean-Pierre Pernaut poursuit-il les récalcitrants ?

Le téléviseur en question n'est certes pas un engin dernier cri, mais il n'empêche : sa présence témoigne de la position de ses propriétaires sur l'échelle sociale. Celle-ci est à l'évidence plus élevée que celle de Razak et Loumira, qui disposent d'un plus petit troupeau que nos hôtes du soir, ne possèdent pas d'automobile… et n'ont pas la télé dans leur yourte. Les uns et les autres, cependant, partagent des signes distinctifs. Ils ont la peau tannée, brûlée par le soleil d'altitude, le visage émacié, et les yeux cernés. Ils font plus que leur âge. La dureté de leurs traits témoigne de leur condition : ce sont des paysans. Et les paysans, où que se trouve leur terre, qu'ils soient riches ou miséreux, gallois, texans ou kirghizes, ont cela de commun : le labeur les façonne. Il imprime un palimpseste par-dessus leur faciès. Je le sais car je suis fils de paysans, parce que j'ai observé le visage de mon père lorsque les foins ou la moisson l'accablaient de stress et d'effort, et parce que je ne me lasse pas d'observer, depuis lors, les visages paysans. Et j'y lis bien souvent la même chose. J'y lis l'épuisement subi, accepté, inéluctable des années sans vacances et des semaines sans jour chômé, des nuits écourtées par les vêlages à problèmes et polluées par les soucis qui s'empilent en immeubles de porcelaine et nourrissent un état par-delà la fatigue. On dit que le servage a été aboli. On dit qu'être paysan, c'est être libre. Je préciserais : pas dans tous les cas, pas tous les jours. Et à quel prix ?

Il n'y a pas de vodka à table. Nos hôtes ne boivent pas d'alcool, ni pendant, ni avant, ni après le ramadan. Sur les épais tapis disposés au sol reposent des plats contenant un plov au mouton agrémenté de pain frit et de pastèque. Le grand moustachu récite une prière puis nous mangeons sans nous éterniser ni palabrer. Les troupeaux attendent.

* * *

Aube radieuse dans l'alpage, moutons bêlant, symphonie d'écume s'élevant depuis le torrent. Attablé près de la yourte, je savoure mon dernier petit-déjeuner à Besh-Tash. Razak s'empare de la bouteille de vodka entamée l'avant-veille. Je comptais la lui laisser à mon départ, mais il n'a pas l'intention, semble-t-il, d'abandonner la gnôle à sa solitude.

— T'en veux ?

Ma montre indique 9 h 30.

— Euh… Oui, oui.

Mon hôte remplit deux bols à moitié : ration standard. Toast. Entrechoquement des verres. Cul sec. Aïe. Bruyante expiration de l'étranger, qui tente de contenir les effets de l'alcool en se goinfrant de tartines au miel.

— Il n'y en aura pas pour deux ! glousse l'éleveur en désignant du menton le récipient quasi vide.

Il y a quand même de quoi remplir un grand bol. C'est la dose de Razak, qui consent à partager :

— Bois un peu, dit-il.

Je m'exécute, puis je m'en vais guilleret faire mon paquetage en m'interrogeant sur les vertus maléfiques de cette potion qui rend joyeux au petit matin.

Peu après que Tounarbek, mon chauffeur, a garé sa voiture près du campement, Razak sort de la yourte en habits de ville : mocassins, pantalon gris à petits carreaux, chemise blanche.

— Je vais avec vous à Talas ! dit-il. Je vais me faire couper les cheveux. Après, j'irai à la bania.

La bania, sorte de sauna, est une institution en Russie et dans son ex-empire. Razak, en somme, profite d'avoir un véhicule à disposition pour descendre dans la vallée et prendre un peu de bon temps.

D'humeur mélancolique, quelque peu grisé par la vodka, je m'apprête à quitter mon paradis montagnard. Je dis adieu aux membres de la famille. Je me suis attaché à l'endroit et aux gens, à Loumira et à sa discrétion – on ne s'est presque rien dit en quatre jours – et surtout aux deux tornades, à leurs sourires, à leur rudesse d'enfants des hauteurs. La vie va continuer ici ; on tirera le lait des juments, on guettera les errances des moutons… En septembre, on partira avec les premières neiges.

Alors que la Toyota avale la piste à descendre, nous croisons une bétaillère qui monte vers le jailoo, suivie du 4 × 4 de Malik, l'acheteur de koumys. Les deux véhicules, ainsi que le nôtre, s'immobilisent presque simultanément, comme si cette rencontre avait été préméditée. Des paroles importantes s'échangent. Un événement va survenir, me dis-je.

Une bouteille de vodka surgit de quelque part, peut-être de la bétaillère dont le propriétaire n'est autre que l'homme capable, selon Malik, de siffler le contenu de cinq bouteilles de vodka en une seule journée. Il a des mains comme des charrues, des avant-bras comme des cuisses de jeune homme, un buste de lutteur.

Les gars installent un bidon jaune sur le bas-côté : c'est la table. Deux verres en plastique y sont disposés ainsi que du pain et des fruits. Une bacchanale de montagne s'improvise ici, en trois minutes, entre deux bagnoles et une bétaillère d'où un cheval en partance pour l'alpage observe nonchalamment la scène. À quoi penses-tu, sage animal ? À la remise en cause de la théorie de la relativité ? À l'absurdité des mœurs humaines ? Au taon qui martyrise ta croupe ?

Tous les participants à notre petite sauterie ne boivent pas. Les uns parce qu'ils conduisent, les autres à cause de leur religion. Le géant, que j'appelle l'Arménien car ses traits sont davantage caucasiens que kirghizes, ne s'encombre pas de principes. Il conduit et il boit. Je gage qu'il connaît la route et que le cheval dans la bétaillère ne lui adressera pas de reproches. Razak, déjà éméché, est aussi de la partie, ainsi qu'un éleveur que Tounarbek a pris en stop. Nous trinquons deux par deux parce qu'il n'y a que deux verres.

Premier toast.

Deuxième Toast.

Troisième, *hips*, toast.

Quatrième, hmmmmm… toast. Nom de nom de bordel. Ma journée prend une autre tournure.

Vingt minutes après avoir baptisé la bouteille, nous signons son acte de décès. Salutations. Redémarrage des véhicules. Dans l'habitacle, Razak, habituellement mutique, hurle par-dessus la musique et débite des histoires de jailoo au kilomètre. Ce n'est plus l'éleveur taciturne qui m'a offert l'hospitalité durant quatre jours, mais un adolescent en partance vers la discothèque la plus proche.

Nous nous arrêtons dans le premier village, devant la première échoppe. Je pense : « L'un ou l'autre veut acheter des tomates ou des gâteaux. » Mais Razak déclare :

— Cent grammes ?

Un ange passe.

En Russie, sous l'ancien régime, la vodka était vendue dans des seaux de 30 livres. Le fait d'exprimer la quantité en poids (livres, kilos ou grammes), et non en volume, permettait de s'assurer que la vodka n'avait pas été coupée à l'eau. Si un seau de vodka ne pesait pas 30 livres, c'est que l'alcool avait été « falsifié ». Voilà pourquoi les autochtones disent « sers-moi 100 grammes » (l'équivalent d'un petit verre) lorsqu'ils commandent de la vodka.

— Ah oui, de la vodka ! dis-je. Hum… D'accord.

Razak pénètre alors dans la boutique et passe commande. Le vendeur, pas surpris, pose une microbouteille sur le comptoir ainsi que trois verres en plastique ornés du sceau gouvernemental : récipients à usage unique pour apéro sur le pouce. La bouteille contient l'équivalent de trois verres, pas un centilitre de plus. Nous trinquons, nous buvons, je régale. En voiture !

Tournabek s'arrête à l'entrée de Talas pour saluer deux volontaires américains en promenade. L'un vient d'Alabama : je dégaine mon plus bel accent et lui explique combien l'Alabama, pour moi, c'est mythique, parce que moi, j'adore la musique US, le blues, la country, j'adore Robert Johnson, Johnny Cash, Hank Williams. Oui ! *Yes* ! C'est formidable.

— C'est la première fois que je rencontre un gars d'Alabama, dis-je.

L'Américain sourit poliment.

— Ravi de t'avoir rencontré, bredouille-t-il.

— Moi aussi, oui, mon ami, prends soin de toi !

Pourquoi me suis-je lancé dans un panégyrique à la gloire de la musique américaine, là, sous un soleil de plomb, au milieu d'une rue encombrée dans un faubourg centrasiatique, auprès d'un type qui avait eu comme seul tort de m'annoncer d'où il venait ?

L'alcool aura sans doute dopé mon enthousiasme.

Le chauffeur, à qui mon état d'ébriété n'a pas échappé, me propose de passer l'après-midi chez lui, au frais. J'accepte. Il m'offre du thé, du pain et du mouton, puis sa fille m'installe un tapis dans le salon et tire les rideaux.

Je m'affale et roupille durant plusieurs heures.

Le lendemain matin, je pars pour Bichkek, petite capitale d'un petit pays.

VII
Distiller pour mieux régner

À Bichkek, tout semble proportionnel aux dimensions du Kirghizstan. Le nombre d'habitants, la taille des immeubles, celle des monuments... À Bichkek, il n'y a pas de quartier d'affaires, pas de gratte-ciel comme à Bakou, pas d'artère piétonne, très peu de touristes, pas de vieilles pierres comme à Tbilissi, ni de lieux de culte centenaires, pas non plus – encore moins – de délires futuristes comme à Astana, et moins de nouveaux riches qu'à Almaty. Quand on vient de France, d'un pays bâti sur le dur depuis deux mille ans et occupant le devant de la scène depuis le Moyen Âge, on comprend mal qu'il puisse exister des « petits pays ». Le concept nous paraît flou. On a trop de péristyles et de châteaux, ça trompe nos méninges.

Bichkek n'a que cent cinquante ans. Au milieu du XIXe siècle, il n'y avait ici qu'un fort conquis plus tard par les Russes. Une garnison ! Quand Paris se prenait déjà pour le centre de l'univers, le Kirghizstan n'existait pas encore en tant qu'État.

Dans Bichkek, tout me renvoie à la jeunesse du pays, à cette impression qu'on a construit une ville de toutes pièces, puis qu'on l'a désignée capitale et qu'on lui en a donné les attributs – drapeaux surdimensionnés, monuments, ambassades – parce qu'il en fallait une, de capitale, et parce qu'une capitale sans attributs n'est pas une vraie capitale. Oui, Bichkek est une petite ville, mais entourée de grandes montagnes qu'on aperçoit quand les nuages déguerpissent et que la pollution ne beurre pas les lunettes. La majesté kirghize se trouve là : dans les montagnes et dans l'âme montagnarde du peuple.

J'écris ces lignes à la table d'un restaurant du centre-ville. À ma droite, trois hommes entourent un capharnaüm de zakouski, de brochettes, de bouteilles vides, de verres pleins et de bières en attente. Ils portent des chemises impeccables et ressemblent à des hommes d'affaires impeccables, mais saouls. Un des convives ronfle bruyamment, tête balancée en arrière. Son visage oscille selon qu'il inspire ou expire.

J'écris, donc, et l'un des gars vocifère :

— Qu'est-ce que tu fais ?!

— Quoi ?

— Viens, viens ! Pose-toi là ! Ici.

— Euh…

Et me voilà entre Emil, fonctionnaire, et Oulan, avocat et homme politique. Leur camarade ne daigne pas interrompre son roupillon pour me saluer.

— Tu viens d'où ?

— Je suis français.

— Non !

— Si.

— Non !

— Si.

— J'te crois pas, dit Oulan, et il bringuebale comme un fétu.

Je le convaincs à peine en lui montrant mon passeport. Il me prend par l'épaule et pose sa main sur ma cuisse. Il aboie dans mes oreilles puis postillonne intensément et boit dans ma bière alors que sa chope heurte des verres à vodka et qu'une mélodie dissonante s'élève depuis notre tablée : chant des agapes, concerto pour rots et beuglements. Ils me tendent une rioumka. Je bois. Santé.

— Ah, la France, la France ! hurle Emil.

— Eh oui ! dis-je.

— Je connais ! Jean-Pierre… Napoléon. Jean-Jacques Rousseau. Joe Dassin. Tu vois, je connais ! C'est la France. Et Mireille Mathieu. Tu vois, c'est parce que j'ai appris ! Et moi, je porte un prénom français. Et vous, en France, vous connaissez quoi du Kirghizstan ? Qu'est-ce que vous connaissez de notre pays ? Qui tu connais, toi ?

— Tchinghiz Aïtmatov.

— Qui d'autre ?

— Euh… Manas.

— Et ?

— C'est tout…

— Tu vois !

À ce moment, Oulan invective sans raison des voisins de table, quatre ou cinq jeunes mecs solides que n'importe quel individu sobre aurait choisi de laisser tranquilles. Il se retourne vers eux et crie *blyad' !*. Une très mauvaise idée, à mon humble avis. En russe, *blyad'* signifie littéralement « pute ». Utilisé seul ou bien associé à des formules plus ou moins injurieuses, ce mot exprime le désarroi, la colère ou la haine.

Les jeunes prennent la mouche et l'échange s'envenime. Que fais-je dans cette souricière ? Emil finit par s'interposer et parvient de justesse à éviter qu'une bagarre ne se déclenche. Mes hôtes décrètent ensuite qu'il est temps de déguerpir – non parce que la situation menace de dégénérer, mais, du moins est-ce ainsi que j'interprète leur attitude, parce qu'ils considèrent (peut-être inconsciemment) qu'ils ont tout donné, que l'alcool les a submergés et qu'ils ont fait le boulot, qu'ils ont offert aux dieux de la débauche ce qu'ils exigeaient, qu'ils ont salopé leur table de belle manière et qu'ils ont baptisé sous leurs postillons le petit Français. Tout va très vite. Ils partent en laissant un fourbi de zakouski et de mégots dans les plats, ainsi que trois rioumki en attente. Je me retrouve seul à la table, comme si c'était moi le responsable de ce merdier.

Coup d'œil alentour. Ce bar-restaurant résume, en miniature, le rapport des ex-Soviétiques à la vodka. Dans la grande salle, je n'ai repéré qu'une seule table où la « petite eau » était présente. Celle à laquelle j'ai été invité. Les moins de 30 ans, qui n'ont pas connu l'époque soviétique, se délectent de bière. Ils regardent vers l'Occident, vers la télé qui diffuse des clips californiens. Certaines femmes boivent du vin rouge, symbole de raffinement. Dans ce tableau, Emil et Oulan dénotaient : ces mâles entre 40 et 60 ans, capables de citer pêle-mêle Joe Dassin et Jean-Jacques Rousseau, carburaient entre hommes au traditionnel tandem vodka-bière.

Survivants du monde d'avant, ils sont les chevaliers du toast viril, de l'accolade balourde et des gnons dans la gueule. Ils sont minoritaires et cela soulève un paradoxe : la vodka est le spiritueux le plus vendu au monde et ce ne sont pas – ou pas que – les citoyens de l'ex-URSS qui gonflent les statistiques, mais les Occidentaux qui la coupent à la boisson énergisante, en boîte de nuit, ou qui la mélangent à du caramel, à du jus d'orange, à tout ce qu'on veut pourvu qu'elle ne soit pas pure.

La consommation de vodka pure est désormais l'apanage des anciens combattants de l'Union, des gourmets dans les restaurants chics de Moscou, des paysans moldaves et des hommes de plus de 40 ans. Je grossis à peine le trait. Les femmes, les jeunes, les musulmans sont passés à autre chose. J'ai le sentiment d'être venu observer le crépuscule d'un monde. La bouteille au cul du camion, le cérémonial, la solennité du moment, les zakouski et la fumée des cigarettes… C'est peut-être ce qui m'a aimanté, ce pour quoi je passe tant de temps dans ces contrées. Je viens chercher du typique. En bon touriste, j'ai photographié beaucoup de Lada. Mais je néglige les 4 × 4 et les Opel Vectra, pourtant aussi nombreux que les pétroleuses soviétiques, désormais.

On se défait difficilement des griffes du dépaysement. On photographie les faucilles et les marteaux, rares reliques, alors que les publicités pour téléphones portables tapissent les murs. Car c'est ça, la réalité : le consumérisme a noyé le monde dans son bain doux-amer. Il a gagné. La laideur des panneaux d'affichage géants a remplacé, ou recouvert, la grandiloquence martiale des slogans communistes.

* * *

Charchenbek Abdykerimov dirige un empire nommé Ayu. Au Kirghizstan, tout le monde ne connaît pas Abdykerimov. Mais parlez d'Ayu à un paysan du Sud, à un chauffeur de taxi de Karakol, à une dame pipi de Bichkek… Ils acquiesceront avec un air entendu : « Ah, Ayu ! »

Ayu, c'est un mélange entre Bouygues et Pernod-Ricard à la mode kirghize. Spécialisée dans la fabrication de vodka et autres spiritueux, la compagnie a grandi à mesure que ses activités se diversifiaient. Le petit trust est devenu un puissant conglomérat. Ayu et ses filiales, qui officient dans l'immobilier, les assurances, le BTP et l'alcool, est l'un des plus importants employeurs du pays. À sa tête, comme à celle de beaucoup de firmes de ce genre, se trouve un personnage hors du commun. Abdykerimov, donc. Un petit gros aux costumes sans fantaisie et à l'allure anodine de haut dignitaire chinois.

Abdykerimov, d'une certaine façon, est au Kirghizstan ce que François Pinault est à la France : un riche aux multiples facettes, polyvalent, roublard, à la fois philanthrope et impitoyable, égocentré et altruiste. Un loup capitaliste doté d'un sens de la famille et d'un esprit de groupe, les deux s'adaptant aux nécessités du marché, aux promesses de gains et de victoires. Leur rapport à la chose publique diffère. Pinault s'y intéresse, forcément ; il fréquente et influence les décideurs, mais il demeure dans l'ombre. Abdykerimov évolue dans la lumière. Actif en politique, il a été élu président du Comité national olympique kirghiz en 2015. Le pays rafle trop peu de médailles pour que ce statut le propulse parmi les grands de ce monde, mais il lui permet de frayer dans les sphères forcément hautes de la diplomatie sportive.

Je suis venu à Bichkek dans l'espoir de rencontrer Abdykerimov, mais je ne me berce pas d'illusions : les nababs rechignent en général, hors opérations de communication, à évoquer leur vie, leur œuvre, leur argent. La demande d'un Français « qui écrit un livre sur la vodka » sonnera probablement à ses oreilles comme une invitation à faire le mort et à laisser croupir le curieux dans un marécage de patience. Ou alors… Le nabab pourrait tressaillir de curiosité et de gourmandise, comme un vieux brochet devant un beau leurre. Le nabab pourrait vouloir figurer dans un ouvrage consacré à son cœur de métier. Un ouvrage à paraître en Occident, là où il cherche à se faire une place. Le nabab pourrait s'avérer moins calculateur que prévu.

Je tente ma chance.

J'envoie d'abord un courrier électronique à la société. Le message revient à l'envoyeur : adresse non valide. J'appelle au siège, où l'on me trouve un interlocuteur anglophone. Monsieur Danguiev me fait savoir qu'on me recontactera. Je reçois plus tard un SMS non signé stipulant : « Vous pouvez rencontrer monsieur Nazarov Erkin, directeur exécutif d'Ayu, pour une interview. » Ce n'est pas Abdykerimov, mais je ne dispose pas de suffisamment de munitions pour minauder et imposer mes vues. Je réponds positivement. Dès lors, aucun de mes très nombreux messages n'obtient de suite. Danguiev ne répond plus. *Black out.*

J'active des contacts. Le fils d'un ex-ministre kirghiz, dont la femme est la marraine d'une connaissance, pourrait servir d'entremetteur. Une amie de cette même connaissance doit déjeuner prochainement avec un cadre d'Ayu. Elle va tenter de m'obtenir un rendez-vous. Ces bouteilles partent à la mer alors que le temps passe, que je m'enracine à Bichkek et que je croupis dans ce fameux marécage de patience. Je perds progressivement la notion du temps, celle du jour et de la nuit. Ma discipline s'émiette. La route n'impose plus son rythme. Ma fainéantise n'a plus de garde-fou. J'écris peu, je rentre tard, j'attends un hypothétique coup de téléphone. Je passe des nuits à musarder sur Internet. De retour du centre-ville, un soir, je claudique dans les rues sombres de Bichkek avec la faim au ventre. Je vais quérir un samoussa et des pains fourrés dans un supermarché de nuit où un gardien moustachu me parle de ses origines espagnoles, puis, marchant vers l'auberge, seul avec quelques clodos, je dévore mes en-cas sans attendre d'être assis et je regarde ma montre, ahuri : 4 heures du matin.

* * *

En russe, le mot *samagon* désigne tout breuvage alcoolisé confectionné de façon artisanale. Le samagon, c'est la gnôle de l'ex-Empire, présente partout, aromatisée à l'envi, déclinée à tous les niveaux d'alcool, fabriquée à base de pomme de terre, de seigle et, le plus souvent, de nos jours, de sucre de table. Depuis l'invention des procédés de distillation, il existe un monde parallèle de la fabrication et de la consommation de samagon. Plus l'État taxe la vente d'alcool, plus ce dernier coûte cher, plus le peuple fabrique du samagon.

Je discute longuement à ce propos avec Aziz, un Kirghiz travaillant dans l'auberge dans laquelle je loge.

— Tout le monde fait du samagon, m'explique-t-il. Surtout les Russes. Les gens ont peur de la vodka frelatée vendue dans le commerce. On boit aussi de la goutte pour des événements spéciaux. Les anciens en font 10 ou 20 litres de temps en temps…

— Où je peux en trouver ?

— Le mieux, c'est d'aller dans un quartier russe. À Maïevka, par exemple. Tu vas là-bas, tu demandes à une grand-mère ou dans une boutique.

Maïevka, me voilà !

Posté sur un boulevard, j'attends une *marchroutka*. Le ciel est de mauvaise humeur. Les bourrasques soulèvent une poussière qui s'insinue dans tout ce que la Création compte d'interstices. Les arbres dansent alors que des gouttes inoffensives tentent de faire croire qu'il pleut. Il ne pleut pas. Il souffle un air vicié de saleté urbaine, quand tous les dépôts d'une cité mal asphaltée s'élèvent, tournicotent et piquent.

La marchroutka 218 indique « Maïevka ».

Le minibus bondé fonce à travers les faubourgs de Bichkek. Autant dire la campagne, car si le quartier des ambassades ne se trouve qu'à 2 ou 3 kilomètres, tout renvoie à la province ex-soviétique, à une ville moyenne de Russie ou bien à la France de 1960, 4 × 4 et téléphones mobiles en plus.

Je descends à Maïevka, où le vent continue de charrier ses saloperies.

Maïevka, c'est Bichkek, c'est le Kirghizstan, ce sont des garagistes aux chemises huileuses en attente au bord des routes, ce sont les tchaïkhana de fortune et des moissonneuses-batteuses soviétiques réparées encore, toujours, des machines sans cabine qu'on conduit torse nu, dégoulinant sous la chaleur quand la mécanique couine en avalant le blé or ; ce sont les vendeuses de pastèques sous les cabanes de tôle, et des vendeurs de melon, ou les deux, et des babouchkas suivies de leurs filles et du petit-fils qu'on réprimande ; c'est un ruisseau, ou ce qui fut un ruisseau, désormais un cloaque où les bouteilles en plastique vides et les détritus remplacent presque la couverture de lentilles, où nagent peut-être des perches, quelques poissons-chats et certainement des rats ; ce sont les maisons de bois peintes à la mode des datchas russes, belles demeures de la Russie d'avant, la Russie rurale et lointaine, avant qu'on la bétonne.

C'est une plaine arborée, verte, que l'on croirait éloignée des montagnes alors qu'elles se tiennent là, frôlant les 5 000 mètres, cachées derrière la brume.

Je marche au bord des routes et admire, un peu maussade, le spectacle de la vie quotidienne. Je m'arrête près d'une tchaïkhana devant laquelle un homme racle la cendre dans un barbecue.

— Tu veux des brochettes ? me lance-t-il.

— Non, merci.

— Tu veux une bière ?

— Euh… Peut-être. J'sais pas. Tu as du samagon ?

— Non.

Et il se détourne.

Des tables poussiéreuses et quelques bancs constituent les uniques ornements extérieurs du café. Une porte donne sur une salle d'où sourdent les vrombissements d'une musique techno. Des gens dansent à l'intérieur. Il est à peine 18 heures. Je m'apprête à quitter les lieux pour partir en quête de samagon, mais je me ravise et hèle le patron :

— Je peux avoir une bière ?

— Bien sûr ! Viens.

Un bar agrémenté d'une tireuse et d'un frigo contenant du soda et de la vodka fraîche occupe l'entrée de la salle, côté droit. À gauche, un DJ s'affaire derrière un ordinateur flanqué d'un écran comme on n'en voit plus depuis 1997 – un gros machin gris. Une seule table est occupée. Des clients voltigent sur la piste de danse. Je m'installe. À peine ai-je le temps d'extraire mon carnet de notes de mon sac qu'un trentenaire à la tête ronde, au ventre large et à l'hilarité convulsive m'aborde. Il ne faut pas beaucoup plus de temps pour qu'il m'offre une vodka.

Nous trinquons.

L'homme s'appelle Kouba et propage un enthousiasme aviné : c'est jour de fête. On a baptisé l'enfant de son cousin selon la tradition musulmane, mais on s'affranchit des préceptes religieux en ce qui concerne l'alcool. La bouteille de vodka avec laquelle Kouba vient de me servir n'est pas la première d'une longue série. D'une longue soûlerie, donc.

Kouba m'invite à la table familiale, pour le moment déserte puisque tous les convives occupent la piste de danse. Il me sert du thé, du soda ainsi que de la salade concombres-tomates, puis commande une autre bouteille de vodka et, comme beaucoup d'autochtones, chante les louanges des spiritueux fabriqués au pays.

— Elle pique pas la gorge, la vodka kirghize ! Elle passe toute seule.

Kouba, maraîcher dans la région de Bichkek, élève une dizaine de vaches et autant de chevaux. Il décrit ses parcelles et ses animaux comme s'il s'agissait de sa progéniture.

— J'aime pas la ville, peste-t-il. C'est plein de bagnoles et de bruit.

J'approuve.

— Tu aimes le koumys ? me demande-t-il.

— Pas vraiment. J'aime le goût, mais ça me rend malade…

— Le koumys, c'est bon.

— Hmm, oui. Oui…

— Et tu sais quoi ?

— Non…

— Ça fait bander ! C'est bon pour le sexe ! Et aussi pour le cheval. Quand tu fais beaucoup de cheval et que tu bois du koumys après, c'est comme un massage pour le bas-ventre.

J'éclate de rire.

Une chanson s'achève et la famille nous rejoint. Kouba me présente à sa compagne, Perizat, à sa nièce, Marabat, ainsi qu'à Aïzat et Islam, les parents du nouveau-né, et aux deux sœurs de la jeune maman.

Une question me taraude :

— Où est le bébé ?

— On l'a laissé dans la famille.

Pas besoin du baptisé pour arroser un baptême…

Les personnes présentes ont le teint empourpré des fins d'après-midi à haute teneur conviviale. Elles transpirent dans la salle surchauffée – le temps est lourd.

Autour de la table, les rires fusent.

On me reçoit avec des monceaux de questions et une hospitalité ni outrancière ni surjouée. J'ai les honneurs dus aux invités : il faut que les invités boivent, mangent et rient.

Dont acte.

Kouba fonce vers la piste, bras en l'air et bassin pivotant.

— Viens danser !

Je ne peux pas refuser.

Je n'ai presque pas bu, j'atterris par hasard dans une sauterie parfaitement mûre : tout indique que je devrais attendre une heure ou deux et laisser infuser l'ambiance avant d'aller faire montre de mes « talents ». Mais les filles veulent que je me trémousse. Kouba crie son excitation. Rester statique reviendrait à offenser la famille et le nouveau-né, aussi j'obtempère. Précision : je danse extrêmement mal. Malgré les nombreux conseils prodigués par des amis compatissants, je ne suis jamais parvenu à coordonner le haut et le bas. Systématiquement, ma croupe se positionne en arrière, mes pieds se mettent à pivoter, je mouline avec les mains, je me balance comme un pendule. Je fais donc en sorte de ne déployer mes chorégraphies qu'aux heures tardives et dans les lieux sombres mais, cette fois, je n'ai pas le choix.

La femme de Kouba, beauté des steppes sculptée jusque dans ses yeux amande, moulée dans une robe océan et un haut serré, ne pâtit pas de semblables complexes. Elle se déhanche et me tourne autour ; colle ses fesses contre les miennes et envoie de grands sourires aux divinités du rythme, encouragée par son mari hilare qui persévère dans ses mouvements d'amphibien. La bienséance voudrait que je réponde aux attitudes lascives de Perizat par d'autres signaux lascifs, que je la prenne par une hanche et que je la fasse tourner en la regardant dans les yeux, mais je ne connais pas le degré de tolérance de Kouba envers les flirts anodins de son épouse, aussi je m'abstiens et maintiens le cap du piquet de clôture.

Retour à table. Kouba commande une nouvelle bouteille après achèvement de la précédente. Je m'attends à ce qu'il serve les trois hommes de la tablée : lui, moi et Islam. En fait, tout le monde en veut et tout le monde y a droit, y compris la nièce qui n'a certainement pas plus de 15 ans. C'est même Perizat qui lance le toast dans un grand élan de jubilation.

Je festoie avec des femmes pour la première fois depuis mon départ. Pas trop tôt !

Nous trinquons, une fois puis deux, et retrinquons encore. Dans la bouteille, le niveau baisse. Après chaque verre, nous grimaçons : boire de la vodka est affaire de plaisir et de souffrance ! Les femmes, parfois, achèvent leur ration en deux fois. Nous rions, nous rebuvons et nous réinvestissons la piste de danse. Kouba, de plus en plus survolté, incite Artigoul à guincher avec moi. Je me demande comment cette histoire finira et si mon camarade n'a pas dans l'idée de me caser avec une des filles. Qu'importe : ma lucidité s'évapore, je me détends, je danse et, deux ou trois morceaux de techno-musette centrasiatique plus tard, je migre vers le bar. Accoudé au comptoir, sourire benêt, T-shirt ruisselant, je commande une nouvelle bouteille.

— La meilleure ! dis-je.

Et la serveuse amusée me sert une Vivat noire. Au Kirghizstan, la plupart des vodkas, hormis les marques russes et la Grey Goose française, ne coûtent pas plus de 2 ou 3 euros du litre. Dans ce troquet, s'offrir « la meilleure » implique de dépenser 10 ou 20 centimes de plus que de se procurer la moins bonne.

Redémarrage de la machine à toasts. Kouba insiste pour servir tout le monde, bien que certains convives commencent à regimber. La journée a été longue. Le père du baptisé, qui roupille bruyamment sur la table, s'exfiltre de son bayou éthylique par intermittence et m'adresse alors des harangues dans un russe codé.

— On continue à la maison ! dit Kouba. Tu viens avec nous !

Ceci résonne comme un ordre. Je ne trouve aucune raison de désobéir.

Nous quittons les lieux en emportant la bouteille à moitié pleine. Dehors, les nuages ont déguerpi. La nuit tombera bientôt. Combien de temps ai-je passé dans ce bouge ?

Islam et Aïzat habitent tout près, dans une bicoque aménagée autour d'une grande cour qui donne sur une salle d'eau et des toilettes. Une antichambre exiguë précède l'unique pièce de vie occupée par un lit, une table basse ainsi qu'une kitchenette. Un ventilateur fait semblant de remuer l'air. Islam s'affale sur le plumard dès notre arrivée et part vers la contrée du sommeil sans rêve. Il se réveillera sans doute au milieu de la nuit, vaseux, en tentant de se rappeler comment il est parvenu jusque-là…

La table se charge rapidement de raisin et de pain, de melon et de miel kirghiz, de beurre liquide et d'assez de vodka pour arroser la moitié des habitants du faubourg. Mais chacun vacille. Les filles piquent du nez, surtout Artigoul.

Kouba, torse nu, armé d'un couteau de boucher, entreprend la découpe d'une pastèque en singeant les manières de quelque samouraï de dessin animé. Il traque ensuite le verre volontairement dissimulé par Marabat, qui ne veut plus boire mais finit par boire quand même. Nous avons des airs ébahis et nous rions pour pas grand-chose. Mon hôte pousse un cri félin avant d'engloutir sa vodka. Prévenante, sa femme lui prépare une zakouska – tomate et concombre enfilés sur une fourchette – qu'elle lui fait avaler aussitôt qu'il a bu son verre.

Aïzat sert ensuite un *beshbarmak*, le plat national kazakh : nouilles sur mouton bouilli. Kouba lape bruyamment, puis il rote et pète et nous achevons la bouteille de vodka. Mon hôte me ressert de la viande. Je ne mange pas assez à ses yeux. Il avance une fourchette devant ma bouche.

— C'est bon, c'est bon, merci ! dis-je.

La maisonnée sombre dans un engourdissement confinant au nirvana, quand le corps et l'esprit, entremêlés dans leur torpeur, se fondent dans un divin ragoût.

Nous parlons moins. Chacun se laisse aller à sa demi-inconscience. Il pourrait nous venir un second souffle et la soirée pourrait repartir de plus belle mais je crains que mes hôtes se forcent à m'abreuver et à me sustenter alors qu'ils ne songent qu'à dormir.

Je remercie tout le monde. J'étreins Kouba, animal toujours vibrionnant, puis m'en vais.

Dehors, la nuit a englouti Bichkek.

* * *

J'ai rendez-vous le lendemain soir avec un journaliste anglais installé dans le pays. Alors que nous dissertons dans un bar du centre-ville, des voisins de table nous interpellent :

— Qu'est-ce que vous faites ? Vous venez d'où ?

Ce sont des Kirghizes. Ils travaillent – coïncidence – dans la branche bâtiment du conglomérat Ayu. Je les interroge.

— Vous connaissez Abdykerimov ? dis-je.

— Bien sûr ! C'est un homme bon. Il donne du travail aux gens. Et il nous fournit des appartements.

Le plus âgé, un chauve maigrichon accoutré d'une chemise blanche, est équipé de lunettes à fines montures. Directeur financier d'une filiale d'Ayu, le myope affirme pouvoir m'obtenir un rendez-vous avec le grand chef. Je jubile.

L'homme sort son téléphone, appelle quelqu'un, se lève, s'assoit à une autre table, revient, se relève, passe un autre coup de fil, s'installe à nos côtés. Son camarade dit :

— Il connaît quelqu'un qui peut t'emmener voir M. Abdykerimov. Ça te coûtera 1 000 dollars.

Je glousse puis fais répéter mon interlocuteur, qui confirme : 1 000 dollars.

— Je n'ai jamais payé personne pour faire une interview, dis-je. Même pour rencontrer Obama, je ne dépenserais pas un dollar !

Ça ne surprend pas l'entremetteur qui, de toute façon, sombre sous les effets de l'alcool. Il somnole sur la table, le front posé sur ses avant-bras.

— Je comprends bien, dit l'autre. Mais tu sais, ici, c'est comme ça. Quand tu veux quelque chose de spécial, faut payer !

* * *

Six jours après mon arrivée, je quitte Bichkek sans avoir goûté de samagon ni rencontré de magnat de la vodka. Une marchroutka m'emmène par-delà une frontière et dans un autre monde, par les steppes et les montagnes, là où se collisionnent toutes les composantes de l'Eurasie.

VIII
Deux destins

Almaty, l'Européenne ! La plus grande ville du Kazakhstan a-t-elle encore quelque chose de centrasiatique ? Les bars ont remplacé les tchaïkhana. Les morceaux de viande ne pendouillent plus tels de mornes talismans à l'orée des échoppes. Les rues ont été débarrassées de leur crasse. On y hume moins qu'ailleurs les parfums de l'Orient. Almaty est la plus grande et la plus chère des villes de la région, au sein du pays le plus « russe » d'Asie centrale. Les filles portent des jupes à faire douter un cistercien et les parfumeurs ont investi dans l'immobilier. Il s'y déroule en permanence une compétition consistant à déterminer qui possédera la plus titanesque automobile qu'on puisse concevoir. Compte-t-on plus de Hummer à Los Angeles ? Rien de moins sûr.

Cette vaste métropole sent l'argent frais. Elle est décomplexée, vibrante et frimeuse.

Malgré la verdure omniprésente et la majestueuse tutelle de montagnes frôlant les 5 000 mètres, Almaty, avec ses boulevards gigantesques organisés en damier, ses immeubles massifs et ses bâtiments officiels aussi larges que la steppe, n'échappe pas aux maux qui rongent les cités ex-soviétiques. Les voitures y pétaradent comme sur des autoroutes. Traverser une avenue revient à entreprendre une petite odyssée. Le bruit des véhicules et l'odeur des gaz d'échappement tronçonnent le crâne du piéton téméraire. Les températures estivales exacerbent ces caractéristiques. Je préférerais donc passer mon chemin et filer vers le nord du Kazakhstan, mais j'ai rendez-vous.

* * *

J'ai rencontré Batyr il y a deux ans, alors que je préparais un reportage consacré au parc national d'Altyn-Emel, à 300 kilomètres au nord-est d'Almaty. Je cherchais un traducteur. Une connaissance m'a conseillé de m'adresser à ce sexagénaire polyglotte formé dans un institut soviétique, un de ces centres d'élite où l'on apprenait les langues « à la dure », avec d'impressionnants résultats. Quarante ans après y avoir fait ses classes, Batyr manie mieux le passé simple que bon nombre de citoyens français et parsème ses phrases de mots rares qui fleurent bon le XIXe siècle. Il maîtrise par ailleurs l'anglais, l'allemand, l'espagnol, ainsi bien sûr que le kazakh et le russe.

Batyr est un roc. Alors que nous arpentions par grand vent la dune d'Altyn-Emel, une montagne de sable haute de 150 mètres et longue de 3 kilomètres, que les bourrasques nous maintenaient à la diagonale et menaçaient de nous emporter vers l'est, lui évoluait avec décontraction, comme insensible au déchaînement des éléments, malgré son âge.

En discutant avec lui, durant les trois jours que nous avions passé ensemble, j'avais compris que son histoire personnelle illustrait, d'une certaine façon, celle de l'Union soviétique, ses gens, ses drames. Je m'étais dit que j'aimerais l'entendre en entier, un jour.

Je l'ai contacté avant mon départ afin de lui proposer de me parler, lors de mon passage à Almaty, de l'URSS, de la vodka et de ses souvenirs. Il a accepté. Nous nous donnons rendez-vous dans un restaurant du centre-ville. Depuis notre dernière rencontre, il a pris quelques rides, mais sa vivacité d'esprit et la solidité de sa constitution semblent inaltérables.

Son histoire, que l'on pourrait intituler « Kolkhoze et vodka », la voici :

Mon grand-père était agriculteur et éleveur sédentaire. Vingt-cinq ou trente familles de paysans travaillaient pour lui, donc il n'était pas pauvre. Le pouvoir des soviets a été installé en 1920. En 1937-1938, le premier secrétaire national du parti a écrit à Staline pour dire que beaucoup de Kazakhs restaient indépendants, qu'ils étaient riches et exploitaient les paysans, qu'ils n'adoptaient pas le système du kolkhoze et qu'il fallait faire la deuxième révolution. Tous les biens de mon grand-père et de mes parents ont été confisqués. Ils ont été mis à l'index et déclarés ennemis du peuple. Ils n'avaient plus le droit de travailler ni d'étudier. Mes parents et grands-parents ont été obligés de quitter la région d'Ouralsk. Ma mère, décédée il y a cinq ans, m'a raconté comment s'est déroulée la confiscation : on n'a laissé qu'un cheval à ma famille. Ils l'ont attelé et ils ont quitté le Kazakhstan pour la Russie, où ils ont été traités comme des exilés. Ils ont vécu comme des chiens, tu sais... Ils ont obtenu le droit de s'installer dans un kolkhoze de la région de Saratov, au bord de la Volga, où ils ont construit une petite maison dans laquelle je suis né en 1939. On a habité de nombreuses années dans le kolkhoze d'Oudarnik. J'y ai vécu jusqu'à mes 19 ans, quand je suis parti à l'armée. La vie était difficile. Beaucoup de gens souffraient de la famine. Mon père a disparu durant la Seconde Guerre mondiale. Je ne l'ai pratiquement pas connu. Mon oncle est devenu brigadier, le numéro deux du kolkhoze, à l'âge de 16 ans. Comme la situation était encore pire au Kazakhstan, il a aidé beaucoup de Kazakhs à quitter leur pays et à s'installer dans notre kolkhoze. Quand on était adolescents, on se battait contre les Russes. Les adultes aussi, surtout après avoir bu de la vodka. La vodka coûtait très cher, alors les gens faisaient du samagon de betterave ou de froment. Mon oncle en faisait avec le président du kolkhoze, un Biélorusse, surtout pour leur propre consommation. Ils ont installé l'alambic chez ma tante. Même les gens riches préféraient boire du samagon. Ils disaient : "C'est ça, le vrai alcool !" Le samagon était bon marché, les villageois se connaissaient bien, les gens s'invitaient les uns les autres. Tout était prétexte à boire, même labourer un petit jardin, ça s'arrosait. Chaque action non quotidienne s'arrosait. Quand on recevait le salaire versé une fois par saison, ça s'arrosait. Si on achetait de nouveaux vêtements, des souliers, etc., ça s'arrosait. Avant l'été, il y avait la saison des foins, on recevait un salaire à cette occasion. Ça s'arrosait. En hiver, il n'y avait pas beaucoup de travail, on s'occupait

des bêtes et du paillage, mais il y avait tout le temps une bonne raison de boire.
Tout le monde buvait. Les hommes, les femmes, les vieux, les jeunes. Parfois très tôt, dès l'adolescence, ça dépendait des familles. Moi, j'ai commencé assez tard, vers 18, 19 ans. Ceux qui commençaient à 15, 16 ans étaient surtout les Russes. Les femmes buvaient autant que les hommes.
Les Kazakhs ont intégré la consommation de vodka comme une tradition nationale. Aujourd'hui encore, on n'organise pas un événement sans vodka. À l'époque soviétique, les Kazakhs étaient très dépendants des traditions russes. Les musulmans étaient persécutés. Officiellement, tu pouvais pratiquer, mais n'importe qui pouvait écrire une lettre au KGB, qui te mettait ensuite sur une liste noire. Tu devenais un sujet pouvant dériver vers l'islam. Pour ne pas passer pour des croyants, certains mettaient de la vodka sur leur table.
J'ai perdu quatre cousins à cause de la vodka. Tous moins âgés que moi, tous villageois. Ils sont partis entre 45 et 60 ans. Je les avais pourtant prévenus : « La vie est courte, vous allez la réduire à cause de la vodka. » Ils ne m'ont pas entendu.
J'ai fait mon armée dans la région de Rostov, durant une année, puis deux ans en Abkhazie. Là-bas aussi, il y avait du samagon. C'était de la tchatcha. Les soldats avaient interdiction de boire, donc on buvait moins que dans le kolkhoze. Mes camarades buvaient, moi non. J'ai toujours méprisé l'alcool. Je buvais toujours des petites doses que je diluais avec du jus de tomate. J'avais deux amis, un Lituanien et un Letton. Le Letton aimait boire. Quand on pouvait aller en ville pour deux ou trois heures, le Letton nous amenait au bazar. Il y avait partout des

vendeurs de tchatcha qui faisaient goûter leur production. On passait les deux rangées de vendeurs et, à la fin, les échantillons devenaient des litres. Le Letton titubait et on le ramenait à la caserne.

J'ai fait mes études à Moscou, à l'Institut des langues, pendant deux ans. Ensuite, j'ai pris un congé académique pour aller travailler en Sibérie, dans une usine en pleine toundra, au nord de l'Oural. J'ai aussi travaillé dans une usine près de Krasnoïarsk. Là-bas, les gens buvaient tout le temps. Tous les jours, il y avait des bagarres. J'ai même vu une femme frapper un homme ! Ils étaient ivres tous les deux, bien sûr. À cette époque, on trouvait de l'alcool à 90 degrés ! Il n'y avait pas de bars ni de tavernes, juste des cantines et des restaurants. Les établissements occidentaux ne sont apparus que durant les dix dernières années de l'URSS. Avant, on en entendait parler ou alors on en voyait dans les films.

En Russie, il y a toujours eu une petite couche de riches préférant le mode de vie européen. Les aristocrates, qui utilisaient le français, portaient des vêtements à la mode et consommaient du cognac. Le petit peuple, lui, faisait un travail très dur et était mal payé. De temps en temps, le chef de la fabrique payait un fût de bière ou de la vodka pour fêter la fin de semaine ou certaines commémorations. C'était aussi un moyen de contrôle social. La boisson rend le peuple plus docile.

Le côté positif de la vodka, c'est qu'elle nous a rapprochés des Russes. On s'offre de la vodka, on boit ensemble, on vit ensemble, on se casse la gueule, et puis on s'excuse, ça s'arrose. Aujourd'hui, l'élève a selon moi dépassé le maître : les Kazakhs font beaucoup, beaucoup de toasts : que le

ciel soit sans nuages, qu'il n'y ait pas de guerre et puis la santé ! Et ils boivent ! Mais ils se tuent.
Au village, quand on invitait quelqu'un chez soi, si on n'offrait pas de vodka, c'était foutu, les invités étaient mécontents. Le critère, c'était le nombre de bouteilles de vodka vides à la fin du repas. La nourriture, ça venait après. Parce que la vodka n'était pas à la portée de tout le monde. L'invité devait être bourré, sinon on avait manqué d'hospitalité.
Avant que les Russes ne diffusent la vodka, les Kazakhs consommaient beaucoup de koumys. Sa fabrication était liée au mode de vie nomade, mais le nomadisme a été interdit dans les années 1920. Actuellement, on commence à le réhabiliter. Certains hommes de pouvoir possèdent de grands troupeaux qu'ils font garder par des pauvres, les nomades... Tu sais, ici, nous ne sommes qu'au début du capitalisme. Le capitalisme barbare et criminel. Il y a les gros et les petits. Les gros avalent les petits.
Après la chute de l'URSS, on a continué à boire beaucoup. Mais Gorbatchev avait fait déraciner les vignes et le matériel pour la fabrication du vin et de la vodka avait été détruit. On a été obligés d'importer de l'alcool de Chine, de qualité très inférieure. Il y a eu beaucoup, beaucoup d'empoisonnements. Et subitement, dans les magasins, on a vu arriver du vin et du whisky d'Europe et des États-Unis. Tous les produits du monde sont parvenus chez nous, mais il y avait toujours beaucoup de samagon et d'alcool industriel de mauvaise qualité. Du liquide de frein, ce genre de choses... Cela a entraîné beaucoup de morts.
Aujourd'hui, les gens boivent autant qu'avant, selon moi. On n'arrête pas ça. Ceux, comme moi,

qui font l'antipropagande de la vodka, sont très rares...

* * *

Avant-hier, dans la marchroutka qui m'emmenait de Bichkek à Almaty, j'étais assis à côté d'un gars normal. Rien ne le distinguait des gars normaux qui peuplent les autobus normaux de l'ex-Union. Il s'appelait Aïdar, nous avons échangé quelques banalités, il m'a donné son numéro de téléphone.

— Appelle-moi si tu as le temps, m'a-t-il dit. On ira au bar.

Aujourd'hui, j'ai le temps, je l'appelle.

— Rendez-vous devant le métro Jibek-Joly. Je passerai te prendre en voiture.

Aïdar et sa Ford se garent devant la station à l'heure prévue. Je prends place à l'intérieur du véhicule sans savoir à quoi m'attendre.

Mon voisin d'habitacle, un quadragénaire plutôt épargné par la patine du temps, porte un T-shirt noir, des baskets et un pantacourt. Un début de calvitie domine son visage arrondi, aux arêtes moins saillantes et aux yeux moins bridés que ceux de nombreux Kazakhs. Son regard corbeau est comme un puits dont on n'apercevrait pas le fond. Je ne saurais dire ce qu'il exprime ou dissimule. L'homme me propose d'aller boire un verre en banlieue, dans « un bar sympa ». J'acquiesce et nous nous installons quelques minutes plus tard à la terrasse d'un établissement ni trop branché ni trop anodin. Un établissement normal, en somme. Nous commandons deux bières, premières d'une longue série.

— Tu fais quoi dans la vie ? dis-je.

— Je vends des terres.

— Comment ça, tu vends des terres ?

— Après la chute de l'URSS, le gouvernement a donné à chacun un hectare de terre. Les gens ne savaient pas quoi en faire. J'ai racheté ces terres et j'en ai fait de plus grandes parcelles. Ensuite, j'allais dans les villages et je les revendais. Ou bien j'achetais en terre agricole et je revendais en terrain constructible. Je fais ça depuis les années 2000 et j'ai encore du stock…

Aïdar, propriétaire spéculateur, ne semble pas trop accaparé par la gestion de sa petite entreprise. Il passe une bonne partie de son temps en voyage à l'étranger – privilège réservé à une infime minorité de Kazakhs –, comme en témoignent les photos stockées dans son téléphone, parmi lesquelles des images du Népal où il se trouvait quelques semaines plus tôt… au moment du grand tremblement de terre qui a ensanglanté le pays.

— C'était incroyable ! confie-t-il. Regarde cet immeuble. Avant et après le tremblement de terre. Tout s'est écroulé, y avait des blessés dans la rue, des morts. On aurait pu y passer aussi, mais on était dans l'hôtel pendant que ça a secoué. Le bâtiment a résisté. Coup de bol.

Il évoque cet épisode avec un détachement tranquille, comme si rien ne l'avait affecté et qu'il ne s'agît que du énième acte d'un spectacle permanent – sa vie. De nouvelles bières arrivent. Je tente de cerner l'homme alors qu'il me parle de philosophie, de sa passion pour le bouddhisme et pour Nietzsche, de sa quête d'« amélioration personnelle ». Aïdar, avatar d'une postmodernité jouisseuse et insolente, est un épicurien décomplexé, individualiste, espérant le meilleur avant tout pour lui-même, bénéficiaire d'une utopie à usage unique.

Il me regarde dans le blanc des yeux :

— La question, c'est : est-ce que tu vis pour gagner de l'argent, ou est-ce que tu gagnes de l'argent pour vivre ? Moi, je ne veux pas me crever au travail. Pour quoi faire ? Je veux travailler peu et vivre bien. Et je ne veux pas être riche quand je mourrai. Donc, je voyage.

Aïdar appartient à la caste des « petits malins » qui n'ont pas été assommés par la fin du rêve communiste et qui ont su s'adapter aux nouvelles règles du jeu libérales, avec comme leitmotiv « que le meilleur gagne », voire qui ont édicté eux-mêmes une partie des règles en question. Alors que la majorité des citoyens ex-soviétiques raclaient la misère, les oligarques et autres *biznessmen* prenaient possession des bijoux de famille – stocks d'armes, compagnies pétrolières, terres rares… – bradés par des États en déroute ou en recomposition.

Je souris intérieurement lorsque Aïdar m'explique comment il a fait ses premières armes d'apprenti capitaliste.

— Quand j'étais étudiant à Tomsk, en 1987, la vodka coûtait 10 roubles la bouteille. C'était difficile d'en trouver. Alors on prenait le train pour Novossibirsk, on achetait dix bouteilles et on en revendait six pour 20 roubles chacune. Il nous restait quatre bouteilles pour nous. J'avais 50 roubles par mois du gouvernement : je les investissais ! On buvait de la vodka le samedi. Du samagon aussi, qui venait de la campagne. Il devait bien faire 70 degrés.

Son téléphone carillonne. Il ne répond pas.

— C'est ma femme. Elle veut savoir ce que je fais.

Il affirme que l'intéressée, une Russe vivant à Bichkek, est sa quatrième épouse et qu'il a six enfants au total.

— J'aime le Kirghizstan et Bichkek, dit-il. Parce que c'est… sauvage. Tu as remarqué ?

— Oui, dis-je, naïf, pensant qu'il parle des montagnes et des torrents. Heu… Tu veux dire quoi exactement par « sauvage » ?

— Avant 1991, il y avait 80 % de Russes à Bichkek. Les Russes ne voulaient pas d'autochtones en ville. Les Kirghizes n'avaient pas le droit de s'y rendre. Bichkek était un petit Johannesburg. Après l'indépendance, les Kirghizes ont foutu dehors les Russes. Aujourd'hui, si tu parles de cette époque aux gens, ils se taisent… Ils ont toujours peur. Les Kirghizes ont « rendu la vie difficile » aux Russes… Tu vois ? C'était sauvage. Depuis, c'est resté sauvage. Bichkek est la capitale de la prostitution en Asie centrale. Les Kirghizes ont inventé les « saunas » avec des lieux de relaxation et tout le monde se fout de la qualité de la vapeur. Et le pays est plein de cannabis. La drogue ne coûte rien. C'est un pays pauvre. Les filles de la campagne ont besoin d'argent. Les hommes sont au Kazakhstan ou en Russie pour travailler. Imagine !

Un pays de 5 millions d'habitants avec plusieurs centaines de milliers d'hommes à l'extérieur…

La fin de l'URSS a effectivement donné lieu, au Kirghizstan comme au Tadjikistan ou en Géorgie, à de vives tensions ethniques, voire à de terrifiants processus de purification. Du jour au lendemain, des Arméniens et des Azéris, des Géorgiens et des Abkhazes, voisins et parfois amis depuis des décennies, se sont entretués. Les Russes n'ont pas été épargnés, notamment à Bichkek et Douchanbé.

Force est de constater, cependant, que la dislocation de l'Empire n'a pas donné lieu à un rejet total, massif et définitif, de l'ex-puissance impériale. Bien au contraire. Le russe demeure la seconde, voire la première langue parlée par la plupart des citoyens d'Asie centrale. Beaucoup de Russes vivent toujours dans ces pays, généralement en parfaite harmonie avec leurs concitoyens autochtones. Les Kazakhs, qui ont subi la sédentarisation forcée, la collectivisation à coups de trique, les essais nucléaires et les famines, le tout orchestré par Moscou, auraient pu profiter de leur indépendance pour rejeter en bloc tout ce qui renvoyait à l'ancienne tutelle. Ils n'en firent rien. Ils choisirent une voie médiane, consistant à cohabiter avec les Russes tout en construisant un État-nation. Tant mieux, car cela a probablement évité des bains de sang. Mais cette « amitié » contre vents et marées recèle pour moi des mystères.

— Comment se fait-il que Russes et Kazakhs parviennent à vivre ensemble sans problème ?

— Il y a cent ans, on était des éleveurs, on vivait dans des yourtes… Les Russes nous ont donné des universités, de l'éducation, un programme nucléaire, des villes, des routes… L'Europe a mis mille ans pour devenir moderne. La Russie nous a foutu ce coup de pied au cul en deux cents ans. La principale différence entre le Kazakhstan et les autres pays d'Asie centrale, c'est qu'au Kazakhstan, environ 30 % de la population sont russes La plupart des Kazakhs parlent russe et pensent russe. Dans ma classe, j'étais un des quatre ou cinq Kazakhs sur quarante enfants… On est forcément très liés… D'ailleurs, il n'y a aucune chance pour qu'on mène un jour notre propre politique. On est coincés entre deux géants : la Russie et la Chine.

— Vivre dans une démocratie qui n'en est pas vraiment une, ça ne te dérange pas ?

— Je sais, tout le monde sait, qu'il existe une ligne au Kazakhstan. Si tu la franchis, il peut t'arriver « des trucs ». Tu pars à l'aventure. Bien sûr, je peux parler de Nazarbaïev[1] avec toi. Je peux dire que c'est un con, il ne m'arrivera rien. Mais si je me lance en politique, je franchis la ligne et alors je prends des risques… Il faut le savoir. C'est aussi pour ça que j'aime le Kirghizstan. La ligne à ne pas franchir est, disons, plus… haute. Mais la vie ici, au Kazakhstan, est meilleure que partout ailleurs en ex-URSS. Pour ce qui est de l'équilibre entre liberté, qualité de vie, argent et emploi, il n'y a pas mieux que le Kazakhstan.

— La vie est meilleure qu'en Russie ?

— Oui.

— Et l'islam ?

— Je suis ce qu'on pourrait appeler un musulman protestant. L'islam est de plus en plus présent

1. Président depuis 1991, toujours en fonction.

ici. Il y a de plus en plus de mosquées et de gens qui prient cinq fois par jour. Grâce à l'URSS, beaucoup de Kazakhs ont été très, très éduqués. Aujourd'hui, ces gens paralysent le pays.

— Qui sont « ces gens » ?

— Les religieux ! Quand ils entrent en religion, les jeunes ne donnent pas leur énergie pour développer le pays.

Je me trompais : Aïdar est tout sauf un type normal. L'URSS se reflète en lui, certes ; il est un enfant du postsoviétisme, certes. Mais ses contradictions brouillent d'autant plus les pistes qu'il les assume. Ou plutôt : il les écrase, il les méprise et pisse dessus ; il les ratiboise. Aïdar est un objet soviétique non identifié. Un Américain des steppes. Il parle de Socrate alors que deux nouvelles pintes parviennent jusqu'à notre table.

Face à cet homme, je me sens jésuite. Un vieux fond catholique diffuse en moi un sentiment de culpabilité qui m'empêche d'appréhender le monde à sa manière. Lui vit pour jouir et s'enivrer, quel que soit le flacon : l'argent, la philosophie, la planète, les femmes… Il me donne l'impression de considérer l'existence comme un divertissement et les êtres humains comme les protagonistes d'une gigantesque fête. Peut-être qu'au fond, je fais de même, mais je ne peux l'admettre ni m'y résoudre. Cela me renvoie à ma condition d'Occidental privilégié et à la vacuité de mes occupations (écrire ? Pourquoi faire, au juste ?). Et j'ai trop peur de devenir un de ces touristes du monde global qui usent et abusent des superlatifs, vous noient sous leur enthousiasme et s'empressent de vous demander, à l'ombre d'un bar d'auberge de jeunesse, si vous avez vu telle « incroyable » chose, tel « formidable » endroit, telle « hallucinante » personne, et surtout si tout cela était *fun*. *Did you have fun ?*, qu'ils disent, les yeux rivés sur quelque engin connecté, cherchant sur Internet la prochaine source de fun potentielle, comme s'ils voguaient dans un parc d'attractions géant – la Terre – et que, tels des enfants gâtés, il leur fallût sans cesse trouver de nouveaux amusements afin d'étancher leur soif de distraction.

Tout cela m'effraie.

Une question me taraude :

— Pourquoi un mec aussi riche que toi prend une marchroutka pour aller de Bichkek à Almaty ?

Aïdar sourit :

— Ça, tu peux pas comprendre…

Il reprend :

— Tu sais, en ce moment, j'ai trois chauffeurs pour mes enfants. J'ai quinze voitures, dont un Hummer. Mais je ne ressens pas le besoin de l'utiliser. Ma Ford m'emmène d'un endroit à l'autre d'Almaty… Je sais ce que c'est, l'argent… J'ai eu des millions en cash.

Il s'arrête. Silence. Il rectifie :

— Non, pas des millions, non. Deux millions, précisément, une fois… Je sais ce que c'est, l'argent.

Que faut-il comprendre ? Qu'il aime l'argent mais pas trop ? Peut-être qu'il ment et qu'il n'est pas plus riche que moi.

Aïdar insiste pour payer la note et me dépose devant mon hôtel avec sa Ford d'homme normal.

IX

Mes vacances kazakhes

Bon Dieu ! me dis-je, attablé dans le wagon-restaurant du train de nuit Almaty-Aïagouz. Ce tacot est mieux qu'un TGV ! Pas plus rapide, mais au moins aussi propre et spacieux. Les hôtesses donnent envie de devenir cheminot. Il y a la clim', une fontaine à eau dans chaque rame et des compartiments clos. On ne peut pas fumer ni sauter vers l'extérieur lors des arrêts ni entendre le claquement des essieux entre les plateformes. Le restaurant chatoie en azur et blanc, couleurs reposantes assorties au reste du train et aux jupes des contrôleuses.

Aucun grognard ivre ne hurle dans le restaurant. Aucun vieillard édenté ne me force à manger du plov par une chaleur insupportable. Sacrebleu ! J'ai à peine l'impression de voyager.

Je me crois en Europe. Tant mieux pour les Kazakhs qui empruntent cette navette spatiale deux fois par semaine. Tant pis pour l'exotisme.

Les jeunes gens assis alentour n'ont d'yeux que pour leur téléphone. Dans un train ouzbek, j'aurais déjà fait sensation. Là, je me fonds dans le décor. Je m'évanouis dans les rideaux bleu clair. Je dois passer pour un Russe : on m'ignore comme on ignore n'importe quel concitoyen. Il faudrait que je pète, ou que je chante du Piaf ! Et encore. Pis : sachez-le, je suis bien assis. Mon siège est douillet. Il se pourrait même que je parvienne à dormir, cette nuit ! Qu'ai-je fait au Tout-Puissant pour mériter un véhicule si confortable ?

Parmi les occupants du wagon se trouve un anglophone, peut-être un Américain ou un Australien. Il dîne avec des Kazakhs et tout ce beau monde jacte dans la langue de Beyoncé.

J'angoisse.

Il va me venir des vertiges. L'univers ressemblera bientôt à ce qui m'entoure : partout on aura l'impression d'être à la maison et partout on parlera anglais avec cet accent roulé et on dira à propos de tout que c'est *amazing* et on regardera nos téléphones jusqu'à loucher. On pourra plus fumer et on ne transpirera plus dans les wagons-restaurants. On portera de belles chemises et on demandera au robot-babouchka : « Quel est le code Wifi ? »

* * *

J'arrive au petit matin à Aïagouz, à 800 kilomètres au nord d'Almaty. De là, j'espère filer près du lac Zaïssan, à 300 kilomètres plus à l'est, puis remonter vers la partie kazakhe du massif de l'Altaï *via* la rive orientale du lac Boukhtarma, et enfin rejoindre Öskemen, près de la frontière russe.

J'étudie la carte sous toutes les coutures. Je glane des renseignements auprès des habitants. Je me triture, assis sur un banc public au milieu d'une artère poussiéreuse, alors que le soleil commence à brûler. Je finis par reconnaître que j'ai l'ambition frivole. Aucun transport en commun ne relie Aïagouz et Zaïssan. Les routes sont en partie des pistes et le périple complet va chercher dans les 1 000 kilomètres. Les chauffeurs que je sollicite ne cachent pas leur circonspection. Cette idée sent la débandade, aussi je revois mes plans et saute dans un autobus « direct » en partance pour Öskemen.

L'autoroute que nous empruntons consiste, dans cette portion prétendument « directe », en une succession de terrifiants nids-de-poule. Le véhicule tremble comme un parkinsonien et paraît sur le point de se disloquer en un million d'écrous durant les six heures que dure le trajet. Dehors, sur les collines ondoyantes qui se changent parfois en montagnes, la steppe succède à la steppe qui elle-même a succédé à la steppe.

* * *

Öskemen, c'est encore le Kazakhstan mais déjà un autre pays, moins bridé, moins asiatique, plus russe. Dans les rues, la grande offensive blonde bat son plein. Je retrouve les traits si caractéristiques des Slaves, leurs yeux bleus perçants et leur style inimitable. La Russie m'attend, toute proche, à quelques dizaines de kilomètres !

Je décide de me rendre sur la rive nord du lac Boukhtarma, à environ deux heures de route d'Öskemen. J'emprunte un taxi collectif sans savoir ce que je trouverai une fois parvenu à destination. Le trajet suffit à me mettre dans de bonnes dispositions.

Je pensais traverser une plaine brûlée ; un festival de collines s'offre à mes yeux. C'est une Auvergne mâtinée de bouleaux, une campagne de carte postale décorée de vendeurs de miel et de maisons en bois qui semblent dire que la Sibérie, c'est ici (aussi). La steppe passe du jaune au vert et de l'aride à l'humide, annonçant la proximité des montagnes de l'Altaï, qui se déploient aux confins de quatre géants : Russie, Mongolie, Chine, Kazakhstan. Catalyseur de paysages, l'Altaï fait le lien entre la plaine sibérienne, les déserts chinois, les steppes mongoles et les hautes montagnes d'Asie centrale. Si l'Eurasie avait un épicentre, il se situerait quelque part dans les parages.

Le chauffeur, parvenu à destination, m'interroge :

— Tu dors où ?

— J'sais pas. Tu connais un endroit ?

Il s'arrête près d'un hôtel en béton planté au bord d'une route à 2 kilomètres du lac.

— J'aimerais être plus près du lac, dis-je. Mais j'ai pas beaucoup d'argent.

— Monte, je sais ce qu'il te faut.

Il s'engage sur un chemin de terre à l'extrémité duquel, occupant une clairière au milieu d'une pinède, sommeille un camp de vacances dans le plus pur style russo-kazakhe, composé de plusieurs chalets rustiques, d'une vaste yourte d'agrément et d'une baraque rafistolée à deux étages faisant office de gîte. À côté de ce gourbi de tôle et de bois se trouve une bania ainsi qu'un petit magasin de deux mètres par trois décoré de quelques étagères maigrement achalandées. Les toilettes sont à l'extérieur. La salle de bains consiste en un lavabo posé dans la cour et surmonté d'un miroir. La patronne a tout de la babouchka russe : corpulence, cheveux teints, caractère trempé, robe « République populaire du bonheur champêtre ». Elle se prénomme Liouba et gère son affaire avec la vigilance d'une lionne. Elle me propose une chambre au deuxième étage. Dedans : quatre lits en fer, des matelas usés, un réfrigérateur ayant survécu à la crise des missiles, une table, un seau, deux chaises et des ustensiles de cuisine. La gazinière se trouve sur le balcon d'où l'on aperçoit la robe bleue du lac.

Le luxe a un prix : 5 euros par nuit.

Je signe.

Larissa et Victor, des amis de Liouba venus passer quelques jours « à la mer » (les Russes utilisent fréquemment le terme *morie* pour désigner une grande étendue d'eau douce), m'offrent spontanément une bière. Cet endroit me plaît.

J'emprunte le chemin de terre qui descend jusqu'au lac.

Je ne m'attendais à rien.

La surprise est de taille.

Le lac Boukhtarma, mastodonte flanqué de collines boisées et de montagnes pelées majestueuses, serpente dans l'est kazakh sur plus de 500 kilomètres. Les côtes forment des baies, des anses et des presqu'îles où des roseaux prennent le vent et au-dessus desquels planent d'innombrables aigles et milans. La lumière, moins brutale que celle qui écrase les plaines du Sud, annonce le septentrion sibérien. Elle habille la Création de nuances dorées quasi automnales.

Des chalets et des camps d'été mitent le rivage. Les résidents y pratiquent, entre autres distractions, le sport le plus populaire en ex-Union soviétique, *ex-æquo* avec le football et le hockey sur glace : le barbecue. Les nuages gris qui s'élèvent depuis les jardins broussailleux diffusent tous azimuts des exhalaisons de barbaque. Marchant sur les routes de terre où courent les gosses, observant les familles qui pataugent aux abords des plages, les Russes aux joues écrevisse ripaillant sur leur terrasse ou pêchant près des hauts-fonds, et ceux qui s'en vont en bateau à rames, je reste coi. Je me trouve aux confins du Kazakhstan, de la Chine et de la Mongolie et je découvre ce village aux maisons de bois multicolores rappelant les grandes étendues finlandaises, à cette différence près : la déglingue et l'approximation dans l'agencement des palissades tranchent radicalement avec les canons scandinaves.

Je m'installe à la terrasse d'un café sis dans une baraque au toit de tôle bordeaux, jouxtant une échoppe surmontée d'une large pancarte occupant la moitié du pan de mur, ornée d'un trio d'étalons galopant dans la steppe. Je rencontre Ildar, grand Azéri débonnaire, aux faux airs de Novak Djokovic – dent en or en plus –, qui travaille ici chaque été comme préposé au barbecue. Il me présente Oraskhan, éleveur dans la région.

Dans une autre vie, Oraskhan a été chauffeur pour l'armée à l'intérieur de sites soviétiques « secrets ».

— Il fallait rien dire…, confie-t-il. J'ai travaillé au Polygone.

Le Polygone de Semeï, à 250 kilomètres à l'ouest de Boukhtarma, fut le théâtre de quatre cent cinquante-six essais nucléaires entre 1949 et 1989 – trois fois plus que le nombre de feux d'artifice tirés par la France dans l'atoll polynésien de Mururoa. Le Kazakhstan, à l'époque soviétique, était considéré par les hiérarques moscovites comme une arrière-cour lointaine, isolée et abritée des regards. On y faisait les choses qui nécessitaient de l'espace et de la discrétion. On y déportait les agitateurs et on y testait des bombes capables d'anéantir des pays entiers.

— Les hommes ont des problèmes ici, affirme Oraskhan.

Et il désigne son bas-ventre… Des problèmes de fertilité, donc. Ou d'érection. Ou les deux. Il m'affirme, comme le liquidateur de Tchernobyl rencontré deux mois plus tôt en Azerbaïdjan, que la vodka « c'est bon contre les radiations »…

Le tintamarre qui couvre presque notre discussion provient de l'intérieur du bar où une famille russe festoie avec bières, vodka et éclats de rires frappadingues. L'un des convives, sorti pour se griller une L&M Light, se poste face à moi sur la terrasse. C'est Ivan, colosse en short gris et marcel blanc, épaules rougies du plagiste estival, 120 kilos de bonne chair et de force pure sibérienne. Nous faisons connaissance. Enfin… Il parle à toute vitesse, patauge dans ses formulations et oublie en quelques secondes ce que je tente de lui expliquer, pose plusieurs fois les mêmes questions, souffle comme un taureau et dégaine des rires de démon.

Alekseï, plus fluet mais aussi cuit que son camarade, nous rejoint bientôt. Il a le visage écarlate des grands jours. C'est son anniversaire.

— J't'inviterais bien à boire de la vodka, me dit Ivan. Mais bon… Tu sais… Y a les femmes… Tu vois ? Elles aimeraient pas qu'on amène un étranger… comme ça… Tu vois ?

Alekseï résout l'équation :

— Mais si ! hurle-t-il. Viens boire !

Je salue Oraskhan et migre sans me faire prier vers la tablée occupée par un grand chantier de viande grillée, de tomates coupées en dés, de tranches de pain, de rondelles d'oignons et de bocks de bière.

— Ah, tu veux rencontrer des Russes ! s'exclame l'épouse d'Alekseï. Eh bien les voilà, les Russes ! Les voilà !

Et elle désigne, mi-amusée, mi-furibonde, son mari aviné, l'air de dire : voici un spécimen de Russe saoul parfait pour l'observation du Russe saoul.

N'étant pas anthropologue assermenté, ni anthropologue tout court, et n'étant donc soumis à aucun devoir de réserve qui m'interdirait de joindre l'utile à l'agréable, je m'empresse de participer, moi aussi, au banquet.

Alekseï ne tarde pas à remplir les stopki. Nous trinquons.

Ivan m'offre de la viande grillée.

— Mange !

Et je mange. Et l'on me ressert à boire. Et je remange. Et… Vous connaissez la chanson.

Après qu'on a achevé la bouteille, Ivan m'invite à prolonger la sauterie « à la maison ». J'accepte. Les femmes, notoirement excédées par le niveau d'ébriété de leur conjoint, prennent les devants en compagnie des enfants. Je pars en queue de peloton avec les deux hommes qui traînent en route, effectuent des tours sur eux-mêmes, chancellent au milieu de la piste et me prennent par l'épaule.

— Attention ! braille Ivan, claudiquant. Fais attention !

Un 4 × 4 nous frôle.

Mon camarade fait la toupie et sort dix clopes de son paquet alors qu'il tente d'en extraire une. Le coucher de soleil nous gratifie d'éclairages impressionnistes.

Une fois parvenu à l'orée d'un hameau, Ivan s'arrête devant un chalet.

— C'est ici ! déclare-t-il.

Une passante rectifie :

— Non, ici c'est chez moi…

Ivan, perplexe, n'en démord pas, mais Alekseï parvient à lui faire entendre raison :

— Elle a raison… T'habites là-bas !

Nous débarquons finalement chez l'intéressé qui m'installe sous l'auvent attenant à la bicoque qu'il loue pour les vacances. Le second larron nous quitte durant quelques instants puis réapparaît, flanqué d'une nouvelle bouteille de vodka. Missionnée par son père, la fille d'Ivan, une ado en pleine période postpubère critique, nous apporte en bougonnant trois assiettes contenant une potée de viande et de patates, ainsi que du pain, des tomates et des cornichons. Chacun a déjà mangé, chacun est déjà repu, et d'ailleurs nous sommes partis en laissant de la nourriture sur la table du restaurant, mais ainsi va la vie en ex-Union : les banquets se doivent d'être pantagruéliques et les convives se doivent de manger entre chaque verre et la table se doit de ne jamais être vide.

Nous entamons de nouvelles hostilités alors que l'épouse et les filles d'Ivan s'installent à l'intérieur de la bicoque, côte à côte sur un canapé, devant la télévision.

Remplissage des stopki.

À partir de ce moment, je m'engage dans un chemin creux dont il sera difficile de m'extraire. Mon séjour à Boukhtarma prend une tournure provisoirement scabreuse. Nous parlons de la Russie, de l'Ukraine, de Joe Dassin et puis… je ne sais plus. Nous gueulons et rions, ça oui ! Aucun doute. Je me souviens de la fille d'Ivan furetant sous l'auvent, visage dissimulé sous un masque de crème, sermonnant son père parce qu'il boit trop. Je me souviens du malaise ressenti à ce moment. J'ai le sentiment de pénétrer par effraction dans l'intimité d'une famille. De cambrioler la pudeur de ces gens. Pourquoi suis-je ici ? Nous buvons, buvons, il y a des turbulences, non, de l'orage ? Qu'est-ce-que-tu dis ? Moi pas comprendre bien, parler mal russe tu sais, et je m'accroche à ma chaise tel un pilote de bombardier à son siège éjectable.

Après trois verres, malgré les nombreuses tentatives d'Ivan pour le retenir, Alekseï prend congé. Je m'apprête à faire de même, mais le patron m'arrête :

— Non, reste, bois un coup !

J'éteins l'incendie en avalant un dernier shot puis déguerpis, titubant mais déterminé, malgré les imprécations du tsar en short gris que je salue et remercie.

Il fait nuit. Combien d'heures ai-je passé sous cet auvent ? Trois ? Quatre ? Douze ? Aucune idée. Je m'arrête dans l'échoppe attenante à mon gîte pour faire une course. Après, me dis-je, je gagnerai mes quartiers et j'écrirai.

La vendeuse, de type caucasien, ouvre grand ses prunelles marron extrêmement claires lorsque je pénètre dans la boutique. Elle m'offre un sourire cajoleur qui laisse apparaître plusieurs dents en argent qui scintillent ainsi que ses cheveux mi-longs, teints en noir brillant, agrémentés d'une frange. Sa large poitrine domine des vaguelettes de bourrelets moulées dans un haut à rayures. Elle s'appelle Jénia.

Roulant des yeux de biche, elle dit :

— Tu veux venir avec moi au lac ?

Je flagelle.

— Euh… Euh… Non, désolé… Désolé. Je vais me reposer.

Sa moue, accentuée davantage, signifie : c'est très dommage, chou.

Un peu sous le charme, ou bizarrement inconscient ; en un mot, faible, je change d'avis.

— D'accord, dis-je finalement. Pourquoi pas…

Et tout son visage, tout son corps, trépigne d'une allégresse à peine contenue.

— Je vais ranger les clés du magasin, me chuchote-t-elle. Je reviens…

Qu'est-ce que je suis en train de faire, bon Dieu ! Je suis inondé de vodka et je m'en vais roucouler sur une plage avec une vendeuse kazakho-tchétchène qui nourrit clairement l'ambition de me faire découvrir les charmes méconnus de l'Eurasie.

Soudain, Victor, le vacancier du premier étage, descend à ma rencontre. C'est mon *deus ex machina* ! Son ventre gigantesque et poilu, fière citerne en bas de son torse nu, est une ode à la vie bien vécue.

— Nikalaaaa ! Viens boire avec nous !

— Merci, mais… je dois… je dois… aller… là-bas, au lac…

— Qu'est-ce que tu vas faire au lac ?! Il fait nuit. Viens !

— Non… non… désolé…

Je n'ose avouer que j'ai un rendez-vous galant. Il me prend par les bras, rit fort et me répète avec de grands sourires :

— Tu vas sûrement pas aller au lac ! Viens boire de la vodka !

Je n'arrive pas à me défaire de ses griffes, ce qui me laisse penser qu'il va peut-être falloir que j'accepte son invitation… Cette perspective m'arrangerait bien, au fond, puisqu'elle remettrait en cause ma virée romantique.

— Allez… D'accord.

Autour de la table, au premier étage, se trouvent Liouba, la patronne de l'hôtel, Larissa, la femme de Victor, ainsi que Jénia, ma muse, qui a comme moi été interceptée par Victor. Elle me jette des regards brûlants.

Sur la table, devinez ! Du lapin grillé, des patates, du pain, des oignons, des tomates et de la vodka. On dirait qu'une deuxième soirée (troisième ? J'ai perdu le fil) commence.

Larissa et Liouba, amies de trente ans, se ressemblent. Elles fument, toutes deux. Elles ont ce caractère de cheftaines quasi archétypal des grands-mères slaves. Elles ont aussi cette carrure épaisse encadrée dans des robes d'un autre temps. Elles ont la taille babouchka, en somme, comme s'il fallait qu'une bonne femme fût ainsi constituée pour affronter les hommes russes, les hivers, les enfants, la vie, à moins que ce ne soit toutes ces choses qui la façonnent…

Pour la première fois depuis mon départ, j'ai le sentiment d'avoir affaire à des femmes dont le statut équivaut à celui des hommes.

— Pourquoi tu viens au Kazakhstan ? dit Liouba.

Usant de mon plus beau russe de banquet, je réponds quelque chose dans ce goût :

— Je suis déjà venu il y a deux ans. J'ai beaucoup aimé les paysages. Vous avez un pays magnifique. Peut-être un des plus beaux au monde, alors que personne ou presque ne le visite. Et aussi, j'aime les gens.

— Ah ! C'est ça, l'Union ! Ici, on est chaleureux !

Comme beaucoup d'ex-Soviétiques, Liouba utilise simplement le terme *Soyouz* (Union) pour désigner l'ex-URSS, expurgée de fait des mots « républiques », « socialistes » et « soviétiques », soit tout le baratin politico-dogmatique. Ne reste plus que l'Union, uniquement l'Union : le plus important, au fond. Et Liouba dit cela sur un ton presque chantant, empli d'une nostalgie douce.

— Vous regrettez l'Union soviétique ? dis-je.

— On est un seul peuple ! Larissa, par exemple, est ukrainienne. Mais elle est russe. Nous, on est kazakhs, mais russes aussi. On ne fait qu'un. Il n'y a pas de différences. C'est l'Union…

Tout le monde approuve et je comprends un peu plus que les liens unissant la Russie à son ex-empire ne consistent pas qu'en tracés de gazoducs et accords douaniers. C'est une question d'hommes, de femmes, une question d'âme et de racines, de culture partagée, un mariage pour le pire et pour le meilleur. Il nous est difficile, vu d'Occident, de comprendre les rapports russo-ukrainiens ou russo-kazakhs, parce qu'on ignore souvent la complexité de ces relations.

— Tu veux manger ? me demande-t-on.

Ai-je vraiment le choix ?

On me sert du lapin grillé.

— Mange !

— Bois !

J'ai l'impression de ne faire que ça : manger, boire, manger, boire. D'autant que Victor a la main lourde. Les verres de vodka s'enchaînent et nous rions fort alors que ma clairvoyance se disloque.

Des adolescents logeant au deuxième étage se joignent à nous. Le fils de la vendeuse caucasienne, ma muse, fait partie de la bande. Il est presque majeur. J'en déduis qu'elle a été mère à 16 ou 17 ans. Je n'obtiendrai aucune information au sujet du père.

Les adolescents, qui ont payé pour une heure de bania, me proposent alors de les suivre. Je leur emboîte le pas.

La chaleur du sauna me satellise. Je dégoise, j'aboie, je meugle, je déblatère des vérités d'un jour dans le brouillard brûlant puis nous nous aspergeons mutuellement d'eau glacée alors que je continue d'asséner de creuses sentences. Je m'extirpe de l'étuve au bout d'une demi-heure ou de deux mois, je ne sais pas, mon horloge ne tourne plus. Je regagne ensuite le premier étage où se trouvent encore Larissa et Liouba avec qui je cause de je ne sais trop quoi. Plus tard, je songe : « Si je retournais au sauna ? » Alors je redescends, pénètre dans l'appentis, me déshabille et franchis le seuil de la chambre chaude. Cette dernière, qui ne mesure que 2 ou 3 mètres carrés, contient pour seul ornement permanent un coffrage de bois faisant office de banc. Il y a là deux longues jambes hâlées collées l'une à l'autre, surmontées par d'harmonieux bourrelets dissimulant un sexe invisible et dominées par une poitrine luisante d'humidité ainsi que par un visage en amande au milieu duquel brillent deux yeux qui n'expriment aucune gêne ni aucune surprise. C'est Jénia. Nue. Elle me fixe amoureusement. Je n'ose appesantir mon regard sur ses seins.

Je m'assois à ses côtés, conscient qu'une fuite serait ridicule. Je barbote des paroles incompréhensibles dans un crypto-russe de compétition. J'examine mes pieds, penaud. Plusieurs escadrons d'anges passent et je finis par quitter le sauna tel le sanglier poursuivi par la meute. Au deuxième étage du gîte, je tombe nez à nez avec les adolescents qui me mettent une guitare entre les mains. Je tente de plaquer un accord, mais voilà : mes doigts sont comme des tuyaux d'arrosage.

Le tonnerre gronde, je crois.

Peut-être que je rêve.

Je sombre et me réveille dix heures plus tard.

* * *

Des brumes épaisses croupissent au matin dans ma boîte crânienne. Je parviens à m'en extraire provisoirement pour écrire et ne quitte l'auberge qu'en fin de journée. Je marche une heure, peut-être deux, puis vient le crépuscule ainsi que la faim. Je pourrais retourner au gîte et dîner avec mes hôtes, mais je veux changer d'air et éviter de donner à Jénia trop d'occasions de tenter un abordage. Je me rends au café installé près du rivage, où je retrouve Ildar, toujours souriant, toujours prêt à griller des morceaux de viande. Je commande des brochettes et discute avec des policiers attablés à mes côtés. Une fois leur repas achevé, les fonctionnaires s'en retournent vite à leur patrouille. Tout est calme, ce qui présage d'une soirée sans invitation à la débauche. Du moins est-ce ainsi que je m'imagine – à tort – le déroulement des heures qui vont suivre.

Un homme et une femme s'installent en terrasse. Lui, trentenaire, slave, mince, musclé, tatoué sur les bras, rasé de près, et elle, plus âgée, slave également, très maquillée, trois fois plus large que son homme, forment un couple rayonnant de bécotages latents.

Nous nous ignorons alors que je dévore mes brochettes, qu'ils ingurgitent de la bière et qu'une bouteille de vodka patiente sur leur table.

Et l'homme s'adresse à moi.

Sergueï m'explique que lui et Svetlana, son épouse, entretiennent et louent plusieurs chalets non loin d'ici. Je prends soin de ne pas poser mon regard sur leur bouteille de vodka afin de ne pas laisser penser que j'en réclame, mais cela ne suffit pas.

— Cent grammes ? dit Sergueï.

Mon corps dit « non », mon âme ne se prononce pas, mon médecin est loin, le Diable ricane et Dieu est aux abonnés absents… Comment refuser ! Je suis là pour ça, après tout. Je m'installe à la table de mes voisins.

Sergueï et Svetlana font place nette. Ils ne cessent ensuite de remplir mon écuelle, allant jusqu'à commander de nouvelles brochettes parce que, nom d'une pipe, il « faut » que je mange. Ils ne se contentent évidemment pas de me servir 100 grammes de vodka. Ce sont des camarades attentionnés, drôles et affables, aussi nous ripaillons comme si la station *Mir* allait nous tomber sur le cuir d'un moment à l'autre et qu'il fallût vivre dignement, intensément, follement, en attendant sa chute.

Svet me montre des photos de ses enfants. L'un d'eux est décédé.

— C'est ma blessure, dit-elle, au bord des larmes.

À 42 ans, Svet est déjà grand-mère. Elle et Sergueï, son deuxième mari, semblent animés d'une passion d'airain. Malgré leur physique aux antipodes, leur assemblage paraît évident. Lui, le Slave à la carrure d'agent secret ; elle, la jeune grand-mère au caractère trempé. C'est déjà la quatrième femme de ce genre que je rencontre depuis mon arrivée dans le nord du Kazakhstan. Des femmes qui m'interpellent et me corrigent, reprennent mon mauvais russe, coupent leur mari, disent : « Écoute, Nikalaaa ! Arrête, Nikalaaa ! C'est pas vrai ! Tu as tort ! » En Azerbaïdjan et en Ouzbékistan, les femmes demeuraient en cuisine alors que je festoyais avec le « patron ». Je ne boude pas mon plaisir.

Sergueï commande une deuxième bouteille de vodka alors que la première n'est pas achevée. Je sens venir le tour de grand huit, la valse à 40 degrés, comme hier en début de soirée, comme hier en milieu de soirée, comme la semaine dernière et celle d'avant et… depuis combien de temps ai-je quitté la France, déjà ? C'est plus fort que moi, je m'exclame :

— Ah, la Russie ! La Russie ! Putain de vache !

Bien sûr, mes hôtes comprennent la raison de ce piaffement. Ils rient alors que nous baptisons la nouvelle bouteille.

Je salue sur ces entrefaites Alekseï, mon camarade de la veille, qui, fait exprès – on se croirait dans une pièce de boulevard –, déambule dans les parages. Sacré vieux pirate ! Alekseï affirme d'emblée qu'il ne veut pas « remettre ça » aujourd'hui.

— Parce qu'hier, hein…

— Oui, hein, hier…

Svet et Sergueï l'invitent à notre table. Il refuse d'abord de se joindre à nous, puis finit par s'asseoir. Mes hôtes tentent de lui servir une vodka.

— Non, grogne-t-il. Je ne bois que de la bière, ce soir !

Je me dis qu'il a les ressources mentales pour ne pas céder, mais je me trompe : sa volonté ne pèse rien face à l'incommensurable inertie du destin. Sergueï finit par lui remplir une stopka, par la lui glisser entre les mains, et ce qui doit suivre suit. À l'amitié ! À la France ! À l'amour ! Aux enfants ! Au Kazakhstan ! Svet essaie de m'apprendre des expressions russes. Je retiens celle-ci : « Allez, on boit un coup ! On causera quand on sera sobres. »

Une troisième bouteille apparaît alors sur la table. J'écarquille les yeux, conscient que cette danse ne peut que nous emmener vers les abysses. Passé une certaine heure, nous rions de plus en plus fort et je franchis un seuil. Au-delà, qu'y a-t-il ? D'autres galaxies ? Une Russie parallèle ? Un chalet en bois :

Svet et Sergueï nous invitent chez eux. Encore à moitié pleine, la troisième bouteille fait le voyage avec nous. Par cette nuit noire totale, on ne distingue pas la piste. On ne distingue rien. On navigue, on cabote, on chaloupe…

Alekseï entame une chanson en russe. Svet me prend par le bras. Sollicité par l'assistance, j'offre *a capella* deux de mes concertos pour grandes occasions favoris : *Les Prisons de Nantes* et *Les Filles des forges.* Comme l'exige la tradition, je gueule outrageusement.

La suite est floue.

Je divague sur la terrasse de mes hôtes, mais durant combien de temps ? Une heure, une éternité, dix minutes ? Que me disent-ils ? Discutons-nous ? Respirent-ils encore ? Je m'endors… Je plane… Hips ! Heu… Ça va, oui, oui, ça va, eh eh, merci ! Hmmmmmmmmm…

Quelque chose en moi finit, ô miracle, par décréter l'armistice et me voilà qui tente de retrouver le chemin de l'auberge dans les milliards de nuances de noir de la nuit sans lune.

Dans ce genre de moment, l'inconscient déploie parfois des trésors de précision en matière d'orientation. On pourrait, et l'on devrait, se perdre dans le premier sous-bois venu, mais, sans qu'on puisse l'expliquer, nos jambes nous ramènent à bon port. Le romancier britannique Malcom Lowry, expert ès conséquences de l'absorption d'alcool, a comparé ce phénomène à l'« instinct du saumon ». Le saumon parcourt « à l'instinct » des centaines de kilomètres afin de remonter les cours d'eau qui l'ont vu naître et de s'y accoupler. De même, l'être humain aviné regagne ses pénates « au radar » pour *in fine* sombrer dans son lit.

Parvenu au gîte, j'ouvre péniblement la porte de ma chambre, qui se referme aussitôt.

Je suis pris d'une montée acide.

Il faut vite aller aux toilettes.

Je n'arrive pas à ouvrir la porte, qui semble bloquée de l'intérieur. Je multiplie les tentatives. Je ne trouve plus la clé. Je crains le pire.

Je vomis piteusement sur un des lits.

Je finis par débloquer la porte et j'entame un laborieux nettoyage à l'eau glacée, toujours piloté par mon inconscient.

Je m'endors en souhaitant que tout cela ne soit qu'un rêve.

* * *

Brouillard, vase, grognements de l'animal indisposé.

* * *

Le réveil me rappelle au prodigieux spectacle que j'ai interprété la veille.

Vers le milieu de cette journée inutile et vaporeuse, je me souviens d'une proposition formulée par Alekseï lors de notre épopée nocturne :

— Après-demain, si tu veux, je t'emmène à Barnaoul.

Barnaoul, en Russie, est mon prochain point de chute. J'y ai rendez-vous dans dix jours avec Romain Joly, un ami photographe avec qui j'ai prévu de passer un mois dans l'Altaï avant de rejoindre Moscou en Transsibérien. Je n'avais pas l'intention d'entrer en Russie si tôt, mais la proposition d'Alekseï me séduit. Cela me permettrait d'avaler d'une traite et à prix réduit les 600 kilomètres séparant Boukhtarma de Barnaoul.

Je pars à la recherche de mon chauffeur potentiel, qui habite non loin de chez Ivan, le tsar en short gris. Ce dernier, sobre comme un archevêque, fend des bûchettes en prévision d'un barbecue. Je trouve Alekseï dans de semblables dispositions, jouant aux cartes avec sa marmaille. Je constate vite qu'on ne semble pas enchanté de me revoir. J'ai l'impression, ici comme chez Ivan, de revenir sur les lieux d'un crime. Qu'ai-je donc fait ? C'est grave ? Le regard des hommes est fuyant. Celui des femmes signifie : « On n'a pas besoin d'un camarade de débauche en plus, nos mâles boivent déjà beaucoup trop ! »

C'est étrange, d'observer dans leur intimité sage et policée ces énergumènes que j'ai connus rimbaldiens ces derniers jours.

Je demande à Alekseï ce qu'il prévoit pour Barnaoul.

— Ah, oui, demain… À quelle heure ?

— J'sais pas… 8 heures ?

— Bien.

— À demain alors.

— À demain.

Je me rends sur zone le lendemain à 7 h 55 avec l'intégralité de mon barda. L'automobile familiale a disparu et la maison ressemble à un endroit qu'on vient de quitter. Aucun signe de vie alentour. Je me rends à l'évidence : la famille a mis les voiles,

Alekseï m'a planté, j'ai l'air d'un con avec mes sacs.

J'accuse le coup durant quelques minutes puis décrète qu'il ne sert à rien que je me lamente, étant donné que, tout de même, ce n'est pas comme si j'avais perdu une jambe à la guerre. Qui plus est, ce coup fourré m'offre la possibilité de passer quelques jours supplémentaires au Kazakhstan, ce qui n'est pas pour me déplaire.

Mais où aller ? Dans les montagnes ? Dans la steppe ? À la frontière chinoise ? Où ?

Je décide de ne pas m'éparpiller. Pourquoi se coltiner à tout prix d'interminables trajets à travers l'immensité centrasiatique ? Hier, j'ai remarqué qu'un bateau opérait la traversée du lac à partir d'une plage proche de mon gîte. Ce rafiot doit bien aller quelque part, aussi je me mets en tête de l'emprunter.

Un badaud m'indique que l'embarcation se rend à Aïouda – ne me demandez pas ce qu'on trouve là-bas – et qu'elle largue les amarres à 10 heures. Je monte sur le pont, où un type rencontré trois jours plus tôt dans un taxi, unique matelot du navire, m'introduit auprès du capitaine. Celui-ci a déjà remarqué que j'étais étranger. Il refuse que je paye la traversée.

— Tu es notre invité. Où est-ce que tu dors ?

— Je ne sais pas…

— Ma femme gère un camp. On va te trouver quelque chose.

Après quarante minutes de bourdonnement au-dessus du lac, le capitaine accoste à mon intention sur la plage bordant ledit campement. Prévenue par téléphone, son épouse m'accueille avec un grand sourire. Natalia me fait visiter un chalet « Union soviétique » composé d'une chambre et d'une cuisine, d'un frigo et d'une gazinière. Eau et toilettes à l'extérieur, bardage en bois craquelé, peinture agonisante, parquet de guingois, simple vitrage non ouvrable, toit en fibrociment. Pas d'isolation. Lit à ressorts « grillage ».

Parfait. C'est par-fait.

— Pour la douche, je vous donnerai la clé d'un chalet VIP inoccupé. Si vous voulez, vous pouvez manger avec nous ce soir, dit Natalia.

— Avec plaisir. Combien vous voulez pour le dîner ?

— Ah, mais rien ! Vous payez déjà la nuit.

Un patron d'hôtel vous a-t-il déjà offert le couvert parce que vous payiez le gîte ? Moi, non.

Aïouda est un camp de vacances « extensif » où règne une atmosphère communautaire. Les cabanes jalonnent anarchiquement la pinède à flanc de montagne. Le café, le magasin, la bania, la « discothèque » de fortune et le terrain de volley-ball composent un tableau bien différent de tout ce que l'Occident réglementé compte d'équipements touristiques bien clos et sécurisés. Et pour cause : les règles ne passionnent pas les Russes. Ils ont bien des errements bureaucratiques, peut-être plus qu'ailleurs, mais sur le terrain, au quotidien, c'est peu dire qu'ils ne sont pas des acharnés de la ligne à ne pas franchir et des petites normes n'existant que pour elles-mêmes, n'ayant d'autre effet que de créer de nouvelles normes visant à encadrer l'application des premières. C'est plus fort qu'eux : les Russes font comme ils le sentent. Ils enfournent quinze bouteilles de bière dans un même sac en plastique et rajoutent par-dessus un kilo de glace, et ça passe ou ça casse : mot d'ordre de tout un peuple.

* * *

Au détour d'un chemin, alors que je baguenaude près du lac, j'aperçois une Lada blanche parée, sur l'aile arrière gauche, d'un grand autocollant sur lequel on peut lire *My life, my rules*. En français : « Ma vie, mes règles. »

Jénia et Anastasia occupent l'habitacle.

Une croix orthodoxe orne le torse nu du premier, doté de pectoraux de boxeur. Deux miroirs gris-bleu se détachent sur son visage ultraslave planté de cheveux blonds. Il porte un jogging Adidas. La seconde n'a qu'un bikini sur la peau, armure peu encombrante et assortie à son teint hâlé de haut en bas, mettant en valeur des formes ensorcelantes. Une épingle à nourrice dorée émerge de son nombril. Ses cheveux rouges, coiffés en carré à frange, encadrent des yeux émeraude de tueuse à gages. Jénia et Anastasia, Bonnie et Clyde postsoviétiques, forment un tandem d'une beauté stupéfiante. Je les photographie. Anastasia déroule spontanément des poses lascives au volant de la Lada. Elle tend ses fesses et se cambre alors que Jénia, accolé à la voiture, arbore un sourire satisfait. Il semble dire : « Elle est top, ma copine, hein ? »

Comment penser l'inverse ?

Je reprends la route avec le sentiment d'avoir eu affaire à une apparition. Elle, érotique. Lui, slave. La Lada, les bouleaux en arrière-plan, le slogan libertaire. S'agit-il de figurants placés sur ma route pour signifier que la Russie, impatiente et taquine, m'attend ? Ces deux-là étaient tellement inattendus, tellement russes, tellement beaux, que je me demande s'ils n'ont pas été missionnés par la production pour apparaître à cet endroit.

Je gravis la montagne qui surplombe le lac. Le paysage change en fonction des paliers. Je passe à travers des pinèdes, des clairières et des maquis. Au sommet, les circonvolutions azur se dévoilent à 180 degrés, fendues par la crête sur laquelle je me trouve. L'eau et les montagnes s'étendent aussi loin qu'on puisse voir. Certains bras abritent des méandres envahis de roseaux dont le vert contraste avec le jaune des reliefs. C'est stupéfiant. C'est le Kazakhstan : il se mérite mais, quand vous parvenez à destination, dans ces outre-mondes oubliés de l'industrie touristique et parfois inconnus des Kazakhs eux-mêmes, il vous vient le sentiment que le mot « chanceux » ne suffit pas.

* * *

Le béret de marin fait partie des classiques de l'été russe. Enfants, adultes, vieillards : personne n'échappe à cette surprenante mode. Sergueï, que je rencontre à la terrasse de l'unique bar d'Aïouda, arbore un béret de marin. Avec son short de plagiste et ses claquettes, il ressemble à n'importe quel vacancier alentour.

Mais il n'est pas « n'importe quel vacancier alentour ».

J'ai à peine évoqué le thème de mes recherches qu'il déclare :

— D'une certaine façon, pour moi, Europe et Amérique ont perdu leur identité… Elles ont perdu ça, cette chose… quelque part en route. Je suis ukrainien. Je travaille au Kazakhstan depuis cinq ans, à Almaty et Astana. Quand je parle avec des Européens ou des Américains, je trouve qu'ils ne possèdent pas, tu sais, cette… sensibilité, que nous, les ex-Soviétiques, avons réussi à conserver. En Europe et aux États-Unis, tout est pragmatique. En Russie et en ex-URSS, la façon de comprendre le monde et de l'appréhender est différente. Avec les Russes, tu peux parler toute une nuit d'amour et du sens de la vie et… C'est particulier. C'est… électromagnétique. Tu voudrais le définir, mais c'est impossible. Tu ne peux pas « toucher » ça. Tu peux le sentir, le ressentir, mais pas le toucher.

Sans la nommer, c'est de l'« âme russe » dont parle Sergueï…

Paradoxe : Sergueï, pas encore quadragénaire, patron d'une société de services en informatique et doté de revenus très confortables, peut être considéré comme un fieffé capitaliste. Pourquoi, dès lors, passe-t-il ses vacances dans ce reliquat suranné du soviétisme balnéaire ? Parce qu'il entend chatouiller la carpe dans les eaux du lac et demeurer au calme, « loin du monde », affirme-t-il. Arrivé la veille, il est seul. Il effectue des repérages pour de futures parties de pêche en compagnie de son fils qui doit le rejoindre très prochainement. J'apprends que l'enfant sera accompagné d'une nourrice. Je tique :

— Tu payes une nourrice pendant tes vacances ?!

— Je veux profiter de mon fils, passer des bons moments, pêcher, aller en montagne… Mais faire la bouffe, laver les fringues, tous ces trucs, ça ne m'intéresse pas. Je peux payer quelqu'un, alors je paye quelqu'un.

* * *

À 21 heures, le fils de Marat (le capitaine du navire) et Natalia (son épouse) me signalent que le dîner est servi. Nous nous installons à l'extérieur, autour d'une petite table en bois dressée près du chalet de mes hôtes et entourée par des grappes de gosses – les trois enfants de Marat et Natalia, ainsi que d'autres marmots, cousins, amis ou neveux comme surgis des futaies alentour.

Un petit chien caresse mes mollets.

— C'est pas le nôtre, dit la jeune fille installée à mes côtés. Il était à des vacanciers. La dame est morte il y a trois jours…

— Ah…

— … Son mari l'a brûlée vive dans son chalet parce qu'elle ne voulait pas lui donner d'argent pour acheter de la vodka.

— Oh !

Je lui fais répéter. Elle confirme. Son père, qui a entendu notre conversation, acquiesce. Le drame se serait déroulé ici même, il y a une dizaine de jours. La femme, qui serait décédée à l'hôpital des suites de ses blessures, serait morte à cause de ce simple refus. Je commence à envisager l'existence d'une machination. Tout cela est-il réel ? Mes lecteurs, s'il s'en trouve un jour, ne me croiront pas ! Ils penseront que j'invente, que j'écris depuis la France et que ce trop-plein de vodka témoigne avant tout de mon déficit d'imagination. J'aimerais pour cette pauvre femme que ce soit le cas.

Sur la table, un succulent hachis accompagne des bouchées farcies au fromage. Marat remplit nos verres et nous trinquons. Chaque voisin de passage est invité à se joindre à nous. Je suis la curiosité du soir, l'un des tout premiers touristes non russes ayant posé ses valises à Aïouda.

— Comment tu trouves les gens ? me demande Marat, le capitaine du bateau.

— Tu veux dire, ici ?

— Non, partout. Comment tu as trouvé les gens, durant ton voyage ?

Je lui dis la vérité : le niveau d'hospitalité me sidère.

Des voisins armés de grandes canettes de bière s'installent alors à notre table.

La femme me regarde, éberluée.

— C'est très… exotique, dit-elle en me désignant, moi, le petit Français, avant de partir d'un grand rire.

Ni une ni deux, on m'envoie sur le terrain politique :

— Qu'est-ce que tu penses de Poutine ?

— Je comprends que de nombreux Russes soutiennent Poutine, mais…

Approbation générale.

— Et Nazarbaïev, qu'en pensez-vous ? dis-je.

Tout le monde autour de cette table semble apprécier, sinon vénérer, le président de la République kazakhe, élu et réélu avec des scores nord-coréens depuis 1990.

— Il nous a apporté la stabilité, le dynamisme économique…

— Mais pas la démocratie.

— Non, pas la démocratie.

Vu depuis nos rivages atlantiques, il peut sembler inconcevable que des individus éduqués n'aspirent pas à la démocratie prétendument « totale » et véritable. Mais à l'évidence, mes camarades n'en ont rien à cirer, de la démocratie totale. Tous ont connu l'Union soviétique et l'effondrement du rêve. Tous ont vécu les terribles années 1990. Tous songent à l'avenir de leurs marmots, à ce qu'ils leur donneront à manger demain, à comment ils paieront leur prochain plein d'essence, et espèrent que le pays demeurera en paix dans les prochaines années. Aucun d'entre eux n'appartient à la minorité de Kazakhs qui s'intéressent de près à la politique, encore moins aux quelques courageux, souvent persécutés, qui tentent de structurer une opposition au régime. Alors, la démocratie…

Nous trinquons à nouveau.

Marat revient du chalet avec une petite radio qu'il pose sur la table.

— Écoute, me dit-il.

Le transistor crache de vieilles rengaines antiaméricaines avec un crépitement de gramophone. Ce doit être une station kazakhe ou russe dont les programmateurs jouent la carte de la nostalgie version « Rideau de fer ».

Le voisin offre une nouvelle tournée de bière.

Seule une bougie nous éclaire. Les gosses rient dans l'air chaud du milieu d'été. Les effluves de pin embaument l'atmosphère. Le clapotement des eaux du lac, tout proche, répond aux crissements des insectes. Je suis en apesanteur.

* * *

Je passe la journée suivante à écrire sur l'unique table du chalet, que j'installe d'un côté ou de l'autre de la baraque en fonction de l'ombre. Le soir, je dîne à nouveau avec Natalia et les siens, cette fois à l'intérieur de leur demeure.

Cette famille paraît nimbée d'amour, comme si celui-ci s'écoulait en rivières souterraines dans les labyrinthes du cocon domestique, irriguant en circuit ouvert chaque membre du clan. Marat, Kazakh aux yeux bridés mais au visage européen et aux cheveux légèrement bouclés, bel homme, et Natalia, pure Russe blonde conservant dans son sourire et dans la beauté de sa peau la fraîcheur d'une jeune femme aérienne, ont donné naissance à des publicités vivantes pour le métissage. Leur aînée a hérité des yeux bridés de son père, mais sa peau est celle d'une Japonaise. Les deux garçons ont le teint hâlé du paternel et les cheveux blonds de leur mère. Leurs yeux pomme et ambre s'allient à leur chevelure or. Ils sont beaux, souriants, bien élevés.

Après le dessert, on me suggère une baignade nocturne dans le lac, comme le veut la tradition.

Tout le monde prend part aux ablutions, y compris la sœur de Marat, déjà âgée.

À nouveau, je m'endors avec un sentiment de béatitude.

* * *

Des ouvriers s'affairent autour d'un poteau électrique immergé à quelques dizaines de mètres de la rive du lac. Un des gars, perché à 5 mètres de hauteur en haut du tronc, tente de réparer quelque chose. Les câbles ont été décrochés. Plusieurs d'entre eux trempent dans l'eau. Au-dessous du grimpeur, deux protagonistes s'affairent dans la benne d'un camion soviétique couleur kaki. Tout l'arrière-train du véhicule est enfoncé dans le lac. On ne voit plus ses essieux ni même le pot d'échappement, mais le moteur reste allumé. De la fumée sort de l'eau. Le bahut est accroché par un câble à un autre camion dont les roues reposent sur la terre ferme.

Les ouvriers communiquent avec leur collègue installé en haut du poteau en hurlant. Parfois, ils lui jettent des outils. Périlleux lancers. Un autre larron, juché sur un pédalo (!) hors d'âge, tient une corde reliée au poteau. La manœuvre s'éternise. L'un des hommes monte finalement dans la cabine du camion amphibie. Il enclenche une vitesse et l'engin mugit. Les roues avant patinent. Une fumée épaisse entoure la machine, qui paraît en mesure de vaporiser toute l'eau du lac, éructe alors que des vagues heurtent bruyamment la carrosserie. La sortie semble impossible, mais le camion finit par s'échapper des flots. Le pilote quitte son poste, tout sourire. L'aide de camp descend de son pédalo.

Je me délecte de ce moment de grâce ex-soviétique depuis la terrasse de l'unique bar d'Aïouda, où j'ai retrouvé Sergueï, le pêcheur ukrainien à béret.

— Tu vois, dit Sergueï, hilare, y a pas ça en Europe… Ici, c'est normal.

Le pêcheur part commander des bières et trouve en chemin Sacha, qui s'installe à notre table.

Sacha, 25 ans, ouvrier à Öskemen, veut savoir ce que les Européens pensent des Russes.

— En ce moment, c'est pas le grand amour, dis-je.

L'opinion occidentale, qui d'avance méconnaît la Russie, a tendance à mépriser davantage encore ce pays et ses habitants depuis que la Crimée a rejoint le giron de Moscou et que l'Ukraine a été déstabilisée par son illustre cousine.

Sacha, en retour, affirme que les Américains ont fomenté la guerre en Ukraine.

Je suis journaliste. J'aime les faits. Je me bats au quotidien contre les demi-vérités, les rumeurs et les théories du complot. Au tout noir et au tout blanc, je préfère les nuances de gris. Aussi, je ne me peux m'empêcher de répliquer.

— C'est sans doute plus compliqué, dis-je. C'est le grand jeu international. Tous les États jouent aux échecs. La Russie joue aux échecs. Regarde l'Abkhazie, l'Ossétie… Poutine est intelligent. Il utilise le nationalisme et manipule l'opinion.

— D'ailleurs, renchérit Sergueï, Poutine pourrait très bien, un jour, envahir une partie du Kazakhstan…

— Pas avec un Nazarbaïev fort et allié de la Russie, dis-je.

— Non, pas maintenant, reprend Sergueï. Mais dans dix ans, quand Nazarbaïev sera mort… S'il y a une lutte pour la succession, des clans avec des pro-Russes, comme en Ukraine, Poutine peut très bien annexer le nord du Kazakhstan.

Sacha secoue la tête à la manière d'un amoureux transi qui viendrait de découvrir l'infidélité de sa dulcinée :

— Impossible !

En fait, le scénario de Sergueï, auquel je n'avais jamais songé, ne relève pas totalement de la science-fiction. Le nord du Kazakhstan est une antichambre russe, une sorte de Donbass d'Asie centrale peuplé de Slaves et de Kazakhs qui ne font pas toujours de distinction entre leur propre nation et la Russie. Le Kazakhstan, qui plus est, n'a pas le même statut que l'Ukraine, pays charnière dont une partie du peuple lorgne vers l'Europe et les États-Unis, qui eux-mêmes s'intéressent de près à tout ce qui s'y passe. Le Kazakhstan est un pré carré russe. La Chine furète dans le secteur, certes, mais Moscou mène la danse. Quel dirigeant occidental mettrait en branle le grand cirque diplomatique si la Russie plantait à nouveau son drapeau à Krasnodar ? Quels gauchistes indignés, à Londres ou Paris, manifesteraient sous les fenêtres des ambassades ? À bien y réfléchir, le nord du Kazakhstan pourrait devenir russe sans que cela suscite plus de réactions que la dernière frasque d'un minot de l'équipe de France de football.

* * *

Je ne dîne pas avec mes hôtes. Marat me fait savoir qu'il y a beaucoup d'invités, que la maison déborde et qu'en somme, je suis de trop. Il m'offre cependant un beshbarmak maison, comme pour s'excuser de ne pas pouvoir me recevoir…

— Tu as du pain ? dit-il.

— Oui, merci.

Et je désigne le quignon qu'il me reste.

— Mais non, tu n'as pas de pain ! Je reviens.

Le mouton bouilli du beshbarmak embaume mon loft. C'est pernicieux, le mouton : ça s'infiltre entre les dents, sous les draps… J'entends presque bêler à ma droite.

Marat est de retour. Sans pain (« il n'y en a plus »), mais avec une bouteille de vodka.

— Tu as des verres ?

Il sert deux portions dans des tasses et nous trinquons. Je prends cela comme une manière de dire : désolé, on t'offre le repas, certes, mais on ne peut pas t'accueillir à notre table ce soir et, en plus, je n'ai pas de pain à t'offrir. Alors buvons, au moins !

Il part en me laissant la bouteille.

— Merci, dis-je, mais prends-la avec toi. Je ne vais pas boire seul.

Je ne compte pas me saouler avec le troupeau de moutons qui s'apprête, par ailleurs, à passer la nuit à mes côtés.

* * *

L'aube meurt. Les roseaux dansent. Pureté du jour naissant sur l'Eurasie. Seul sur le pont du bateau, j'attends le départ vers l'autre rive.

Ce soir, demain peut-être, je serai en Russie. Je m'apprête à quitter Aïouda, un lieu que je ne reverrai probablement jamais. Une tristesse m'étreint, celle-là même qu'on ressent, enfant, lorsqu'on laisse derrière soi une colonie de vacances après quinze jours passés entre mômes, quand les amitiés se forgent et qu'il faut interrompre leur maturation pour les abandonner au souvenir. Une agréable mélancolie m'accompagne tout au long de la traversée alors que le navire pétarade sur la mer sans vagues.

Arrivé à destination, je grimpe dans la camionnette d'un livreur de pain qui me dépose à Nouvelle-Boukhtarma, où je prends un autocar pour Öskemen. En milieu de journée, j'emprunte un autre bus, direction Chemonaïkha, à quelques encablures de la frontière russe. Dehors, le tournesol épouse les ondulations des collines alors que les restes du blé déjà moissonné rôtissent sur la plaine. Ce n'est plus la steppe kazakhe, mais ce n'est pas encore la Sibérie. Quoique : l'extrémité méridionale du colosse meurt dans les parages. C'est un peu l'Altaï, aussi, puisque ses derniers mamelons tentent çà et là de conjurer l'horizontalité du haut de leurs 600 mètres. Ailleurs, partout, l'openfield étale sa grandeur à rendre fous les géomètres. Les agriculteurs s'affairent dans des parcelles aux dimensions continentales, entourées de haies démesurées. Les talus qui séparent les champs correspondent à ce qu'on appellerait, en France, des bois.

À Chemonaïkha, alors que le jour décline, je prends un taxi pour la frontière.

Je suis excité comme un petit chiot.

X

Un peu plus près du pôle Nord

Je rêvais. J'imaginais un bâtiment monumental bardé de symboles nationaux, quelque chose qui vous écrase et vous dit : « Ici, les gars, c'est la Russie. » Je pensais trouver une ruche de commerçants et de migrants, comme en Asie centrale, mais j'ai calqué mes souvenirs kirghizes sur une autre réalité : celle de l'immensité sibérienne.

L'Empire a trop de frontières pour bichonner chaque portail. Et celui-ci, baptisé Mikhaïlovka, est un accès mineur, une porte dérobée dans l'immense Russie, ou plutôt une chatière, un petit clapet. À Mikhaïlovka, seul un drapeau russe perché sur un piquet signale qu'on n'entre pas aux îles Vierges ni au Cambodge.

Je pénètre dans le plus grand pays du monde par un trou d'épingle ! Mon inconscient avait échafaudé autre chose. Il pensait qu'on lui chanterait des airs traditionnels, peut-être, et qu'il y aurait des vendeuses de framboises aux décolletés plus vertigineux que les Piliers de la Lena. Mais Svetlana ne m'attend pas, ni aucune de ses plantureuses amies. Non.

Seul Oleg m'attend, ce qui est déjà pas mal.

Trois kilomètres séparent le poste kazakh de son équivalent russe. J'ai à peine le temps de me décider à entamer une marche qu'Oleg, qui vient de déposer des amis côté kazakh et repart vers la Russie, se propose de m'emmener en voiture. J'accepte.

Mon chauffeur passe au contrôle avant moi. Je ne lui ai rien demandé, mais il m'attend de l'autre côté et offre à nouveau de me prendre en stop.

— Si tu veux, je t'emmène jusqu'à Kouria.

Je ne sais pas où se trouve Kouria, mais ça ne peut que me rapprocher de Barnaoul, mon objectif. Je n'ai aucun plan pour la soirée, nulle part où dormir, pas un rouble en poche, alors pourquoi ne pas aller à Kouria ? Là-bas ou ailleurs…

Je monte en voiture et j'admire le spectacle qui se joue au dehors alors que nous filons vers le nord. Le paysage change, ou bien est-ce moi qui, transporté par l'euphorie de mon arrivée en Russie, le modifie mentalement ? Le soleil colore l'univers en jaune paille. Le crépuscule a des allures d'aube. La pluie est tombée récemment, humidifiant l'asphalte et renforçant les odeurs. L'herbe haute et les meules immobiles dégagent un parfum de juin. Les pylônes qui se suivent jusqu'aux extrémités de la plaine – loin, très loin – tracent des perspectives comme des jalons sur les champs de tournesol, de blé, d'avoine ou de seigle, et sur les terres noires fraîchement labourées. Le premier village que nous traversons est presque trop russe pour être vrai. Un side-car nous croise en sens inverse. Un cimetière orthodoxe envahi d'herbes jouxte une église multicolore aux dimensions de chapelle et aux parois en tôle. Des babouchkas coiffées de fichus s'affairent dans leurs potagers. Un reliquat de ferronnerie faucille-et-marteau dépérit devant un hangar. Côté est, la chaîne de Kolivanski soulève des amoncellements de roches jusqu'à plus de 1 000 mètres. Des rivières coupent les villages. À l'ouest scintille un lac colossal, le Goulievskoïe, en fait une simple poche dans la rivière Aleï, qui nourrit le géant Ob 300 kilomètres plus au nord, lui-même se mariant à l'Arctique après 3 000 kilomètres de chevauchée à travers la Sibérie centrale.

Devant moi se trouve la plus vaste étendue de terres au monde. Quatre systèmes naturels étagés jusqu'à la toundra, des centaines de millions d'hectares de champs, de marais, de montagne, de taïga vierge.

Vertige.

C'est terrifiant de beauté. Cela m'inonde comme l'odeur des pins, quatre ans plus tôt, lors de mon arrivée à l'aéroport d'Irkoutsk. C'était mon premier voyage en Russie. À peine avais-je posé les pieds sur le tarmac que cet arôme, le parfum de la taïga, me grisait. La Sibérie me contaminait. Je me confrontais pour la première fois à une notion viscéralement russe : l'immensité, partie intégrante de la chair, de l'histoire et du quotidien des gens d'ici.

La Sibérie était – et demeure – un Far West russe. Un *Far East*, donc. L'histoire de son exploration, presque inconnue en Occident, comporte assez d'épopées, de drames et d'anecdotes pour inspirer un million de films d'aventure. Mais Hollywood se trouve aux États-Unis d'Amérique et les cinéastes n'ont pas puisé dans ce réservoir pour nourrir leurs scénarios. Notre imaginaire grouille de renégats évoluant dans les déserts d'Arizona et de justiciers chevauchant dans les grandes plaines. Mais qui sait que des géographes, naturalistes, mercenaires, trappeurs et brigands s'aventurèrent, à partir du XVIe siècle, avec des moyens rudimentaires, en remontant des fleuves gigantesques, à travers la taïga et les marais infestés de moustiques, royaumes de l'ours et du loup, par 40 °C au-dessous ou au-dessus de zéro, à plusieurs milliers de kilomètres du village le plus proche, et qu'ils y rencontrèrent des peuples qu'ils affrontèrent et soumirent, que des chefs ennemis fomentèrent des vengeances, que l'on pilla, s'étripa et fraternisa durant des siècles, avec comme décor les espaces les plus vastes et les moins densément peuplés au monde ?

* * *

Oleg me dépose à Kouria alors que la nuit tombe. Je m'installe dans un petit hôtel où la réceptionniste me cajole et où tout le monde – trois clients – se montre prévenant. On dirait que le peuple russe, depuis mon arrivée, s'est mis d'accord pour faire en sorte que je me sente partout comme à la maison.

De passage à l'hôtel, un fermier kirghiz installé en Russie se propose de m'emmener chez lui et de me faire visiter son exploitation. Bon Dieu ! c'est gentil, l'ami, mais je viens d'arriver, j'ai passé une journée dans six véhicules différents par 30 °C et je dégage une odeur d'épagneul.

Je décline son offre.

Un client m'aborde alors que je discute avec la réceptionniste.

— Qu'est-ce que tu fais en Russie ?

— J'écris un livre sur la vodka… et…

Il me prend par le bras :

— La vodka ? Ahhhhh ! Viens, viens, on va boire !

Youra m'installe dans la cuisine de l'hôtel, où il n'y a que lui et une bouteille de Bielotchka dont le contenu, allez savoir pourquoi, est vert fluo. Il me tend une rioumka. Nous n'avons pas encore trinqué qu'il me parle d'une comédie russe qu'il faut « absolument » que je voie, un film populaire apparemment culte qui dépeint à grand renfort d'humour gras le rapport des Russes à l'alcool.

C'est alors qu'une grand-mère édentée, au dos voûté, à la démarche ralentie et dont les rides forment comme les replis d'un chêne centenaire, apparaît dans la cuisine. Elle entend mon camarade évoquer ce fameux film, interrompt sa vaisselle et entame une longue déclamation avec la voix majestueuse des vieillards que l'approche de la mort rend insensibles à toute vanité.

La psalmodie dure deux, peut-être trois minutes. J'ouvre grand les oreilles, incrédule. Je ne comprends pas ce qu'elle dit. Est-elle folle ? Sénile ? Elle finit par s'arrêter puis quitte la cuisine dans son élan, sans attendre que l'on commente sa prestation, qu'on la remercie ou que l'un de nous exige des explications.

— C'était quoi ?!, dis-je.

— De la littérature ! répond Youra. Du Pouchkine.

Du Pouchkine… Cette vieille femme, voyant qu'un de ses congénères conversait avec un étranger, nous a déclamé du Pouchkine avec sa voix de vestale.

Je reçois toutes ces attentions comme autant de cadeaux de bienvenue.

XI

Interlude

Barnaoul, où j'arrive après cinq heures de trajet en bus à travers une Beauce tapissée de champs que l'on moissonne en trois, peut-être quatre jours, en enfilade sur 300 kilomètres, est une capitale régionale plutôt charmante et plutôt dynamique, industrieuse mais arborée et « vivable » si l'on compare son atmosphère et l'encombrement de ses grands axes à ceux de certaines cités ex-soviétiques beaucoup plus oppressantes.

À l'écart du centre, je trouve un hôtel bon marché dissimulé entre des barres d'immeubles. Non loin, devant un petit garage en tôle, je repère deux hommes et une femme occupés à un festin de rue. Je pars à leur rencontre. Très vite, ils m'intiment de participer aux agapes.

Dans le garage (un simple box posé au pied des immeubles) se trouve une voiture garée nez vers l'avant. Vladimir est assis sur un tabouret au niveau du coffre, devant une table de fortune sur laquelle reposent en vrac des gobelets, trois verres à vodka en plastique, une boîte de conserve déflorée et des paquets de clopes. Il s'agit, en somme, d'un chantier éthylique tout ce qu'il y a de plus « normal ».

Natalia occupe un banc amoché, côté gauche. Alekseï virevolte sur et autour d'une antique chaise en bois alors que l'autoradio crache de la techno-musette russe. Les trois condisciples sont installés là comme dans leur salon, meuglant tous poumons dehors. Ces gens boivent et jasent en fait au bord d'une rue, en pleine ville, en plein après-midi, et c'est comme si le monde alentour n'avait pas de prise sur eux, qu'il n'existât même pas et qu'il n'y eût qu'eux dans l'univers – trois humains envoûtés.

Vladimir, Natalia et Alekseï ne sont pas saouls. Ils sont bouillis. Satellisés.

Je m'assois à côté de Natalia, une quadragénaire qui-en-a-vu, à la peau de fumeuse et à l'allure de rockeuse sur le retour. Elle a conservé une ligne de jeune femme, mais ses seins encadrés dans un décolleté des plus tentateurs ont perdu de leur superbe : ils sont ceux, un peu fatigués, d'une femme de son âge. Natalia et moi sommes collés l'un à l'autre sur le banc minuscule. Elle me serre contre elle et me prend par les bras. Son haleine sent le poisson, conséquence probable de l'absorption du contenu de la boîte de conserve éventrée non loin.

Vladimir, un chauve tatoué à la carrure d'ancien boxeur, est aussi ivre que ses amis mais paraît plus en phase avec le réel. Sa situation dans le tableau – au centre, au plus près du coffre de la voiture, avec une vue complète sur la rue – renforce son apparente supériorité au sein du groupe. Ses yeux noirs lui font un regard redoutable sous sa calvitie.

Il me remplit une rioumka. Nous trinquons, buvons et épongeons la vodka à coup de cornichons.

Natalia s'enflamme et m'explique que l'Altaï, où je dois me rendre dans les prochains jours, c'est magnifique. Elle tente de me décrire un endroit que je dois « absolument » visiter, mais la communication s'avère difficile. Elle avale ses mots et m'ensorcelle avec son haleine océanique. Alekseï, dans le même temps, me déclare sa flamme :

— On est des frères… des amis ! T'es mon frère, toi. Je t'aime parce que t'es mon frère !

Je sors ma carte de la région afin de faciliter les échanges avec Natalia, qui veut à tout prix que je comprenne pourquoi il faut que j'aille là, parce que là, à tel endroit, si je prends la troisième route à gauche après telle ville du trou du cul de l'Altaï…

Je demande :

— C'est en quel honneur, tout ça ?

— On ne travaille pas aujourd'hui, explique Vladimir. Alors on prend du bon temps ! On boit. On se détend.

— Et… tu travailles où ?

— Hmmm… Je fais du business…

— Quoi, comme business ?

— Hmmm.

Il sourit et j'acquiesce. Vladimir vend de la drogue, ou peut-être des armes, ou bien simplement des vêtements de contrebande, ou quelque chose d'autre lié à des activités probablement illégales.

— Combien de bouteilles vous avez bues aujourd'hui ? dis-je. Deux, trois ?

Vladimir plante ses yeux noirs dans les miens.

— Cinq !

— Cinq bouteilles ! À trois ?

— Oui !

Je comprends mieux.

Alekseï, brinquebalant, renverse alors sa chaise. Il tombe. Il saisit l'objet, délesté d'un de ses pieds, et le fracasse contre terre puis balance les restes par-dessus le garage. Un vacarme métallique résonne entre les immeubles mais personne ne bronche – puisqu'on vous dit que tout est normal. Les rires éclatent en arômes de poisson. Alekseï, clairement le plus alcoolisé des trois, a l'humeur joyeuse, mais aussi le besoin d'évacuer un trop-plein de nervosité. Il balance un coup de poing façon combat de rue dans la porte en métal du garage, qui tremble alors que Natalia tournicote et vacille. Alexeï la prend dans ses bras, la bécote et fait de même avec moi. Il répète :

— T'es mon frère. T'es mon ami. Demain… si tu veux… tu viens chez nous (que recouvre ce « nous » ?), on te fait à manger. Pas de problème !

Alekseï et Natalia improvisent une valse alors que Vladimir, le chef de clan, demeure impassible sur sa chaise, comme dans un fauteuil de cinéma. Il prend finalement Natalia sur ses genoux et la caresse. Je ne sais pas si elle est son épouse – il me dit que non –, sa maîtresse, une de ses « employées » ou bien tout cela à la fois. J'imagine qu'elle et Alekseï travaillent pour Vladimir, lui comme homme de main – il donne un nouveau coup de poing dans la tôle –, elle comme prostituée ou maquerelle, ou comptable, ou que sais-je.

— Tu veux boire ? dit Alekseï.

La bouteille de vodka est terminée et, pour tout dire, cela m'arrange bien.

Alekseï se rend sur ces entrefaites au magasin le plus proche et revient avec un litre et demi de bière. Il nous sert puis renverse le contenu de la bouteille et appuie d'un coup sur le plastique. La bière mousse et forme un jet qui arrose la table ainsi que Natalia, qui ne tarde pas à se venger en aspergeant Alekseï avec le jus du bocal de cornichons dont l'odeur se mêle à celle du poisson.

Alekseï m'enlace encore.

Tout cela se déroule sous le regard de badauds indifférents ou consternés et la sauterie s'achève alors que Natalia annonce qu'elle s'en va. Alekseï la suit, non sans m'avoir à nouveau enlacé et répété qu'on est « des amis ».

— C'est un mec bien, dit Vladimir, impassible. Vraiment bien. Il est encore jeune. Je le fais « monter ».

Je comprends qu'il le fait grimper dans la hiérarchie de son organisation.

Je rejoins mon hôtel situé 100 mètres plus loin.

XII

La chasse à l'ours

Je me suis embourbé.

Je suis à Barnaoul depuis… Trois, quatre, cinq jours ? Je ne sais plus. J'ai sombré dans les affres du quotidien. J'avais besoin de temps pour effectuer diverses tâches logistiques avant l'arrivée de Romain. J'aurais pu tout boucler en deux jours, mais j'ai dilué le plaisir.

Un matin, je me décide à migrer vers la campagne. Mais où aller ? Je n'ai que deux jours devant moi et je ne veux pas entamer la descente vers l'Altaï. Il me reste donc… tout le reste, soit quelques millions d'hectares de plaine autour de Barnaoul, des centaines de villages énigmatiques – seulement des points sur ma carte – nécessitant, pour s'y rendre, de une à vingt heures de route. Lequel choisir ? Je croupis dans un cloaque de réflexions vaines, comme encerclé par mille Rubicon.

J'opte finalement pour Kalmanka. Le village ne se trouve qu'à une cinquantaine de kilomètres de Barnaoul. Surtout, il borde le fleuve Ob, où j'espère trouver des pêcheurs, des baigneurs, des thanatopracteurs, une boulangère, peu importe, des gens.

J'emporte avec moi le minimum vital et monte dans un autobus en direction du sud, avec dans l'idée de passer deux jours sur place si je parviens à me faire inviter.

Kalmanka n'est pas vraiment une ville, ni un village. C'est un entre-deux comptant quelques milliers d'habitants, des écoles, une statue de Lénine, une église campagnarde construite après la chute de l'URSS et des maisons en bois aux volets multicolores disséminées de façon anarchique autour de quatre ou cinq axes principaux, jadis des chemins de terre, aujourd'hui des routes mourant dans des prairies. Comme partout ailleurs en Russie, la cité s'organise selon une logique d'étalement et non de densification.

Contrairement aux Européens, habitués à composer avec une relative exiguïté, un peu coincés à trois cents millions dans leur bout de terrain à l'orée du continent, et donc légitimement préoccupés par le grignotage des terres au profit de l'urbanisation, les Russes semblent mus par une logique d'occupation maximale de l'espace. Comme si cela réduisait l'impression d'immensité ; comme si, pour ne pas se faire dévorer par la vastitude, il fallait jalonner le plus de mètres carrés possible. Entreprise probablement vaine, car le pays demeurera éternellement « trop grand », quoi qu'il advienne. L'historien russe Evgueni Chmourlo écrivait à ce propos : « L'immense étendue de bois et de steppe, les territoires sans bornes, ont contribué à conférer à la psychologie du peuple russe ce pli caractéristique [...] Cette “âme” renferme des traits opposés : nous y découvrons le penchant à l'anarchie à côté de la soumission la plus aveugle ; l'audace et la témérité à côté d'un morne abattement. La bête humaine y loge à côté du principe divin. »

La géographie influe-t-elle sur le tempérament des hommes ? Beaucoup d'écrivains et scientifiques se sont penchés sur la question, accouchant de théories fumeuses sur la prétendue supériorité de telle ou telle « race » bénéficiant d'une météo clémente. Je tâche de considérer ces théories avec défiance, mais je pense cependant qu'à l'inverse, il est hasardeux de laisser de côté le climat, la topographie et les paysages lorsqu'on cherche à identifier les ressorts inconscients d'une nation. Il me semble aussi qu'on ne peut comprendre la Russie et ses habitants sans avoir ressenti ce double sentiment – liberté totale et impuissance totale – qui vous étreint lorsque vous parcourez ses plaines et ses montagnes.

J'espère atteindre la rive de l'Ob, située selon ma carte à 3 ou 4 kilomètres du centre de Kalmanka. Je marche en direction de l'est jusqu'à l'extrémité de la route principale, puis sur un chemin agricole. Un grand cours d'eau barre ma route côté nord. Il se jette dans un autre, orienté sud-nord, plus large et tout aussi infranchissable. Il ne s'agit pas de l'Ob mais d'un de ses affluents qui entoure des prairies humides et se contorsionne en méandres labyrinthiques. Je longe la rive, perplexe, avant de me rendre à l'évidence : je ne sais pas comment atteindre mon objectif.

À 2 000 kilomètres de son embouchure, l'Ob est déjà un géant bordé de rivières comme des réseaux de nerfs et enserré dans un puzzle de bois et de marais. J'ai été naïf. J'ai cru partir en escapade sur les bords de Loire alors que je m'aventurais auprès du septième plus grand fleuve au monde, sans carte topographique, comme un marcheur du dimanche prévoyant de se repérer grâce aux écriteaux de la fédération départementale de randonnée. Je dois reconnaître ma petitesse et mon arrogance, mon insouciance façon Grand Blond. Je suis un Pierre Richard de Sibérie, déposé en autobus au milieu de la jungle.

Je regagne le village que j'atteins après avoir longé un champ de cannabis sauvage. C'est un samedi d'août plutôt morne. J'erre durant près de deux heures avec les clébards du cru pour uniques camarades, j'admire les maisons sibériennes et leurs huisseries ouvragées, et je renifle des odeurs de barbecue mais personne ne m'invite. Dans un magasin, je fais l'acquisition d'une bière et de deux pains fourrés à la saucisse.

Maxim, apiculteur à Kalmanka, tue le temps devant l'échoppe.

— Putain, qu'est-ce que tu fais ici ? dit-il. Pourquoi à Kalmanka ? Mais pourquoi ?

La question s'avère à la fois pertinente et glaçante, bien que je feigne la nonchalance :

— Et pourquoi pas ? C'est bien, ici. J'aime la Sibérie !

— Mais il n'y a RIEN à faire ici.

— Justement. C'est ce qui m'intéresse.

— Mais tu viens de France. Pourquoi ici ? Pourquoi en Sibérie ?

Et nous entrechoquons nos bouteilles de bière sur le parvis herbeux.

— Comment tu te déplaces ? T'as une voiture ?

— Je suis venu en bus.

Il pouffe.

— En plus ! T'iras nulle part à pied ici. T'as pas de voiture ? Il te faut une voiture. Achète une Jigouli, ça coûte rien.

— Combien ?

— Tu peux avoir une Lada pour 1 000 roubles.

C'est-à-dire moins de 20 euros, ce qui me paraît absolument irréel. Soit j'ai mal compris, soit Maxim exagère la non-valeur des Lada.

— Tu devras la réparer, mais bon…

Mais bon, je n'ai pas plus de connaissance en mécanique qu'en cuisine moléculaire et je n'ai pas le temps, ni l'envie, de chercher une voiture d'occasion, de vérifier son fonctionnement, de m'acquitter des formalités…

Je pourrais traîner encore dans ce village mais j'ai le sentiment que rien n'adviendra et que je finirai par coucher dehors, sous une grange, en attendant le bus du lendemain.

Je regagne Barnaoul.

* * *

Je n'ai pas vu l'Ob hier, je le verrai aujourd'hui.

Le fleuve, large et trapu, borde la ville au nord-est. Ses eaux, qui foncent avec la sérénité des voyageurs certains de parvenir à destination, lèchent des plages où vaquent promeneurs et baigneurs. Des barges de tourisme et des bateaux de pêche mouillent près de la capitainerie, artefact soviétique en forme de vaisseau spatial, dont le premier étage est occupé, nous-sommes-bien-en-Russie-tout-est-normal, par un café-discothèque déglingué dominant une esplanade constellée d'échoppes de loisirs à-la-russe (tir à la carabine, etc.).

Je longe le fleuve vers l'amont auprès de femmes en maillot de bain, de pêcheurs torse nu et de familles occupées à leur pique-nique. Sous une frondaison, deux hommes sont installés autour d'une table improvisée sur laquelle j'aperçois des petits verres caractéristiques.

— Je peux vous prendre en photo ?

— Non, non… Pourquoi ?

— Je suis français. J'écris un livre sur la vodka.

Bougonnements dans l'assistance.

— Mais pourquoi la vodka ?! Nous, les Russes, on nous voit toujours comme des sauvages alcooliques. C'est toujours comme ça dans vos journaux, en Occident. Regarde-nous : on a l'air de sauvages ?

C'est tout l'inverse. Sergueï et Vladimir, cheveux blancs, carrure solide, ont l'air de grands-pères bienveillants.

— On boit de la vodka, dit Sergueï. Mais regarde : on est tranquilles, on fait pas de bordel. C'est dimanche. On se repose et on prend du bon temps. Est-ce qu'on est des sauvages ?

— *Niet*…

— Alors, pourquoi t'écris sur la vodka ?

Je bredouille des explications qui ne convainquent ni l'un ni l'autre et je m'attends à ce que les deux amis m'éconduisent.

Je me trompe.

— Bon, on boit un coup ? lance Sergueï.

Formidable imprévisibilité slave !

Et nous trinquons à l'amitié franco-russe, et nous mangeons du pain et du concombre trempé dans le sel, et nous admirons la course du fleuve.

Sergueï, 62 ans, retraité depuis peu, travaillait avec Vladimir comme technicien dans une usine métallurgique de Barnaoul. Il n'est pas saoul, mais joyeusement prolixe et désireux de me transmettre son point de vue, qu'il ressasse à grand renfort d'hyperboles :

— Regarde, regarde comme c'est beau !

Il désigne l'Ob et ses rives boisées.

— Dis aux gens que c'est beau ici. Pourquoi on présente toujours les Russes comme des gens qui boivent et qui vivent avec les ours ? T'as vu des ours ici ?

— Non, bien sûr.

— Ici, c'est la civilisation. Il y a des gens qui vivent, qui travaillent. Tiens, prends votre Depardieu, il est devenu russe ! Dis aux gens que la Russie, c'est super. Dis la vérité en Europe, en Amérique. On vit en paix. On est peinards. La politique, nous, on s'en fout !

— Et Moscou, c'est loin ! dis-je.

Ils rient.

— Oh oui, Moscou, c'est loin… reprend Sergueï.

Deux mille neuf cent trente et un kilomètres à vol d'oiseau, précisément.

« Le bon Dieu est placé bien haut, le tsar est placé bien loin », dit un vieux dicton russe. Une façon imagée d'expliquer qu'au milieu de la taïga, de la steppe ou de la grande plaine, dans les montagnes de la Kolyma ou dans les déserts kalmouks, les pouvoirs quels qu'ils soient ont très peu de prise sur les individus. Tout simplement parce que les pouvoirs sont loin.

Un hors-bord fonce sur le fleuve. Sur le pont, deux filles en bikini, gilet de sauvetage autour du cou, se trémoussent au son d'une techno russe.

— Si tu veux, je te fais visiter la ville, dit Sergueï. D'accord ?

Je n'ai rien à l'agenda pour le reste de la journée, aussi j'accepte et nous partons en direction du centre. En chemin, Sergueï s'arrête pour discuter avec des pêcheurs.

— C'est un Français, dit-il. Un écrivain ! Montrez-lui vos poissons.

Dont acte, et nous posons pour la photo-souvenir, moi, les Slaves torse nu et la carpe exfiltrée de sa bourriche. Plus loin, Sergueï aperçoit un groupe de femmes bullant sur la rive. Il les aborde et leur présente, pas peu fier, « son » Français. Rita et ses amies sont des dames, des dames comme il existe des messieurs. Elles sont distinguées et cultivées, ce ne sont pas des prolétaires, pas non plus des oligarques ou « épouses de », plutôt des hauts fonctionnaires ou des universitaires. Elles se retrouvent le dimanche pour nager dans l'Ob en cabotant sur de longues distances d'amont en aval. Rita, parfaitement anglophone, déclare :

— La vodka n'est pas la meilleure porte d'entrée pour comprendre la société russe contemporaine. Les choses ont changé, les gens travaillent beaucoup. La vodka était un élément clé de la société soviétique, mais son importance tend à diminuer.

Sergueï, hélas, ne me laisse pas le loisir de gloser avec ma nouvelle camarade, dont j'approuve l'analyse.

— Faut y aller ! dit-il. Je te fais visiter la ville.

Nous remontons la rue Lenina en passant devant le monastère Znamenski, puis sur le pont qui enjambe la rivière Barnaoulka et près de bâtiments néoclassiques qui constituent, avec les bâtisses sibériennes en bois, un contrepoids de charme aux mastodontes constructivistes. Sergueï s'exclame :

— Regarde : c'est beau, c'est propre. On n'est pas en danger ici. T'as déjà été emmerdé par la police en Russie ? Non, alors ! Les gens sont normaux, sympas. Pourquoi on dit toujours que la Sibérie, c'est les ours, la neige et le goulag ?

Je propose de lui offrir un verre.

— Et si tu venais chez moi ? Tu verrais une vraie famille russe dans un vrai appartement russe. C'est important pour ton livre, ça !

Nous sautons dans un bus qui nous dépose dans une banlieue sibérienne ni cossue ni miteuse, constituée de barres entourées de jardins et de maisons en bois. Sergueï habite dans un deux-pièces de 50 mètres carrés sans prétention mais refait à neuf, au rez-de-chaussée d'un immeuble soviétique comme le pays en compte tant.

— Svet, je ne suis pas seul, dit-il à son épouse alors que nous pénétrons dans l'appartement.

Svetlana, professeure de mathématiques au collège, se montre d'abord méfiante et peu loquace. À l'évidence, elle n'est pas franchement ravie que son mari trimbale dans ses bagages, un dimanche à 17 heures, un Français prétendument écrivain ramassé sur une rive de l'Ob.

Sergeï m'installe dans le salon et me sert de la bière. Svetlana nous amène une soupe, du fromage, du pain et des assiettes de poisson. Sans trop attendre, Sergueï décrète que cette collation mérite qu'on lui adjoigne une bouteille de vodka, qu'il part acheter sur-le-champ. Il refuse bien entendu que je participe aux frais.

En l'absence de Sergueï, je fais connaissance avec Svet, qui comprend peu à peu que je ne suis pas un voyou. Elle évoque son quotidien d'enseignante, « de plus en plus difficile ».

— Les enfants sont trop gâtés, me confie-t-elle. Ils manquent de repères.

Il n'y a donc pas qu'en France que les profs affrontent au quotidien des monstres hyperstimulés et rétifs à l'autorité… Svet a-t-elle aimé son travail un jour ? À l'évidence, elle ne l'aime plus. Son visage est celui d'une femme lasse, en manque de rêves. La retraite l'attend, et inversement.

Les deux enfants du couple ont quitté le nid. Seule la mère de Sergueï vit à leurs côtés. Je l'ai aperçue quand il m'a fait visiter les lieux ; la grand-mère était allongée sur un lit, seule, immobile, silencieuse, dans l'unique chambre de l'appartement.

Retour de Sergueï, sourire aux lèvres et bouteille sous le bras. Dans le salon où nous prenons place, la télévision diffuse les informations en continu de Rossia 24. Le ministre des Affaires étrangères apparaît sur l'écran.

Je les interroge :

— Qu'est-ce que vous pensez de la situation en Ukraine ?

— C'est triste. Très triste… On est solidaires, car c'est la nation russe. Ce sont nos frères, tu sais ?! On ne veut pas la guerre. On veut la paix.

Cette guerre ne réjouit personne, à l'évidence. Tous les Russes avec qui j'ai évoqué le sujet semblent affectés. Paradoxe : le pouvoir russe tire les ficelles ukrainiennes, envoie des barbouzes dans l'Est et souffle sur les braises ; le peuple russe ne souhaite pas la guerre… mais une part non négligeable de l'opinion salue l'action de Poutine.

— Mais des soldats russes sont en Ukraine ! dis-je. La Russie fait la guerre là-bas…

— N'importe quoi, dit Sergueï. Il n'y a pas de soldats russes en Ukraine.

Les médias occidentaux m'affirment que Poutine envoie des soldats/agents/mercenaires dans le Donbass. Les médias russes affirment à Sergueï et Svet que la Russie ne s'ingère pas militairement dans le conflit et que les Américains, entichés de leurs vassaux européens, déstabilisent l'Ukraine pour protéger leurs intérêts et « baiser » la Russie.

Nous trinquons « à la paix ».

Qui a raison ? Moi, ou eux ?

Sergueï nous ressert à boire.

— J'ai des amis journalistes en Ukraine, dis-je. Ils couvrent la guerre. Ils ont rencontré des militaires russes près du front. Pas des soldats officiels, mais des Russes, c'est sûr. Alors, il y a bien des Russes !

Je marque un point, mais mon avance au score ne dure que quelques instants.

— Non, c'est pas possible, s'insurge mon hôte. Il n'y a pas de soldats russes en Ukraine. Et que ferait la Russie en Ukraine ? demande Sergueï.

— Poutine « joue », dis-je. Il fait de la politique. Il affirme la puissance russe, renforce son pouvoir et sa popularité. Il fait ce que font les empereurs.

— Mais la Russie n'est pas un empire ! ajoute-t-il sans trop croire à son propre discours.

Je n'ai pas besoin de beaucoup argumenter : mes hôtes savent et ne peuvent démentir que la Russie, quelle que soit son appellation officielle – République, Fédération… – est d'une certaine façon un empire, au moins au sens d'agrégat de peuples et de territoires.

Nouveau remplissage des verres.

— *Na passachok* ! dis-je, car je sens que notre apérogéopolitique pourrait avoir raison de la bouteille.

Soit, en substance : « Un dernier pour la route ! »

— La France aussi a été un empire. Vous aviez des colonies, dit Svet.

Et d'évoquer les attentats du 7 janvier 2015, à Paris, quand plusieurs journalistes de *Charlie Hebdo*, entre autres victimes, ont été définitivement rappelés à l'ordre par une poignée de clowns amateurs de jeux vidéo et de Mahomet.

— Vos caricatures, c'est mal, dit Svet.

— Attends, qu'est-ce qui est mal ? La caricature ou le terrorisme ?

— Il n'y aurait pas eu d'attentats s'il n'y avait pas de caricatures.

Sergueï approuve :

— Qu'est-ce que c'est que cette habitude de se moquer de Dieu ? C'est pas du respect.

— Mais c'est notre histoire. Ça marche comme ça, en France. C'est notre démocratie. La plupart des musulmans et des chrétiens français acceptent le droit à la caricature. Et ils le défendent.

Rien à faire. Mes compagnons ne me comprennent pas. Nous incarnons deux mondes, deux polarités de l'Eurasie buvant de la vodka dans un même canapé. On parle, on boit, on rit, on mange ensemble, mais une frontière conceptuelle nous sépare. Paradoxalement, je passe ici pour un rationaliste occidental pur et dur, alors que le rationalisme n'est pas ma tasse de thé. J'aime d'ailleurs la Russie parce que j'y trouve (pas tout le temps, ni partout, bien sûr) l'opposé de ce qui me déplaît en Occident – le matérialisme érigé en religion, la « normalisation » rampante des relations humaines, la foi aveugle dans la technique. J'aime l'existentialisme russe, l'irrationalité et le mysticisme slaves. Malgré tout, je suis différent. Je pense et agis comme un Occidental. J'ai mes vieux réflexes et mes convictions, je les assume et je ne compte pas m'en départir.

Sergueï sert à boire.

— *Passachok* ! dis-je à nouveau.

Svet, qui n'a pas bu, regarde son mari avec un air de reproche amoureux.

Elle dit :

— Petrovitch !….

Elle l'appelle ainsi pour signifier son affection, sans doute aussi sa colère, parfois les deux dans un même élan, et j'aperçois dans ce sobriquet la lueur de leur amour encore vivace, malgré les années, malgré les petites incartades alcoolisées de Petrovitch, et bien qu'il répète à tue-tête :

— Regarde, on vit bien ici, on est des gens sympas. Y a pas d'ours !

— Il a compris, Petrovitch, ça fait dix fois que tu lui dis.

Cette fois, j'interviens :

— Mais Sergueï, il y a des ours dans l'Altaï. Plein les montagnes ! Vous devriez être fiers. Nous, en France, on a deux ours. On connaît leur prénom tellement ils sont pas nombreux. Il y a beaucoup de problèmes avec les éleveurs, les chasseurs, les écologistes… C'est le bordel. Tout ça pour DEUX ours ! [1]

— Deux ?

— Deux. Peut-être trois.

Ils éclatent de rire.

Sergueï sert un nouveau verre.

— *Passachok* ! dis-je. Vraiment !

Et Svet tance à nouveau son homme.

— Petrovitch !

La nuit tombe. Je me lève après un dernier toast et remercie chaleureusement mes hôtes. Sergueï veut m'accompagner jusqu'à l'hôtel. Je décline sa proposition, mais il a déjà commencé à enfiler ses chaussures. Il tangue un peu et peine à faire entrer son talon droit dans sa godasse. Svet lui vient en aide.

— Petrovitch !

En chemin, dans le tramway, Sergueï me refait le coup du plantigrade.

— Regarde ! Tu vois des ours ici ? Non !

Arrivé à destination, je ne peux m'empêcher, moi aussi, de céder à la tentation du patronyme :

— Adieu, Petrovitch !

* * *

1. On dénombre, en fait, en 2017, une quarantaine d'ours vivant en France.

7 h 55 du matin, un mardi d'août.

Venu de l'extrême ouest du continent, sourire vacancier, œil vif, traits malgré tout tirés du voyageur sur moyen-courrier *low cost*, Romain Joly pose un pied sur le tarmac de l'aéroport de Barnaoul. Après deux mois passés en solitaire, je ne suis pas mécontent à l'idée d'effectuer une partie du périple avec un associé de cette trempe.

Sarthois naturalisé breton, ce petit brun râblé, de quatre ans mon aîné, excelle dans son ancienne profession (la photographie) comme dans la nouvelle (la cuisine). C'est un instinctif, un hédoniste amateur de beaux endroits et de bons produits, qui n'est pas du genre à reculer devant l'obstacle, ni à geindre, et sait dissoudre les contrariétés dans un second degré piquant, ce qui pourrait nous être utile durant les semaines à venir. Dans une autre vie, il a été mon patron. C'est désormais un ami.

Romain n'est jamais allé en Russie. Il découvre et je redécouvre, à travers son étonnement, certaines des bizarreries et autres « choses russes » auxquelles je commence à m'habituer et que je ne remarque plus. Les voitures avec volant à droite importées du Japon et de Corée – environ 40 % de la flotte sibérienne. Le style incomparable des Russes. Les rideaux en dentelle à l'intérieur des bus. Les symboles soviétiques toujours en place. Les tireuses à bière dans les magasins. L'exceptionnelle hospitalité russe. L'exceptionnelle aigreur des guichetiers. Le papier-toilette crépon. L'omniprésence de l'aneth dans les plats. L'absence quasi totale de transcriptions en alphabet latin. Les horloges ferroviaires indiquant l'heure de Moscou, soit quatre heures de moins qu'à Barnaoul.

J'espère que le pays réservera un accueil en fanfare à mon ami français. Je crains qu'il ne se passe rien, voire que la Russie se montre « normale ». Qu'elle dissimule son exotisme. Je souhaite secrètement qu'un alignement de planètes offre à Romain un feu d'artifice russe, un concentré national, total cocktail. C'est idiot, car un pays est ce qu'il est, on ne commande pas l'exotisme comme on commande un jambon-beurre et la recherche du « typique » conduit à la muséification réelle des lieux – le syndrome Mont-Saint-Michel – ou à leur muséification symbolique qui consisterait, pour la Russie, à s'y promener en n'observant que les reliquats du communisme et les églises en bois.

Je rêvasse, donc, et la Russie se charge du réel.

XIII
Vers les confins

Rejoindre le lac Teletskoïe, virgule d'eau pure lovée au milieu d'un océan de pins et de bouleaux, 80 kilomètres de long pour 325 mètres de profondeur maximale, nécessite de percer la taïga. L'unique route biscornue qui y mène depuis Gorno-Altaïsk, à quatre heures de route au sud-est de Barnaoul, tente de faire croire qu'elle est une création souveraine et inébranlable, mais la végétation noie tellement les alentours qu'on ne peut douter de la supériorité de la forêt. Celle-ci est un entrelacs de fougères gouverné par le roi bouleau, un fatras impénétrable où les bosquets succèdent aux marais, où les reliefs se trouent de ravins et où l'explorateur qui y pénétrerait pourrait, sans trop de mal, ne quitter le couvert forestier que 500 kilomètres plus loin, sans avoir traversé la moindre route ni salué le moindre être humain. Ici règnent l'ours, le cerf et le loup. Dans les clairières, les villages déploient des instantanés de Russie profonde : maisons en bois et cheminées fumantes, routes boueuses et potagers luxuriants, tracteurs d'un autre temps, vaches errantes.

La rivière qui s'échappe du Teletskoïe, un serpent translucide nommé Biia, naît à Artibach, principale localité aux abords du lac, qui n'en compte que deux. Artibach, où de nombreux touristes russes posent leurs valises durant l'été, compte moult cafés et datchas ainsi qu'une quantité non négligeable d'animaux domestiques en déambulation, vaches et chiens principalement. Beaucoup d'habitants permanents louent des chambres ou des chalets. Nous investissons un mobile home dans une propriété dominée par une maison en bois.

À la nuit tombée, nous pénétrons dans la première gargote qui s'offre à nous. D'étranges sirènes, ouvragées à la manière de totems païens, ont été sculptées dans les poteaux de bois qui soutiennent les solives surplombant la terrasse, coiffée d'un toit en tôle rouillée. Un ours empaillé, debout sur ses pattes arrière, tous poils hérissés, exhibe sa denture à 2,5 mètres au-dessus du seuil. La bande d'accueil est ornée de bas-reliefs représentant douze fiers cervidés bramant pour moitié vers l'est, pour moitié vers l'ouest. Tel un gynécée, l'intérieur du café grouille de femmes – cuisinières et serveuses aux traits russes ou altaïens. Combien sont-elles ? Cinq ? Peut-être quatre ou six. Notre présence, à l'évidence, surprend les membres de la brigade : nous parlons une langue étrangère et ne ressemblons pas à des Russes. On nous épie, on pose de longs regards orientaux sur nos têtes de martiens, on ricane – ça glousse dans la coulisse. Ce petit numéro dure tout le temps qu'il nous faut pour avaler une soupe et déguster un plov des plus communs. Alors que nous nous apprêtons à quitter les lieux, Nadia, une des employées, effectue une manœuvre d'approche. Elle nous propose de boire un verre avec elle et ses collègues et désigne la « bouteille verte » trônant sur une table extérieure autour de laquelle sont déjà assises deux de ses camarades.

— Champagne ou *Russian vodka* ? demande notre hôte.

Nous optons pour la vodka. Nous sommes là pour ça, et puis, le champagne ukrainien…

L'une des filles pose sur la table des coupelles contenant du pain ainsi qu'un assortiment de tomates et de concombres. Une autre apporte les rioumki. Chacun prend place, alors cinq femmes nous entourent et cinq paires d'yeux nous scrutent. Nous sommes cernés. Toutes ont fini leur service. L'heure est à la détente : ces petits Français sont fascinants… Natalia, la patronne, n'a que 46 ans mais dispose déjà de tous les attributs de la babouchka-qui-en-a-vu, à commencer par un physique « solide » et un caractère trempé, dont témoigne ce regard que j'imagine à même de tronçonner, en une rotation circulaire du visage de sa propriétaire, une verste carrée de mélèzes par la grâce de sa seule force magnétique.

— Toi, au moins, tu parles russe ! me dit-elle. D'habitude, quand on rencontre des touristes, on peut pas communiquer. Ils parlent pas un mot de russe. Toi, tu parles. C'est bien.

— Mais je parle mal.

— Mais tu parles !

Si certains Russes peuvent sembler rudes aux Occidentaux débarquant dans le pays pour la première fois, c'est en partie, selon moi, parce qu'ils exècrent qu'on leur parle anglais, uniquement anglais, et qu'on leur déclare en guise d'entrée en matière : « *Do you speak English* ? » Il ne s'agit peut-être que d'un agacement lié à l'impossibilité de dialoguer, mais on peut aussi penser que le passif des relations américano-russes, et plus globalement russo-occidentales, n'est pas étranger à cette aversion pour la langue de Ronald Reagan.

Nadia, 29 ans, mère d'un enfant et vivant « sans homme », nous sert à boire, puis nous trinquons, vodka russe pour les hommes de France, « champagne » de Crimée pour les femmes de Russie, soit une improbable géopolitique transcontinentale de distillation, de fermentation et d'appellations. Et nous retrinquons. À l'amitié. À l'amour ! Aux enfants. Une fois la petite bouteille de vodka achevée, une autre la remplace sur la table. Romain n'a pas encore adopté les bons réflexes : il boit directement après l'entrechoquement des verres alors qu'on trinque traditionnellement plusieurs fois avant de siroter et qu'on déclame de nouveaux toasts à cette occasion ; il dévore les zakouski pas seulement après qu'on a bu, alors que leur faible nombre suppose qu'on ne les mange que pour accompagner la vodka. Cela fait sourire nos hôtes. Je fais part des us et coutumes à mon collègue et, à cette occasion, me rends compte que je suis entré dans le moule : je bois comme un Russe. J'ai pris des habitudes que je ne remarque même plus. Si je parlais parfaitement la langue, on me prendrait pour un compatriote.

— Vous êtes toujours bien conservés, vous, les hommes français, s'exclame Natalia. Vous êtes beaux !

Les cheveux poivre et sel de Romain la surprennent. Elle le dévisage et le prend par les épaules. De fantasques éclats de rire se propagent depuis notre tablée jusqu'aux rives du Teletskoïe. Romain, éberlué, paraît minuscule dans les bras de la babouchka.

— Quel est votre secret ? demande la patronne.

— Le vin, dis-je !

Elles rient.

Nadia, qui étudie la géographie à Gorno-Altaïsk, est une métisse de mère russo-ukrainienne et de père altaïen. Elle a davantage les traits de la première mais elle nous assure, photo à l'appui, qu'elle est bien le résultat d'une union mixte. D'ailleurs, elle affirme ne pas pouvoir « boire beaucoup ». Elle explique que les Altaïens « ont des problèmes avec l'alcool ».

— Ils ne sont pas immunisés, affirme-t-elle.

En fait, aucun groupe ethnique n'est « immunisé » contre l'alcool. Il semblerait cependant que des prédispositions génétiques permettent à certains peuples de mieux encaisser la cuite que d'autres. Une proportion non négligeable des Asiatiques a par exemple une fâcheuse tendance à tanguer dès le premier verre. Il n'est pas impossible que les Altaïens, peuple premier d'Asie centrale, disposent de semblables « faiblesses ». Leur situation rappelle celle des Américains natifs : passés sous le joug de colons à la culture différente de la leur, ils ont longtemps été mis sur le banc de touche de l'histoire nationale, d'autant qu'ils occupaient des territoires qui n'intéressaient le pouvoir central que pour les richesses qu'ils pouvaient offrir et/ou leur situation stratégique. La consommation d'alcool s'est diffusée au contact des Slaves et les problèmes afférents (violence, maladies…) n'ont pas tardé à suivre. Avec l'avènement de la société industrielle, le chômage a complété le tableau. Aujourd'hui, la République de l'Altaï fait partie des sujets les plus pauvres de la Fédération de Russie.

Il reste de la vodka dans la bouteille, mais nos camarades, qui achèvent leur journée de travail et rembauchent demain, ont fini leur champagne et leurs yeux sont cernés. Je ne veux pas abuser de leur hospitalité, car je sais qu'elles nous serviraient à boire et à manger jusqu'à ce que l'on calanche au milieu de la nuit, bien qu'elles songent à dormir.

Nous retournons à notre mobile home puis fonçons dans la bania. Dehors, il pleuviote. Dedans, c'est un four à 70 °C.

* * *

— Qu'est-ce que vous allez faire aujourd'hui ? demande Valeria, notre hôte, alors que nous petit-déjeunons au milieu du jardin.

— On va à la pêche, dis-je, impatient d'aller tremper mes leurres dans la Biia.

— Les filles vont aux champignons. Vous pourriez aller avec elles…

Sa proposition sonne comme une affirmation. Ce n'est pas un ordre, plutôt un constat : « Vous irez aux champignons avec les filles aujourd'hui. »

S'il doit en être ainsi.

« Les filles », ce sont Nastia, la nièce de Valeria, et Xenia, une amie de la première, 40 ans à elles deux.

Nastia ne fait pas son âge. On lui donnerait 15 ans plutôt que vingt. Xenia, quant à elle, a des rondeurs de trentenaire, une poitrine très généreuse ainsi qu'un grand tatouage sur l'extérieur de la cuisse gauche. Nous partons dans la taïga en compagnie de ces nymphes aux traits altaïens, quelque peu ébaubis par le rocambolesque de la situation. Nous avons chaussé nos souliers de marche, des bulldozers en néoprène et Gore-Tex. Xenia et Nastia arpentent la forêt en sandales, comme si elles se rendaient au potager.

D'une manière générale, nous n'avons pas le même rapport aux éléments que les autochtones. La pluie ne semble pas mouiller les Russes. Le froid du soir les revigore. La taïga leur est familière alors qu'il s'agit pour nous d'un univers exotique, où des fougères monstrueuses ombragent les fourmilières géantes. Où des épeires ventrues tendent d'immenses toiles entre les troncs. Où les ours rôdent, quelque part.

Nous ne trouvons pas plus de champignons que de grands mammifères, mais Nastia dispose d'un meilleur flair que nous. Elle connaît le terrain. Elle crapahute à flanc tel un phasme, cueille de l'origan, remplit son sac de groseilles sauvages et d'herbes aromatiques. J'apprends peu de choses sur les deux filles, plutôt taiseuses, hormis que Xenia vient d'un village proche et qu'elle étudie à Barnaoul en vue de travailler dans l'administration. Je n'ose interroger Nastia. Je crains qu'elle sanctionne ma curiosité en me menaçant avec quelque coutelas qu'elle aurait affûté en secret durant la marche. Elle ne dispose d'aucune arme, bien sûr, et c'est une adolescente comme la planète en compte des millions, mais une adolescente de la taïga, ce qui la rend différente, moins incapable et moins balourde, plus mystérieuse.

* * *

Il pleut sans interruption pendant plus de vingt-quatre heures. Nous jouons aux dés et marchons durant les rares accalmies. Les longs moments passés sur la terrasse de cafés, à attendre que la pluie cesse, sont l'occasion d'observer la Russie et les Russes comme par une fenêtre. Les bagnoles surgonflées pétaradent dans les flaques alors que les serveurs du bar d'à côté distillent de la techno millésimée 1995 en jouant du bouton volume. Les chiens errants côtoient les vacanciers en tenue kaki, coloris particulièrement prisé dans le pays. Les chasseurs-pêcheurs en jeep doublent des piétonnes en mini-jupe et escarpins et ce microcosme vaque qu'il pleuve ou qu'il vente à des divertissements russes : nage, pêche, barbecue, bania…

* * *

La vie nocturne à Artibach équivaut en intensité à celle de la Riviera espagnole en janvier. Les cafés ferment à 22 heures mais ils se vident de leur clientèle bien avant.

Un soir que nous revenons d'un de ces estaminets tenus par des locaux, avec dans l'idée de passer à la bania puis de ronfler comme des débroussailleuses, nous tombons, à notre arrivée au gîte, sur une famille attablée dans le jardin. Le grand-père et la grand-mère, le fils, sa femme et les deux petits-fils arrivent de Novokouznetsk, à 350 kilomètres plus au nord, pour les vacances. Désolé de ne pas vous surprendre : ils dégustent des *chachliky,* brochettes de viande marinée, en buvant de la vodka.

Il faut peu de temps pour que nous soyons conviés à leurs côtés. Il faut moins de temps encore pour qu'on nous parle de Sarkozy – le vibrion a tellement gesticulé en France et en dehors qu'on associe désormais le patronyme « Nicolas » à sa personne jusque dans les confins sibériens.

Oleg, le fils, trentenaire au teint frais et à l'allure athlétique, nous sert à boire. Sacha, le père, jogging azur, chemisette à rayures horizontales, béret Prohibition, épaules et cou ramassés dominant un ventre de mâle sibérien rond, houblonné et musclé, nous questionne sur le montant des taxes dans l'Hexagone, qui lui semble astronomique. Forcément, me dis-je.

— Ici, on ne paye pas d'impôt ! jure-t-il.

J'entends déjà siffler une mélodie bien connue. Je vois poindre l'extrémité de la tarte à la crème goût « Europe décadente », aussi je tente de défendre ma patrie, mon État providence, mon continent – nom d'une pipe ! – mais tout cela pâtit des vertigineuses lacunes de mon mauvais russe.

Dans mon élan, je tutoie le patriarche dans sa langue. Il me reprend :

— Tu me dis tu ?

— Euh…

— En Russie, on ne dit pas « tu » aux anciens.

Valeria, le patron du gîte, craint l'incident diplomatique :

— Ho, ho ! Mieux vaut ne pas parler de politique. C'est zone neutre ici !

Nous lui faisons part, l'un et l'autre, de notre absolu pacifisme. Je serre la main de Sacha, qui n'a pas une poigne de bambin, et nous trinquons « à l'amitié ».

Notre hôte s'en va, puis revient avec une bouteille de vodka :

— Cadeau pour nos invités français ! Elle est aromatisée à la framboise.

Nous goûtons le nouvel élixir alors que la femme du grand-père, qui avait quitté les lieux quelques minutes plus tôt, reparaît et désigne le perfide nectar.

— *Passachok !* sourit-elle.

Je crois d'abord qu'elle signale à son époux qu'il est temps d'arrêter de boire et qu'il serait souhaitable qu'il s'installe *illico* sous la couette. En fait, elle réclame une vodka « pour la route » pour elle.

Nous trinquons. La babouchka achève son verre d'une traite avant de transmettre des ordres à son époux :

— Tu viens te coucher bientôt ! C'est l'heure.

Sacha sourit et invoque la présence d'invités pour se soustraire aux consignes. Je l'observe. Ses rides ne sont pas démesurément creusées. Il ne fume pas, ne lésine certes pas sur la vodka, mais ne semble pas ensorcelé par la petite eau – il boit, pourrait-on dire, en connaissance de cause. Il rayonne dans sa soixantaine. Il est hors du commun, sans que je puisse m'expliquer précisément pourquoi. À la traditionnelle question « Que faites-vous dans la vie ? », j'obtiens une réponse inattendue : Sacha, retraité, a été conducteur d'engins lors de la construction de la voie ferrée Baïkal-Amour Magistral. Bon sang ! La BAM ! Trois lettres synonymes de grandeur et de décadence, de prisonniers du goulag morts par milliers à la tâche et de surpassement des limites humaines. De lutte contre les éléments. D'ivresse métaphysique. De paysages fantasmés. La BAM est un condensé de folie et de beauté russes. Cette voie ferrée mythique, branche la plus septentrionale du transsibérien, défiant la taïga, les rigueurs de l'hiver et l'abrupt des montagnes par 55 degrés de latitude nord, est un chef-d'œuvre des travaux publics et l'un des plus glorieux faits d'armes du génie soviétique. Sacha, de fait, est un héros. C'est peut-être un salopard – qui sait ? – bien qu'il ait l'air d'un honnête grand-père, mais c'est aussi un héros, puisqu'il a contribué à la réalisation (en tant qu'homme libre, selon ses dires) de cette folie de bois et d'acier.

— Les Chinois ne l'auraient pas fait, les Américains non plus, s'époumone-t-il. Nous, les Russes, on l'a fait !

Nous trinquons à la santé du Baïkal-Amour Magistral.

Sacha a terminé sa carrière dans une installation minière située près de Novokouznetsk. Il est plus difficile de savoir ce qui occupe les journées de son fils.

— Tu travailles à Novokouznetsk ? dis-je.

— Non, non… J'ai pas de travail.

Réponse évasive. Son père rebondit :

— Mais si, il a un travail.

Oleg finit par confirmer, sans préciser de quel genre d'occupation il s'agit.

— J'peux pas vraiment te dire. Tu comprends ?

Je n'insiste pas.

On nous gave de viande grillée après chaque verre.

— Mange, mange ! Faut manger !

Romain, pas démesurément carnivore, ne me paraît pas encore converti à la religion *chachlik* (quand je dis « religion », je pèse mes mots : ce mets originaire d'Asie centrale et du Caucase, ainsi que sa confection, qui nécessite d'allumer et d'entretenir un barbecue, occupe une place majeure dans la culture populaire russe).

J'observe mon camarade du coin de l'œil. J'ai peur pour sa vie. Je crains qu'il arrive à saturation, finisse par se jeter dans le lac et tente de se réfugier dans quelque grotte des abysses, à moins 325 mètres, pour échapper à l'engloutissement de bidoche. Mais il tient le choc. Débonnaire. Courageux. Fort.

La pluie se remettant à tomber, nous emménageons au « sec » sous la tôle du barbecue, nez dans la braise, avec pour espace vital une zone oblongue de 2 mètres carrés. Nos hôtes ont rapatrié les zakouski et la vodka, stockés en sûreté sur une desserte. Quand nous abordons le sujet inévitable – la guerre en Ukraine –, je constate une différence de ton entre Sacha et son fils. Le premier assure qu'aucun soldat russe ne foule le sol ukrainien. Le second répond en simultané, d'abord en récitant cette même version, mais d'un air peu convaincu, puis en semblant relativiser, sans argumenter davantage, avec un sourire entendu. Oleg est-il militaire ? Soldat des forces spéciales ? Agent du renseignement ? Je m'égare en folles conjectures, pas mécontent de côtoyer un potentiel agent secret. Il n'est peut-être que plombier non déclaré, ou trafiquant de voitures japonaises, mais je préfère penser qu'il effectue des missions confidentielles.

Alors que le grand-père demande à Romain de lui tirer le portrait, je propose au fils de se joindre à la photo de famille.

— Pas de photo pour moi, bougonne-t-il.

— Tu travailles au FSB ! dis-je.

— Non, non, Nicolas… je ne travaille pas au FSB…

Fin de la discussion. On ne m'enlèvera pas de l'idée qu'il a tout d'un agent.

À ce stade, Sacha, le père, se montre très gai. Il déploie son bras gauche et enserre Romain par l'épaule à la manière d'une clé à molette géante. Mon ami paraît minuscule à côté du colosse, comme écrasé moins par la force du grand-père que par l'étonnement, la sidération ressentie à la vue du tableau : lui, arrosé de vodka au milieu de la Sibérie, gavé de porc grillé, debout sous la pluie près d'un barbecue fumant, dans les bras d'un rescapé du soviétisme triomphant dont le fils est peut-être un espion.

La Russie ne se fout pas de sa gueule. Je me réjouis.

Le passage dans la bania constitue le point d'orgue de cette soirée russe.

* * *

Il pleut encore au réveil. Des cordes. Nous décidons de quitter le Teletskoïe afin de pousser davantage vers le sud et de tenter, par la même occasion, d'échapper à la mousson qui arrose durant l'été la sous-région de l'Altaï dans laquelle nous nous trouvons.

Nous arrivons après six heures d'autocar à Tchemal, gros bourg de quatre mille âmes situé au bord de la rivière Katoun, composé de baraques en bois entourées de potagers plantureux, de routes abîmées parcourues par des bovins placides, de camps de vacances et de quelques immeubles abritant des institutions fédérales. Un microclimat offre des hivers doux ; le niveau de précipitations est faible. À l'époque soviétique, une bonne partie de la nomenklatura a respiré l'air pur au sanatorium local. Aujourd'hui, on y soigne les tuberculeux. La principale attraction, dans le secteur, consiste en une église bâtie sur une île rocheuse au milieu du Katoun, accessible par un pont de singe. Les touristes font la queue pour accéder au lieu saint, enserré par les eaux tumultueuses de la rivière au milieu d'un large canyon. Des femmes bronzent sur les plages de sable gris qui bordent le cours d'eau. On se baigne dans les endroits calmes. Le soir, la fumée des barbecues s'élève en corolles au-dessus des baraquements, comme les exhalaisons d'une cité industrieuse.

Près d'un étroit torrent confluant avec le Katoun s'étend une zone de loisirs où l'on trouve la quasi intégralité des classiques forains agrémentés d'attractions « nature » : tir, équitation, quad… Les Russes y déambulent en couple ou en famille, dégustant glaces et barbes à papa.

Nous, Occidentaux, partons en Sibérie pour nous confronter à la nature surpuissante, pour faire les coqs en prétendant avoir vaincu l'adversité et « appris sur nous » en contemplant notre solitude et la virginité des forêts. On se retrouve à la foire du Trône au milieu des amoureux de dix jours et des perches à selfie.

Merde !

Mais c'est un leurre. Un soupir de la civilisation. Nous longeons la rivière sur quelques kilomètres jusqu'à ce que la taïga se rappelle à notre souvenir. Elle est là, tout autour, impossible à circonscrire, dense, profonde, effrayante.

* * *

Anatoli, propriétaire du gîte dans lequel nous logeons, furète près de la terrasse où nous avalons un petit-déjeuner.

— Il y a du samagon par ici ? dis-je.

— Ah, ah ! Bien sûr, sourit notre hôte. Je peux t'en avoir.

Et Anatoli passe sans attendre un coup de fil. Personne ne répond. Il compose un autre numéro :

— Allô, Andreï ? T'as du samagon ? C'est pas pour moi, non. J'ai des touristes français qui en cherchent.

L'homme nous propose un demi-litre pour 250 roubles, ce qui me paraît raisonnable.

— D'accord, dis-je.

— Venez, on va chercher ça.

Notre intermédiaire nous conduit de l'autre côté du village, chez sa fille, dans une maison plantée non loin d'un établissement pénitentiaire. Anatoli me présente Andreï, son gendre, ainsi que Leonid, le père de ce dernier, un octogénaire aux yeux Baïkal dont on interrompt la sieste. La décoration de la pièce dans laquelle nous pénétrons se compose principalement de bois de cervidés reposant à même le sol près du canapé où somnole le grand-père.

Andreï installe des chaises. À trois, l'un interrompant l'autre et l'autre précisant les propos de l'un, ils nous dévoilent leurs secrets de distillateurs amateurs.

— On prend de la levure pour alcool, explique Anatoli. Celle qu'on achète en Russie en cubes, comme les blocs de pâte à modeler, par paquets d'un kilo.

— Et le sucre ? dis-je.

— Un demi-kilo de sucre.

— Et l'eau, 40 litres ?

— L'eau… Ben, le bidon doit pas être rempli à ras bord.

— Trente-six litres, dit l'autre.

— De la bonne eau ?

— Bien sûr !

— Pure, en tout cas, sans ajout, sans chlore.

— Après, tu laisses agir. On laisse fondre le sucre dans l'eau assez chaude, pour qu'il se dissolve bien. On ajoute la levure. On mélange pour que ça soit bien homogène. Ensuite, on pose dans un endroit au chaud.

— Quand ça fait des bulles, tu sais que ça fermente !

— C'est pas encore de la vodka : c'est le moût. Et quand y a plus de bulles, tu peux commencer la distillation.

— Donc, là t'as un bidon, tu prends un truc pas cher, artisanal, à l'intérieur du bidon tu places une résistance électrique, comme celles qu'on trouve dans le commerce pour les théières, puis t'installes la résistance dans le bidon. Après, tu prends ton bidon, tu perces des petits trous et tu raccordes un fil électrique à la résistance pour que le mélange puisse bouillir.

— Mais on peut mettre le bidon sur le gaz, aussi.

— Oui, et quand la vapeur se dégage, là-bas, tu vois, t'as comme une sortie dans le couvercle, et l'alambic qui part de là… Au bout du compte, à partir de ce bidon tu obtiens 10 litres de samagon à 40 degrés en moyenne. Si tu mélanges les trois. Car le premier alcool, les 10 litres, est à 80 degrés, le deuxième, à 60 degrés, et le troisième, à 40 degrés. Si tu mélanges le tout – 80 degrés, c'est de l'alcool pur ! – eh bien tu obtiens du 40 degrés.

— Le standard, c'est combien ?

— Grosso modo 45 degrés. Ça se laisse boire, c'est pas raide…

— On peut aussi en faire avec du blé. Sans levure. Ça te donne une vodka claire, sans odeur, une vodka pure. Le top ! Du blé mûr, ramassé dans les champs, un kilo de sucre, de l'eau, et le tour est joué. On filtre pendant la distillation afin d'enlever toutes les graisses. Avec une vodka filtrée, t'auras jamais mal à la tête !

— Et tu finiras pas « en face » !

Sergueï désigne la prison de Tchemal et Leonid dégaine un rire gras.

— Il y a du bon et du mauvais samagon ?

— Bien sûr ! Ça dépend avec quoi tu le fabriques. Certains utilisent la betterave, la pomme de terre… Avant, on en faisait avec la patate, ça pue, une vraie infection ! Du tord-boyaux ! Et faut la boire dans les trois jours. À ne pas laisser vieillir.

— La frelatée, c'est imbuvable !

— Tiens, regarde, c'est cette couleur que ça donne, au final. Là, t'as du vrai samagon. On dirait de l'eau distillée, et avec le blé elle est encore plus claire.

— Approchez vos bouteilles. Goûte-la !

— Cul sec !

Rires des trois Russes.

Nous goûtons la gnôle. Je n'affirmerai pas qu'elle tient la comparaison avec n'importe quel Islay digne de ce nom, ni même avec un cognac bas de gamme, mais disons qu'elle se laisse boire. Du moins ne donne-t-elle pas envie de se jeter du haut d'un pont dans la minute après avoir avalé cinq litres d'eau pure et une livre de pain.

— On peut en faire de l'aromatisée, aux herbes, dit Anatoli. Cette vodka-là, tu la trouveras nulle part ailleurs ! Et le lendemain matin, t'auras pas mal aux cheveux…

Andreï est soudain pris d'une bouffée de nostalgie :

— En Biélorussie, tout le monde distille par tonneaux, en forêt, près des ruisseaux… On distille par 500 litres, par tonne, chacun apporte son fût, et c'est parti !

— Ça y est, on va bientôt tout savoir sur ses expéditions ! ironise Anatoli.

— Tous distillent là-bas, reprend Andreï. En Biélorussie, près des cours d'eau, t'as tout sur place : du bois, de l'eau, du feu…

— Vous êtes biélorusse ? dis-je.

— Non.

— Ukrainien ?

— Non. Je suis russe. En Ukraine, j'y ai bossé. Il rit à nouveau. Je suis né dans le Kouban[1].

— Tiens, une autre vodka, celle-là est rouge, un peu comme le cognac. C'est un samagon blanc dans lequel on a plongé une racine qui provient des montagnes du coin. Du ginseng. Ça guérit, c'est bon contre un tas de maladies.

— Punaise, tu leur verses, ce verre ! s'impatiente l'un.

— Qu'ils se l'appuient, ce verre ! dit l'autre.

— L'arôme ! s'exclame Andreï.

— Verse-leur un verre ! Il va vous en faire goûter… Elle est pas belle, la vie en Russie, hein ?

Je réponds par l'affirmative.

— Allez ! Trinquons à l'amitié franco-russe ! lance-t-il d'un rire gras. Goûtez-moi ça…

— Vous faites votre vodka uniquement pour vous ? dis-je.

— On ne la vend pas. On la garde pour nos réunions de famille, les fêtes… C'est la tradition. En vérité, on préfère la nôtre à celle du commerce. Souvent, dans les magasins, ils vendent de la mauvaise vodka, elle tape et t'as vite fait de t'empoisonner. C'est de la contrebande.

---

1. Zone géographique russe située au nord du Caucase, près de la mer d'Azov.

Ils peuvent utiliser n'importe quel alcool industriel pour distiller.

La fabrication de gnôle artisanale et la défiance envers les vodkas du commerce, potentiellement frelatées, constituent des traditions russes. Car le mauvais alcool pullule. Les étiquettes de grandes marques peuvent être contrefaites, si bien qu'en dehors des grands magasins et des échoppes dignes de confiance, on ne peut jamais connaître avec certitude ce qu'on achète, surtout lorsque les prix sont bas. On ne compte plus les drames liés à l'ingurgitation d'alcool frelatés, qui font plusieurs centaines de morts chaque année dans le pays. Cela explique en partie pourquoi les Russes demeurent des as de la distillation maison. Ils préfèrent, à juste titre, savoir ce qu'ils boivent. Revers de la médaille : fabriquer soi-même permet à chacun d'ajuster les niveaux d'alcool. Certains, dès lors, n'hésitent pas à envoyer l'aiguille dans le rouge.

Nous quittons la maison de nos « dealers », lestés de 75 centilitres d'alcool translucide garanti pure Sibérie.

* * *

Parallèle à la rivière Katoun, l'avenue principale de Tchemal draine l'agitation du village. Des chiens-loups se disputent des zones de souveraineté en même temps qu'ils régulent le trafic. Les bagnoles rafistolées pétaradent dans la poussière. L'église en cours de rénovation n'est qu'un bâtiment parmi d'autres dans l'enfilade interminable.

Alors que nous cherchons un établissement de jour, en d'autres termes, un bar-restaurant, nous croisons la route d'Oleg, 27 ans, gardien d'un camp de vacances installé non loin. À vrai dire, c'est plutôt sa déroute que nous croisons. Oleg sourit benoîtement alors que deux gyrophares clignotent sous son front. Il n'a plus toutes ses dents. C'est un beau garçon aux traits slaves, mais un beau garçon extrêmement bourré, d'aujourd'hui et de la veille.

— J'ai beaucoup bu hier, confie-t-il.

Je ne suis pas surpris. Nous trouvons une terrasse et Oleg propose de se joindre à nous, propose qu'il boive un coup, propose qu'on lui offre une cigarette et propose qu'on paie sa bière. Il mêle à son russe un anglais cabalistique et ponctue ses phrases de rires inappropriés, comme si tout était drôle alors que tout est surtout très éthylique en ce qui le concerne.

Oleg travaille à Tchemal durant l'été. Actuellement en congé, il décompresse. En l'espèce, je crois que la pression l'a totalement abandonné. Oleg flotte dans l'air et se déplace tel un ectoplasme hilare. Le temps et l'espace n'ont plus de prise sur lui.

Il est un esprit dans la brume.

Se souviendra-t-il de moi demain ? Ce soir ? Se souviendra-t-il de ma question (« pourquoi aimes-tu la Russie ? »). Se souviendra-t-il de sa réponse (« parce que… l'âme ») ? Se souviendra-t-il qu'il m'a parlé de sa jeunesse, orphelin de père et de mère, de sa formation d'acrobate, de son passage au cirque, de ses incartades hors la loi comme voleur et racketteur (« mais maintenant je suis quelqu'un de bien ») ?

Se souviendra-t-il que pour nous prouver qu'il a été acrobate, il s'est levé de sa chaise en titubant, s'est posté sur le bas-côté de l'avenue principale de Tchemal, a effectué un salto arrière sans élan au-dessus de la chaussée gravillonneuse et, alors que je poussais un « Putain, il va se fracasser le crâne ! » et m'imaginais déjà expliquant le déroulement du drame à l'inspecteur de service devant la mare de sang inondant la chaussée, est retombé sur ses deux pieds sans trembler ? Probablement pas.

— Je peux commander une autre bière ? dit-il.

* * *

Anatoli, notre hôte, nous cueille à notre retour au gîte. Il parle de l'Ukraine avec des jeunes Russes arrivés le jour même et tente de prolonger la conversation avec les Français de passage – nous. Il cherche davantage à convaincre qu'à débattre et tient un discours patriotique classique : l'Ukraine est un pays frère, la Crimée est russe, il n'y a pas de soldats russes dans le Donbass, ou bien peut-être quelques agents, mais qu'est-ce que tu ferais, toi, si tes frères étaient opprimés ? Tu les laisserais mourir ?

J'aimerais rétorquer que Staline n'a pas eu autant de scrupules à laisser crever de faim les « frères » ukrainiens durant l'hiver 1932-1933, après avoir déstructuré leur agriculture et leur économie, mais ce serait pure provocation et, à vrai dire, je commence à en avoir jusque-là de gloser sur l'Ukraine pour finalement conclure que « tout ça, c'est de la politique, les enjeux nous dépassent, la guerre c'est mal, mais que faire ? ».

Anatoli parle tour à tour de ma boucle d'oreille et de la loi française sur le mariage gay. L'une et l'autre le laissent perplexe. À notre arrivée, il nous avait demandé, un peu gêné, si l'on souhaitait louer une chambre avec deux lits ou un seul.

Il dégaine l'argument massue :

— Avec le mariage gay, vous n'aurez plus de bébés en France. La population va décroître.

Je n'ai pas le cœur à répliquer. L'année entière de tapage qu'a connue l'Hexagone avant le vote de cette loi, les arguties des saintes-nitouches et la récupération de cette patate chaude par les populistes télévisuels de tous bords m'ont consterné. Débattre *ad nauseam* d'une loi n'ayant que des conséquences individuelles et n'influant pas sur le devenir de la nation alors que la Ve République moribonde charme tellement ses ouailles que 40 % des Français ne votent plus, revient à deviser sur la couleur des bouées durant un naufrage.

* * *

Alexander et son frère Vali, les deux jeunes avec qui Anatoli pérorait tout à l'heure, avalent une bouillie en trinquant au whisky. Je suis assis à la même table qu'eux, mais les deux gars ne semblent pas du genre à crier « viens, bois un coup ! » après le bonjour de rigueur, aussi nous n'engageons pas la conversation de suite, mais la glace se fendille petit à petit alors que l'artiste des fourneaux même-avec-trois-boîtes-de-conserve-russes-et-du-fromage-douteux, j'ai nommé Romain Joly, prépare le dîner dans la salle commune.

Je les interroge :

— Vous pensez quoi de ce que disait le propriétaire ?

— Humf… On n'aime pas parler politique, religion… Tous ces grands sujets… C'est loin de nous, dit Alexander.

Cette réponse pourrait avoir été formulée par n'importe quel enfant dépolitisé du XXIe siècle. L'appartenance des deux frères à la génération Y est confirmée par leur choix de spiritueux : du whisky Jim Beam tout ce qu'il y a de plus « supermarché anglais ».

— Vous ne buvez pas de vodka ?

— Parfois, répond Alexander. Mais pas souvent. Dans certaines situations… Disons que la vodka, c'est bon quand il n'y a plus rien d'autre.

Il rit et me propose de goûter à sa tchatcha.

— Vous en avez ? Elle vient de Géorgie ?

— Non, elle est faite ici. C'est de la sibérienne.

— Mais il y a du raisin en Sibérie ?

— Oui, oui, il y a de la vigne. Tu veux goûter ?

— D'accord… Si vous goûtez notre samagon.

Échange de bons procédés. Nous trinquons et buvons, puis ils nous servent du *midavoukha*, un hydromel artisanal.

Le 4 × 4 d'Alexander et Vali, un pick-up Mitsubishi aussi long qu'un anaconda, occupe le fond du jardin. Ce n'est pas un chariot de flambeur mais un autocar des bois dont la robustesse fait écho à l'allure d'arpenteurs de taïga des deux frangins.

Avec sa queue-de-cheval, sa gueule d'ange et son impassibilité apparente, Alexander, 27 ans, ressemble à un héros de roman survivaliste. Vali, de deux ans son cadet, paraît moins « chef de clan » que son frère, qui domine par l'âge et le charisme, mais il ne perd pas une occasion de tourner en dérision les grands airs de son aîné.

Ces jeunes gens, débarrassés de la faucille et du marteau et coutumiers de l'anglais informatique, ont la décontraction et l'hyperconnexion de la jeunesse-monde. Il pourrait s'agir d'étudiants américains en virée dans les Appalaches.

— On a aussi du cognac, claironnent les gars.

— Vous êtes équipés comme à la guerre ! dis-je.

— En Russie, on peut boire beaucoup, décrypte Alexander. Mais dans des moments spéciaux, dans des endroits spéciaux, avec une « équipe » spéciale. Parfois, il arrive qu'on ne boive pas pendant un mois.

L'aîné vient de résumer une spécificité du rapport des Russes à la boisson. Si l'on met de côté les alcooliques, la majeure partie des descendants d'Ivan le Terrible semble boire « dans certaines circonstances », celles-ci pouvant varier du banal (retrouvailles, signature de contrat) à l'exceptionnel (mariage, baptême), pour peu qu'elles rompent la routine. On ne retrouve pas en Russie le rapport des Anglais au pub ni celui des Français au vin. La consommation d'alcool paraît plus compulsive que la nôtre et clairement moins culinaire. Elle est à l'image de ce peuple volcanique que les deux frères incarnent tel un aigle à deux têtes.

Tous deux vivent à Novossibirsk, plus grande ville de Sibérie, pieuvre d'un million et demi d'habitants étalant ses circonvolutions d'asphalte au cœur de vastes plaines, à 500 kilomètres au nord de

Tchemal. Alexander travaille pour une start-up spécialisée dans l'intelligence artificielle. Le cadet, programmeur, rêve de s'installer dans la Silicon Valley.

— Mais je n'aime pas la mentalité américaine, précise-t-il. Ni leur politique, aux Américains.

— Qu'est-ce que tu entends par là ?

— Nous, les Russes, on pense d'abord à… l'âme. Les Américains et les autres, les Européens, ils pensent à l'argent.

L'âme. Encore l'âme. Tout à l'heure, l'acrobate Oleg m'a parlé spontanément de l'âme. Nos camarades informaticiens font de même et je doute qu'ils se soient concertés avec leur alter ego.

J'ai longtemps pensé que le concept d'âme russe était un fantasme, une construction servant à la fois les intérêts des romantiques occidentaux glorifiant une intensité spirituelle mythifiée, et ceux des nationalistes panslaves opposant à la supposée dépravation européenne une « authenticité » de cœur eurasiatique. Tous prétendent qu'il existerait une âme russe, bla-bla… Je me méfie de ce genre de plats réchauffés – ils filent la coulante. Mais plus je côtoie les Russes et plus je passe de temps en Russie, plus je me trouve forcé d'admettre qu'il y a bien quelque chose. Un mystère qui se matérialise par intermittence dans la générosité des Russes, leur sens de la famille, l'importance de la figure maternelle et sa translation métaphorique dans celles de la patrie, de la terre et de la nature. Ce quelque chose les différencie indiciblement mais foncièrement.

Ce quelque chose apparaît quand Alexander, évaporé depuis près d'une demi-heure, et que l'on croit reclus au fond de son lit ou des toilettes – il est ivre – rapplique dans la salle à manger avec une brassée de bûchettes et décrète :

— On allume un feu !

En bon Européen rationnel, je dis :

— Il fait chaud. Pourquoi tu veux faire un feu ?

Les frangins ne comprennent pas ma remarque.

— Comment ça ? interroge l'un.

— Il fait pas froid. C'est l'été. Pourquoi faire un feu à cette heure ?

— Mais pour l'âme, bon sang ! C'est pour l'âme ! On fait un feu pour s'asseoir autour, pour le regarder brûler. Pour penser à de belles choses. Pour l'âme !

Suis-je bête.

L'horloge du gîte indique minuit. Alexander boit depuis 19 heures. Il zigzague et s'y prend à plusieurs reprises avant de parvenir à construire des phrases. Il se met en tête d'allumer un flambard en plein mois d'août dans la cheminée d'un chalet tout de bois construit. Je considère d'abord qu'il s'agit d'une lubie et que les deux touristes russes présentes dans la salle, sobres et calmes, vont tenter de le ramener à la raison, ou bien que le propriétaire va débarquer et sermonner les jeunes cons qui salissent son logis et risquent d'embraser tout le village.

Je me méprends.

Les demoiselles ne bronchent pas, sirotant l'une son thé, l'autre sa bière, et paraissent tout au plus amusées. Le propriétaire pénètre soudain dans la salle.

Il aide Alexander à préparer le feu.

La baraque entière semble sous l'empire de l'âme russe. Alexander est comme possédé. Il me regarde avec des grands yeux, me parle de *Fight Club* de Chuck Palahniuk – son roman préféré.

Les gars exigent qu'on chante. Nous leur offrons *Les Filles des forges* en canon dissonant. Je suis plutôt fier de notre prestation, mais les Russes déclarent :

— Ça manque d'âme.

Plus tard, je vais dormir et quand je me lève pour aller aux toilettes, au milieu de la nuit, il y a toujours du feu dans l'âtre. Les deux frères sont assis devant la cheminée, buvant du thé, distillant des litres d'âme.

Cette image s'imprime sur ma rétine. Elle va hanter mes songes dans les minutes à venir et je pressens qu'elle reviendra de temps à autre, à échéance plus ou moins longue, me saluer comme on salue une vieille connaissance. Cette image, c'est moi, dehors, dans la nuit anthracite et le silence canin d'un faubourg sibérien, observant à travers la vitre d'un chalet comme devant une lucarne télévisuelle ces deux êtres que seule la lumière d'un feu de cheminée arrache à l'obscurité du monde. Une lumière inutile, en l'occurrence, car elle ne leur sert pas à cuire de salvatrices denrées ou à se prémunir contre les assauts létaux de l'hiver, mais une lumière malgré tout vitale, puisqu'elle nourrit leur âme, c'est-à-dire qu'elle ne nourrit rien, l'âme n'existant pas en tant que réalité tangible, et qu'à la fois elle nourrit tout, puisqu'on peut considérer que l'âme d'un individu gouverne son corps et son esprit. Donc qu'il n'existe rien de plus primordial.

On ne peut appréhender une âme. On peut essayer de la jauger, affirmer qu'elle est belle, sombre, lumineuse ou lugubre. Qui viendra prouver qu'on a tort ? On peut se hasarder à définir ce qu'est l'âme. Cela n'engage pas davantage – l'Humanité s'en donne à cœur joie depuis quatre mille ans. Anciens Égyptiens, penseurs grecs, kabbalistes juifs, pères de l'Église, moines hindous, chamans tchouktches, et jusqu'aux neurophysiciens nobélisés : tous ont tenté de gravir la montagne. Tous ont tenté de comprendre et d'expliquer l'âme. Tous s'y sont cassé les dents, étant donné que tous ont accouché de théories plus ou moins contradictoires et qu'aucun élément ne permet de penser qu'Untel a indubitablement moins tort qu'Untel. Il reste, dès lors, ce point commun à nombre desdites théories : le mystère. L'âme relève, selon le point de vue, du divin, du sacré, de l'invisible, du gazeux, de l'évaporable, du neuronal, du fantomatique, de l'infiniment gigantesque ou de l'infiniment minuscule, de l'impalpable, de l'esbroufe, du non-dit. Du mystère, donc. Et c'est une parcelle de ce mystère que je suis venu observer. La vodka est évidemment un prétexte autant qu'un révélateur. Si je suis parti si loin de chez moi, outre que j'espère écrire un livre et en tirer de mirobolants revenus, c'est d'abord pour plonger dans les âmes – à commencer par la mienne – comme on va à Bali pour plonger près des coraux.

Cette évidence, jusqu'à présent latente, me heurte tel un uppercut à la sortie des toilettes du gîte de Tchemal, à cette heure tardive de la nuit, à la vue des deux jeunes Russes fraternisant auprès de bûchettes en combustion, quelques centaines de milliers d'années après que de rusés hominidés eurent domestiqué le feu, devenant ainsi démiurges à leur échelle, s'extrayant davantage de leur condition animale, accomplissant peut-être leur destinée, ouvrant la voie à la cuisson des aliments et à la convivialité – la réunion autour du foyer vecteur de chaleur –, donc aux histoires qu'on raconte et, finalement… aux livres qu'on écrit.

* * *

Nous partons à l'aube pour une journée de route à travers les montagnes de l'Altaï sur la route fédérale 256, autrement nommée Tchouïski Trakt : 1 000 kilomètres d'asphalte de Novossibirsk à la frontière mongole, 450 en ce qui nous concerne, puisque Tchemal se situe à mi-chemin.

La Tchouïski Trakt est une symphonie d'eau et de montagnes. Il faut, si possible, l'emprunter de la Russie vers la Mongolie pour apprécier la montée vers l'exceptionnel.

D'abord, l'épiphanie forestière. Pins et bouleaux forment un manteau dissimulant les rivières au bord desquelles ronronnent des villages comme en peinture. Côté nord, un mont pareil aux sommets pelés de l'Arrée annonce les étrangetés à venir. La route s'enfile dans la vallée de la Tchouïa, une veine tempétueuse dont les eaux chargées de tous les tons de l'Altaï oscillent entre l'olive et l'azur en fonction de la saison, de l'intensité des précipitations et du coloris des affluents.

Progressivement, l'espace s'élargit. L'Altaï se divise en innombrables dorsales, plateaux et collines. Il n'est pas « compact » comme les Alpes ou le Caucase. Il ne surgit pas soudainement de la plaine, ne s'entortille pas en défilés étroits, ne s'élève pas sans préavis vers des cols vertigineux. Il s'étale et prend la place dont il dispose : un terrain immense entre les plaines de Sibérie, la steppe mongole, les déserts et hautes montagnes d'Asie centrale. Il se décompose en dizaines d'écosystèmes et de microclimats. L'Altaï, c'est l'horizontalité appliquée à la montagne, comme si les sommets, contenus dans une boîte originelle, avaient été déployés plus que de raison en long et en large, et que cette opération eût fait essaimer des végétations, des climats et des animaux dans une implosion de matière, un étalage de biotopes façon dessin d'enfant ou toile abstraite, l'apparent désordre composant en fait une entité harmonieuse.

Après Aktach, des murs blancs apparaissent côté sud. Les montagnes forment des barrières de neige et de roche que le court été sibérien réchauffe à peine. Au premier plan, la route entourée de massifs multicolores serpente et se cambre en lignes droites dont on ne distingue pas l'extrémité. Plus loin, la rivière méandre à travers les futaies et les prairies. Des chevaux paissent dans cette Patagonie russe.

Mi-août, l'automne pointe déjà. La neige tombera dans un mois. Lors des nuits claires, la gelée menace. En virant poussin et ocre, les feuilles rajoutent des nuances à l'ahurissante palette qui se déploie à mesure que l'on progresse vers l'est.

Vers Kouraï, la végétation rapetisse et ce ne sont que collines et herbe rase sur un plateau beige cerclé de montagnes, long et large de plusieurs dizaines de kilomètres. Aucun arbre à l'horizon. Koch-Agatch, avant-dernière ville avant la Mongolie, trône au milieu de cette cathédrale d'aridité. Nous avons atteint l'extrémité de la Tchouïski Trakt. Le bout d'une Russie.

À Koch-Agatch, tout change. Les yeux sont bridés. Les routes, poussiéreuses. Un minaret domine les cours en terre où sont installées des yourtes. Des rapaces évoluent par centaines en plein cœur de la cité, comme des nuées de mouettes sur un labour, tournoyant par-dessus les rues bordéliques, guettant sur les toits et roulant des yeux obliques depuis les câbles électriques. Leur harangue, qui se marie aux grincements des portes en tôle, est la bande-son d'un western russe.

Mais est-ce encore la Russie ?

Moscou, 4 000 kilomètres plus à l'ouest, est plus proche de Paris que de cette steppe lointaine que l'on peut considérer, selon le point de vue, comme un centre du monde. La population, majoritairement altaïenne et kazakhe, de culture animiste ou musulmane, évolue dans un décor aussi foutraque et bigarré que celui d'une banlieue tadjike.

Les bulbes de l'Anneau d'or, les bords de la Volga et les forêts de Carélie semblent appartenir à un autre monde. Ils appartiennent pourtant au même pays. Koch-Agatch n'est pas une exception, mais une extrémité comme l'empire en regorge. On dirait que ce n'est pas la Russie ? Il s'agit en fait d'une quintessence de la Russie ; l'incarnation en chair, en os et en viande hallal de sa diversité. C'est aussi un *limes* stratégique, car un empire se disloque comme un bout de tissu : par ses extrémités. Pour le faire tenir, il faut soigner les coutures et consolider les rebords. Les baraques des habitants de Koch-Agatch sont de guingois, en bois ou en tôle, mais le FSB dispose d'un bâtiment flambant neuf à la sortie de la ville.

Moscou, même lointaine, veille.

Comme le paysage, le climat change. L'humidité du lac Teletskoïe, situé à « seulement » huit ou dix heures de route, ne subsiste que dans nos souvenirs. Le soleil quasi mongol nous brûle.

Nous errons en ville avec ces airs d'ingénus que devaient avoir les colons à chapeaux lorsqu'ils débarquèrent en Afrique subsaharienne. C'est alors qu'une question de première importance pour les voyageurs que nous sommes – c'est-à-dire une question plutôt futile – vient nous siffler dans les méninges : et maintenant ? Que fait-on, maintenant ?

Nous n'avons pas le temps ni les visas nécessaires pour entrer en Mongolie. Nous n'avons pas de moyen de locomotion permettant d'explorer les alentours et, d'ici à début septembre, il nous faudra remonter vers Novossibirsk où nous espérons prendre le train pour Moscou.

Nous décidons de faire appel au hasard.

Coups de chance et hurlements mécaniques s'enchaînent alors à un rythme exténuant.

* * *

À Koch-Agatch, personne ne daignant nous louer une voiture, nous nous mettons en tête d'acheter une Lada. Nous trouvons une occasion à 20 000 roubles, soit moins de 300 euros. Nous l'essayons et Romain, en pilote expérimenté, dit ne « pas trop le sentir ». Nous n'avons pas de permis international, pas d'assurance, alors nous renonçons et je fais un peu la gueule, mais Romain a raison : cette machine est un cimetière en puissance.

En panne d'idées, nous errons près du terrain de foot où se déroule un match au sommet. Romain, qui faillit dans sa jeunesse devenir gardien de but professionnel, est recruté. Il marque. *French flair*.

— On cherche un chauffeur pour aller sur le plateau d'Oukok, dis-je à un type assis près de moi sur le banc de touche.

Et l'homme en appelle un autre, qui débarque en 4 × 4 une demi-heure plus tard. Son tarif ne nous convient pas : Oukok se trouve à huit heures de route par des pistes défoncées, tout cela esquinte les mécaniques et coûte cher, trop cher. L'intermédiaire me fait savoir qu'une de ses connaissances pourrait peut-être nous conduire là-bas moyennant un prix plus bas mais dans un véhicule plus « rustique ». *Banco*.

Le lendemain, au petit matin, une bétaillère stationne devant notre hôtel.

Avec Ierik, notre chauffeur, nous passons au bureau local du FSB pour les formalités d'usage. Devant les murs d'enceinte, sous le soleil de 10 heures, une fonctionnaire permanentée nous fait savoir que non, désolé, on ne peut pas aller comme ça à Oukok, que c'est une zone proche de la frontière kazakhe, que cela nécessite une autorisation spéciale que nous pouvons obtenir auprès du bureau du FSB à Gorno-Altaïsk. Comptez trente à soixante jours de délai.

Ah…

— J'peux vous emmener dans les montagnes pour la journée…, propose finalement notre chauffeur.

Et Ierik, pilote de bétaillère hors pair, nous trimballe par des pistes terrifiantes au milieu de tableaux époustouflants dans la steppe, par-dessus des vallées jaunes et ocre, près des neiges permanentes et de lacs émeraude, sur des promontoires d'où l'on observe les pics à 3 000 mètres fendus par des torrents aux allures de veinules.

* * *

Le jour suivant, nous repartons vers le nord en stop. Le conducteur roule à 140 dans les courbes, vite, trop vite, déposez-nous là s'il vous plaît, et l'on se retrouve avec nos sacs auprès d'un hameau isolé. Nous installons nos tentes sur un pâturage au bord du Katoun, nous allumons un feu, nous buvons beaucoup trop de samagon et nous pêchons de nuit armés de nos lampes frontales, saouls comme des bidasses.

Au petit matin, nous sommes bredouilles.

Un autobus nous dépose au beau milieu d'un quelque part nommé Kouraï, où nous trouvons un gîte dont le propriétaire, un jeune Altaïen qui trime de 7 heures à 22 heures tous les jours, nous emmène en montagne dans sa jeep archaïque sur des pistes encore plus vomitives que celles de Koch-Agatch. Après deux heures à bringuebaler dans les ornières au milieu de paysages dantesques, le véhicule s'arrête et le chauffeur dit :

— Vous pouvez marcher par là, ça mène au glacier, comptez six heures aller-retour.

Nous grimpons « par là », le souffle court, jusqu'au fleuve de glace lové à 3 000 mètres entre les pentes enneigées.

Extase.

Jamais nous n'aurions aperçu ces torrents, ces cirques et ces sommets si Romain avait considéré que la Lada valait la peine qu'on casse notre tirelire et si nous ne nous étions pas plantés devant un terrain de foot municipal en attendant que quelque chose survienne.

* * *

Un soir, autour du barbecue du gîte de Kouraï, je me fais sermonner par un vacancier russe. Alors que lui et sa famille nous inondent de poulet fraîchement rôti et de crêpes maison, il m'explique que « non, la vodka, c'est un cliché, on en boit dans les moments conviviaux, mais pourquoi vous parlez toujours de ça, vous les Occidentaux ? Faut pas associer la Russie à la vodka, c'est mal, oui, c'est mal ».

La famille approuve et cela dure une bonne demi-heure durant laquelle, par ailleurs, nous mangeons et rions sans limite, et durant laquelle l'agent du FSB boit à fines goulées dans un verre en plastique qu'il remplit à intervalles réguliers, tout en m'expliquant que « nous, les Russes, on ne boit pas de vodka, pas tant qu'on veut bien le dire ».

La boisson avec laquelle il remplit son gobelet ? De la vodka, cela va sans dire.

* * *

Une journée à dos de cheval plus tard, nous entamons la remontée vers Novossibirsk. Nous sommes pris en stop par des hippies israéliens en Niva, puis par une bande de cueilleurs de pommes de pin russes dans un camion Ouaz, enfin par une fonctionnaire-babouchka en Lada *tuning* qui nous dépose, alors que la nuit tombe, dans un village quasi désert, nous trouve un hôtel, négocie pour nous le tarif et engueule le personnel, patron compris, parce que les chambres qu'on nous propose « ne sont pas assez confortables ». En fait, elles le sont bien assez, mais la mère poule légifère et ses imprécations sont des ordres.

Nous passons la nuit dans un nid beaucoup trop douillet pour de prétendus aventuriers.

* * *

Durant ces dix jours, les invitations à boire ne sont pas légion, si l'on excepte les quelques instants passés avec l'agent du FSB et sa famille. Les gens ne semblent pas avoir la tête aux libations. Septembre approche. Les vacanciers rentrent à Moscou, Tomsk ou ailleurs. La fête est finie. Les villageois, occupés aux récoltes, anticipent l'arrivée de l'automne. Et nous nous trouvons en terre d'islam. Une partie de la population respecte scrupuleusement les interdits.

Les rares « noceurs » que nous croisons sont des hommes au faciès asiatique, Russes altaïens ou Kazakhs, dévastés par l'alcool. Des jeunes pour la plupart, beuglant, titubant. Certains nous menacent. Nous devons, dans un cas, nous éloigner à marche forcée pour ne pas nous faire rattraper par deux gars aux intentions clairement hostiles.

Pour la première fois depuis mon départ, je pressens un danger réel. Ces types suralcoolisés paraissent mauvais, comme aliénés. Ils incarnent la face sombre de l'alcool, à la fois échappatoire d'une certaine misère (sociale, sentimentale, financière, ou tout cela à la fois) et accélérateur de déchéance, ces deux aspects s'entremêlant en spirale.

Ils sont peut-être des exemples de ce que Nadia, la géographe rencontrée au bord du Teletskoïe, expliquait à propos des autochtones qui ne sont pas « immunisés » contre la boisson.

Ils ont la vodka triste.

XIV

À la guerre comme à la guerre

Gare de Novossibirsk, train Tchita-Moscou, place n° 27, troisième classe, couchette du haut.

La voix robotique débite des numéros de quais et des noms de destinations. Soixante dormeurs patientent dans la moiteur d'un même chariot – notre wagon.

Le convoi s'ébranle comme annoncé à 0 h 41 précise, heure de Novossibirsk.

Cinquante-quatre heures de roulis, de taïga et d'oisiveté nous tendent les bras.

Le temps nous aspire déjà.

Le Transsibérien est auréolé de romantisme. C'est le train des écrivains, des photographes à chèche, des baroudeurs et des épopées en équipement Décathlon. Il renvoie à tant de fantasmes qu'on en vient presque à le connaître avant de l'avoir emprunté. On pense à Tchekhov et aux exilés volontaires, on songe à l'équation Saint-Pétersbourg-Vladivostok sur racine carrée de Baïkal. On rêve éveillé.

Le Transsibérien n'est pas l'Orient-Express. Il ne s'agit pas d'un train d'agrément. Il avait, et continue d'avoir, d'autres objectifs que de bercer à

70 kilomètres à l'heure nos envies d'évasion. Le Transsibérien structure la Russie. Il parachève sa construction nationale. Il a conclu au XIXe siècle, comme un sceau officiel, l'exploration de la Sibérie entamée cinq cents ans plus tôt. Artère économique et politique, il permet à l'État de proclamer : « Ici, c'est chez moi. » Il demeure, malgré le développement du transport aérien, une colonne vertébrale, comme un symbole de la bipolarité est-ouest du pays.

Les trains circulant sur les voies transsibériennes ne sont pas peuplés de dramaturges en divagation, mais, en grande majorité, de Russes en transit. Ils ne sont pas non plus remplis de voyageurs transcontinentaux reliant une extrémité du pays à l'autre lors de marathons de sept jours. Le Transsibérien consiste en une succession de tronçons reliant une multitude de pôles urbains. On voyage d'Ekaterinbourg à Kazan, de Novossibirsk à Irkoutsk ou de Vladimir à Moscou, plus rarement d'un bout à l'autre sauf à disposer du temps nécessaire et à ne pas pouvoir s'offrir un billet d'avion.

Il y a quelque chose d'amusant à constater que le Transsibérien, si mythique pour nous, constitue un moyen de transport comme un autre pour les Russes, un vecteur permettant de rendre visite à mamie ou d'aller au travail.

Le Transsibérien, c'est la clé à molette de l'immensité. La réalisation précoce du fantasme de la téléportation : le lundi à Tchita, le vendredi à Moscou. Entre les deux, les monts Saïan, les marais, quelques milliers de cours d'eau, cent milliards de bouleaux et dix tasses de thé quotidiennes.

* * *

À la fois dérisoire et grandiose, un voyage en Transsibérien implique de se laisser engourdir. Demeurer trop vif, c'est s'exposer à la claustrophobie. Trop s'impatienter, c'est risquer l'apoplexie. Il faut mourir un peu, se consumer en même temps que les heures et ne rien attendre que le prochain repas ou, plutôt, les prochains moments où surgira l'envie de manger. Car on ne mange pas à heure fixe dans ce convoi, pour la bonne raison qu'il n'y a pas d'heure fixe.

Très vite, nous perdons la notion du temps. Dans les gares russes, toutes les horloges donnent l'heure de Moscou. Or nous sommes calés sur celle de Novossibirsk, ville située à trois fuseaux horaires de la capitale. Je devrais petit-déjeuner à 9 heures, heure locale. Mais il n'est que 6 heures à Moscou et 8 heures là où l'on se trouve, quelque part à l'est de l'Oural. Et je n'ai pas faim. Mon corps réclame moins.

Mes voisins du dessous sont réveillés. Leur lit est fait. La femme observe le paysage, l'homme remplit une grille de mots fléchés. Des thés fument dans le wagon. Un vendeur de chapkas tente de me fourguer un de ses couvre-chefs fourrés. J'aimerais sacrifier au folklore, mais… à quoi bon : en Bretagne, l'hiver, j'aurais trop chaud avec cet ustensile conçu par et pour les Russes. J'aurais l'air d'un con.

* * *

10 h 43, heure de Novossibirsk.

Le wagon-restaurant dans lequel nous jouons aux dés vrombit de musique *dance*.

Assis en face de moi, un trentenaire athlétique, affublé d'une casquette noire et de tatouages à l'avant-bras, commande du Coca-Cola, de la bière, de l'eau et de la vodka, peut-être, me dis-je, dans le but de goûter à tous les types de liquides proposés sur la carte. Il décapsule la bouteille de soda avec les dents, boit au goulot, puis avale son verre d'alcool cul sec. Il regarde défiler les bouleaux. À quoi pense-t-il ? Il m'interpelle. Je m'assois à sa table.

— Tu fais quoi ? demande l'homme.

— J'écris un livre sur la vodka.

— Vas-y !

Et il me tend sa rioumka.

Je bois.

— Je peux prendre du Coca-Cola ? dis-je.

Il décapsule une autre bouteille avec les dents.

— Tu habites où ?

— Dans un village.

— Tu bois beaucoup de vodka ?

— Oh, comme ça…

Depuis plusieurs minutes, l'homme observe la tenancière et sa collègue avec des yeux de renard érotomane. Et contre toute attente, les dames semblent flattées. Le voyageur commande une bouteille de vin allemand, un moelleux à l'aspect sirupeux que l'une des deux employées ferroviaires dépose sur la table en même temps que des verres à cognac.

— Désolé, je vais boire un coup avec les dames, me dit-il.

Sous-entendu : il faut que tu dégages, le Français, j'ai mieux à faire que de papoter avec toi.

Les cheminotes s'assoient à côté du type, qui leur sert des verres à ras. Et ils roucoulent en sirotant leur boisson.

* * *

Au roulis du train, véritable capsule sensorielle, s'ajoutent les discussions des passagers, leurs ronflements, la musique dans le wagon-restaurant et la partition des ouvriers du rail qui inspectent la mécanique à chaque arrêt, longeant le convoi et tapant sur certaines pièces à l'aide de tiges en métal, comme s'ils jouaient du xylophone, pour vérifier qu'aucun dysfonctionnement n'affecte les parties roulantes. À l'intérieur, la mélodie des essieux me suit partout. Elle bourdonne lorsque je m'endors. Elle se fraye un chemin par les tuyauteries et résonne jusque dans les sanitaires. On ne peut jamais s'en départir et les bouchons d'oreilles sont vains. Cette sarabande hypnotise tout le monde et chacun vaque dans une semiconscience, l'esprit anesthésié ou volontairement assoupi, le corps en veille, égaré dans la valse des fuseaux.

* * *

6 heures, heure de Moscou.

Un jour radieux éclaire la Russie occidentale. Nous avons passé l'Oural sans nous en rendre compte, parce qu'il faisait nuit et parce que les montagnes s'élèvent plus au nord.

L'Oural… On a attribué à ce vieux massif un rôle exagérément symbolique. On l'a qualifié de « frontière », comme si une montagne avait déjà arrêté une tribu, une horde, un peuple ! C'est généralement l'inverse qui se produit : l'humain cherche à gravir et à franchir dès l'instant que la géographie l'incite à devenir pionnier. L'Oural s'avère moins poreux que la steppe, certes, mais prétendre qu'il sépare l'Europe de l'Asie revient à se méprendre sur la nature de la Russie.

Celle-ci n'est pas d'un côté européenne, de l'autre asiatique ou orientale, comme on l'affirme parfois. Elle est les deux, partout, tout le temps, de Kaliningrad à Sakhaline. Son essence même induit une cohabitation et des confrontations entre l'Orient et l'Occident. C'est le destin de ce territoire depuis que les Slaves de l'Est ont côtoyé les tribus turques installées au nord de la mer Noire et intégré des éléments de culture scythe, depuis que les principautés russes ont vécu sous le joug mongol, depuis que le cosaque Iermak a exploré, puis confié au pouvoir des tsars, les territoires post-ouraliens où l'attendaient des peuples que l'Empire a intégrés, protégés, persécutés et/ou asservis.

La République du Tatarstan, sujet de la Fédération de Russie à majorité musulmane, se situe à l'ouest de l'Oural, de même que la République bouddhiste de Kalmoukie, plus proche de Berlin que de Pékin. Dès lors, comment et pourquoi, sinon pour évacuer la complexité russe, affirmer que l'Oural forme une frontière ?

* * *

Je compte profiter du temps dont je dispose pour écrire et ne rien faire. On n'a que ça, dans ce train : du temps, ainsi que du thé et de la torpeur. Mon programme se déroule comme prévu jusqu'à ce qu'un voisin nous aborde alors que nous jouons aux cartes en sirotant du café au lait dans le wagon-restaurant.

Daniil, 25 ans, marin à Saint-Pétersbourg, vit à Tchita, gare de départ de notre train, à 500 kilomètres à l'est du lac Baïkal. Blond, d'apparence frêle, il a tout l'air d'un jeune adulte à peine exfiltré du lycée. Son camarade Mikhaïl, également militaire, également glabre, a le visage rougi des touristes anglais brûlés par le soleil de Vendée. Il porte un maillot de l'équipe de football d'Irkoutsk, où il vit. Comme leurs pantacourts et leurs visages poupons ne l'indiquent pas, Daniil et Mikhaïl, de retour de permission, sont officiers dans l'une des armées les plus puissantes au monde.

Ils enchaînent les bières et je devine que leur passif est lourd.

— On boit de la vodka depuis quatre jours !

Rires éthyliques dans l'assistance.

— Tu nous apprends à jouer ? dit l'un en désignant nos cartes.

Je tente de traduire en russo-anglais les règles du huit américain, mais je m'embourbe et nous abandonnons d'un commun accord.

— Buvons de la vodka ! s'exclame Daniil, convaincu que nous lui emboîterons le pas.

Mais nous refusons. Il est trop tôt, bon sang ! Et quelle heure est-il, d'ailleurs ? Romain ? 10 heures ? Quel fuseau ? Moscou ? Non ? Ici ? Oural ? Où, alors ?

Le militaire insiste, nous regimbons, il revient à la charge, mais l'équipe française tient bon : non, c'est non.

Interlude : une des cheminotes, non maquillée et vêtue d'un pyjama rose, traverse le wagon « au radar ». À l'évidence, elle sort du lit.

— Je peux vous apprendre le zinch, dis-je aux militaires.

Ce jeu de dés aux règles simplissimes a occupé un certain nombre de nos moments d'oisiveté depuis l'arrivée de Romain en Russie. Nos camarades comprennent rapidement le principe, aussi nous entamons une partie. Les Russes se montrent d'abord trop hardis ; nous profitons de leur manque de prudence pour les devancer et les battre à plate couture.

Nous interrompons la confrontation à l'occasion d'un arrêt en rase campagne. Alors que nous sortons pour humer l'air frais, je remarque que les deux tenancières fument dans la cuisine du wagon-restaurant. Elles sont là, débonnaires, clope au bec, à jacasser avec leur collègue cuisinier.

L'une et l'autre se comportent ici comme à la maison. Et pour cause : elles passent la moitié de leur vie dans ce wagon. Leur salle de bains, qui comprend un W.-C., un lavabo, un miroir et quelques rangements, le tout dans un mètre carré, sert aussi de sanitaires aux clients du restaurant. En m'y rendant tout à l'heure, j'ai eu l'impression de m'immiscer dans l'intimité des dames. Une trousse de toilette rouge à carreaux bleus voisinait, sur un petit reposoir, avec un vêtement de nuit élimé, ainsi qu'avec un nécessaire de toilette. Ne manquait qu'une guirlande de soutien-gorge. Cette nature morte ni pathétique ni flamboyante, d'une vérité implacable, m'a ému. Elle témoignait des conditions de vie de ces femmes. De leur banale et grandiose humanité.

L'arrêt dure une dizaine de minutes durant lesquelles j'interroge Mikhaïl sur sa situation familiale.

— J'ai deux femmes, confie-t-il.

Je tique.

— Enfin… Je suis divorcé. Là, j'en ai une. Ça fait deux, en tout.

— Et tu as des enfants ?

— Quatre.

— Quatre enfants, à 25 ans ?

— Oui, oui ! Quatre officiels.

— Et combien d'officieux ?

— Quatre aussi.

La contrôleuse qui surveille l'entrée du wagon sourit à l'écoute des exploits matrimoniaux du militaire couperosé. Huit enfants, à son âge ? Ou bien il ment – mais pourquoi mentirait-il ? – ou bien il est mû par un frénétique désir de consolidation de sa lignée.

Une fois le train reparti, Mikhaïl nous présente à un voyageur qu'il vient de rencontrer. Il s'appelle Nikita et c'est un brun taiseux au visage taillé à la serpe, qui ne veut pas me dire ce qu'il fait dans la vie.

Les Russes essaient à nouveau de nous débaucher :

— Allez, les gars, faites pas les timides ! On boit de la vodka ?

— Non !

En guise de compromis, nous décidons de commander des bières. Ainsi va la diplomatie : il faut parfois rogner sur ses convictions si l'on veut préserver sa souveraineté. Cela anéantit nos résolutions matinales mais nous préserve, au moins pour un temps, du passage sous les fourches caudines de la vodka ferroviaire.

Nous entamons une nouvelle partie de zinch. Nos adversaires apprennent vite, gagnent en prudence, affûtent leur sens tactique et amassent des points. Nous nous torpillons de vannes grasses. Il est notamment question du *Mistral*, ce bateau de guerre que la France a refusé de livrer à la Russie suite à l'annexion de la Crimée.

— Vous voulez pas livrer votre rafiot parce qu'il est pourri ! braille Mikhaïl, sérieusement éméché.

— Non. Parce que vos marins sont trop bourrés pour le piloter ! dis-je.

Je propose qu'on joue symboliquement le *Mistral* au zinch, Russes contre Français. L'idée plaît aux gradés, mais ils exigent du concret.

— On joue une bouteille de vodka, dit Daniil. Les perdants paient la bouteille.

À ce stade, notre pacte antivodka ne tient plus qu'à un fil. Défier aux dés, dans un wagon du Transsibérien, des militaires en plein marathon éthylique ? Le concept s'avère séduisant. Après un court conciliabule durant lequel ils admettent d'un commun accord que rien ne sert de succomber à leur propre entêtement, les deux Français abdiquent misérablement, tels les pauvres êtres soumis à la tentation qu'ils sont. Trop confiants, nous omettons cependant de mettre les scores à zéro. Or les Russes mènent. Nikita, silencieux et concentré, grappille des paquets de trois cents points qui l'amènent à la victoire finale.

Las, nous commandons la bouteille. Dans un premier temps, les tenancières se montrent récalcitrantes. C'est bien la première fois depuis mon arrivée dans ce pays que je rencontre des difficultés pour obtenir ce genre de denrée. Que se passe-t-il, bon sang ? S'agit-il d'un coup fourré des ligues de vertu ? D'un signal envoyé par mon médecin traitant ?

Rien de tout cela.

Les militaires m'expliquent qu'il est interdit de boire de la vodka – et donc d'en vendre – dans le Transsibérien. Nous pouvons en acheter, affirment-ils, mais sous le manteau : les tenancières disposent de bouteilles « privées » destinées à être écoulées au noir. Dans un même registre, j'apprends qu'il est possible de fumer à la porte du wagon-restaurant lors des arrêts courts – durant lesquels les voyageurs ne sont pas autorisés à descendre – à condition d'offrir du chocolat aux dames en uniforme, comme le veut la tradition. Je ne sais s'il s'agit d'une véritable coutume nationale. Quel pays formidable ! me dis-je cependant. Et je m'imagine présentant une boîte de Mon Chéri à un contrôleur SNCF pour tenter d'acheter sa mansuétude. On rigolerait bien.

La babouchka verse le contenu de trois mignonnettes de vodka dans une petite carafe et précise que nous devons cacher le récipient.

— Sinon, vous pouvez avoir une amende, dit-elle.

Nous dissimulons la carafe, mais les rioumki disposés sur la table trahissent de toute façon sa présence.

Nous trinquons et buvons cul sec, vodka, jus de tomates, vodka, jus de tomates, vodka… Il est entre 12 heures et 14 heures, quelque part dans l'espace-temps transcontinental. Dans les minutes qui suivent, Daniil se lance je ne sais pourquoi dans une diatribe à l'encontre des États-Unis : les Américains, méchants impérialistes, s'ingèrent partout ; les Russes, bienfaiteurs des peuples frères, ne font la guerre que pour se défendre. *Et cætera*. Revoilà ce « patriotisme total », dénué d'autocritique et de nuance, qui fait écho à la fameuse tirade de l'Allemand Bismarck affirmant, en 1888 : « Les brochets nous empêchent de devenir des carpes. » Sous-entendu : nous sommes obligés, à cause des autres, de demeurer sur nos gardes, voire de faire preuve d'agressivité. Les « brochets » belliqueux dont parlait le chancelier étaient la Russie et la France. Ils importunaient selon lui la « docile » carpe allemande…

Ce manichéisme nourri à la propagande néostalinienne des médias russes commence à me courir sur le haricot. Je réplique au quart de tour, un peu chauffé par la vodka. Je tente d'organiser des contre-arguments, mais je ne parviens qu'à cracher un ragoût bien-pensant aromatisé à la géopolitique de bas étage. Cela suffit pour griser les militaires. Le ton monte. Chacun gueule dans l'entre-wagon envahi par la fumée des clopes. Nous nous invectivons, France contre Russie, dans un espace mouvant d'un mètre par deux transformé en bunker diplomatique. Je crie des jurons dans ma langue maternelle, non pas tant destinés à nos potes militaires qu'à ma propre incapacité à m'exprimer ainsi qu'à la folie guerrière des hommes. Cette vaine altercation dure jusqu'à ce que l'un des belligérants décrète l'armistice et que Romain et moi, épuisés par l'intensité du voyage, partions siester après avoir salué les fiers soldats.

* * *

Le roulis me berce. Contre toute attente, on dort bien dans le Transsibérien, même en troisième classe.

J'ouvre les yeux à l'heure du dîner. Autour de moi, les passagers engloutissent des litres de thé, de soupe et de soda. Certains dorment, d'autres lisent. La sobriété des uns n'a d'égale que la sérénité des autres.

Dans le wagon-restaurant, Olga et Larissa, les tenancières, m'expliquent qu'elles officient toujours en tandem, avec le même cuisinier. Elles enchaînent trois allers-retours Tchita-Moscou par mois, soit trois fois dix jours de travail sans interruption, et disposent d'un mois de vacances entre chaque déplacement.

— Il est bien, ce travail ? dis-je.

— Oh, oui ! répondent-elles en chœur. On l'adore.

— Et la vodka ?

Grands rires.

— Les hommes boivent beaucoup ici, hein ? demande Larissa.

— Peut-être plus que chez nous… dis-je.

— Les hommes russes ne travaillent pas ! s'insurge l'une. Ce sont les Chinois et les Ouzbeks qui travaillent en Russie, pas les Russes ! Les Russes, ils boivent, et leurs femmes travaillent.

— Et les jeunes ?

— C'est pareil !

En saluant le binôme pour la dernière fois, j'ai l'impression de quitter d'affables arrière-tantes à l'issue d'une longue réunion de famille.

* * *

Peu après 4 heures du matin, la locomotive stoppe. Dehors, les lettres lumineuses indiquent « Москва ». Tout le monde descend.

Moscou, c'est le terminus du train et celui de mon voyage.

Des sentiments contradictoires m'étreignent : plénitude, mélancolie, tristesse, soulagement, joie.

Avant mon départ, je doutais de parvenir un jour à destination. De fait, on ne peut jamais être certain de ne pas passer sous une voiture dès la première semaine. En ce qui me concerne, je craignais davantage le « chou blanc » et son corollaire : la feuille blanche. Il n'était pas impossible que je me heurtasse à la barrière de la langue, à l'hermétisme des gens, à mes propres angoisses, et que rien ne survînt. Rien ! Mon projet paraissait clair – bien que farfelu

– lorsque j'en parlais autour de moi, mais le principal concerné n'était qu'à moitié convaincu par sa faisabilité.

D'où, aujourd'hui, le soulagement, auquel s'ajoute l'envie de revoir les miens.

Je sais cependant que l'odeur de la Sibérie me manquera et que je ne la respirerai pas de sitôt.

D'où la tristesse.

On me tape sur l'épaule dans le hall de la gare. C'est Mikhaïl, qui a troqué son short de plage et son maillot de foot contre une tenue d'officier. Il ressemblerait à un jeune militaire exemplaire si ses yeux rouge lapin n'étaient pas en mesure d'éclairer tout le bâtiment en cas de panne électrique. Ceux de Daniil, qui l'accompagne, brillent *idem*. À l'évidence, les gars n'ont dormi qu'une heure ou deux. Ils ont l'air d'avoir été sortis d'un four à micro-ondes.

— Vous avez continué à boire hier soir ? dis-je.

— Oui…

— De la vodka ?

— Oui !

XV

In vodka veritas

Dans *Guerre et paix*, Tolstoï fait dire à Napoléon, parvenu à l'orée de la capitale russe après moult batailles : « Cette ville asiatique avec ses innombrables églises, Moscou la sainte, la voilà donc enfin, cette ville fameuse ! Il était temps ! »[1]

Je ne me prends pas pour Napoléon, ni pour Tolstoï se mettant dans la peau de Napoléon, mais je veux m'approprier cette tirade : la voilà donc, Moscou !

Il était temps !

Je m'installe, en compagnie de Romain qui rejoindra la France dans quelques jours, dans une chambre que je sous-loue sur Bolchaïa Sadovaïa, à trente minutes à pied du Kremlin. À l'échelle de Moscou, c'est l'hypercentre.

Moscou : douze millions d'habitants, quatre boulevards périphériques, 300 kilomètres de métro. Où s'arrête la banlieue ? Laquelle des trois ceintures « ceint » vraiment la ville, puisque cette dernière s'étend bien au-delà ? Où commence la campagne ?

1. Traduction d'Irène Paskévitch.

Terré dans mon appartement, j'ai l'impression qu'il n'existe plus de campagne. L'épaisseur des fourrés urbains est telle que je les considère comme impénétrables. La taïga est plus douce que les circonvolutions d'asphalte moscovites.

Parce que j'ai besoin de m'y retrouver et parce que je collectionne les cartes, j'achète un plan dépliable et un atlas automobile. Dans ce dernier, plusieurs doubles pages comportent des vues agrandies des échangeurs et embranchements de l'agglomération. Ces rosaces sont ornées de flèches qui forment un fatras complexe. Qui peut bien étudier ces croquis ? À quoi servent-ils, sinon à effrayer l'automobiliste ? Pour s'engager dans ces monstres obliques, mieux vaut foncer sans renseignements préalables, en apnée jusqu'à immobilisation complète du véhicule, arrivée à destination, accident ou mort du chauffeur. Ces échangeurs sont les synapses de Moscou, cortex de la Russie. Y transitent des milliards de véhicules et beaucoup, énormément, de bagnoles que je ne pourrai m'offrir que si j'écoule plus d'un million d'exemplaires du livre que vous tenez entre vos mains, ce qui relève de la science-fiction, même si, évidemment, on cultive toujours un secret espoir : et si mon œuvre géniale atomisait les records de vente ?

Au milieu du milieu de ce fouillis se trouve le Kremlin, cœur de Moscou et de la Russie, où s'enchevêtrent l'Histoire et les symboles. C'est ici que Catherine II fut couronnée. C'est ici que Napoléon prit ses quartiers en 1812. C'est ici que repose la dépouille de Lénine. C'est ici, le 25 décembre 1991 à minuit, quelques heures après la démission de Mikhaïl Gorbatchev de la présidence de l'URSS, que les couleurs russes remplacèrent le drapeau soviétique.

Et c'est ici, si l'on en croit la légende, que naquit la vodka.

Enfermé dans le monastère de Tchoudov, au cœur du Kremlin, le moine Isidore aurait été le premier, dans les années 1430, à maîtriser la distillation de céréales, notamment grâce aux connaissances qu'il aurait acquises lors de ses voyages en Italie, où l'on distillait déjà le raisin. Son eau-de-vie à la russe aurait d'abord été utilisée à des fins médicinales avant d'inonder les gosiers du peuple avec le succès qu'on sait. Aucune preuve tangible ne permet d'étayer cette théorie, mais elle a malgré tout fait florès. Pensez : elle situe l'invention de la vodka en Russie – ce qui permet de faire la nique aux Polonais –, au cœur du Kremlin – épicentre de la nation – et l'attribue à un religieux orthodoxe, ce qui renvoie au mysticisme, à Dieu et à l'âme russe.

Voilà ce que savent les historiens : la distillation de céréales a probablement commencé au XVe siècle, elle a certainement été effectuée par des clercs, mais on manque d'éléments pour identifier et localiser son ou ses initiateurs. Cela a pu avoir lieu dans l'actuelle Russie comme en Europe de l'Est, ce qui n'a pas manqué de nourrir les chauvinismes. Certains, en Pologne, clament que la vodka provient de leur pays. D'autres, en Russie, jurent que, si l'on en croit tel ou tel faisceau d'indices, la vodka n'a pu voir le jour qu'à Moscou. Ne souhaitant pas déclencher une guerre nucléaire ni entraver une éventuelle commercialisation de ce livre dans l'un ou l'autre des pays concernés, je ne me hasarderai pas à trancher cette question.

* * *

Avec leurs bulbes multicolores et leurs murailles médiévales, le Kremlin et Saint Basile-le-Bienheureux paraissent irréels au milieu des immeubles hypermassifs. Leurs abords regorgent de baraques à souvenirs, d'échoppes servant du café trop cher ainsi que d'Asiatiques par grappes, chacun disposant d'un attirail technologique à faire pâlir un robot d'exploration martienne.

Le Kremlin est un Disneyland russe ressemblant à tous les Disneyland du village-monde, à tous les Trocadéro et à tous les Taj Mahal. Il est entouré des mêmes magasins Rolex et Yves Rocher qu'à Genève ou Séoul. « Les capitales sont toutes les mêmes devenues », chantait Bashung avant de mourir. Il avait raison.

Les militaires en uniforme pullulent. Ce sont des hommes, des femmes, des solitaires, des disciplinés, des pressés, des flâneurs, des harnachés… Certains, arme à la main, veillent à notre sécurité. Certains se promènent. Certains reviennent, si l'on en croit leur air important, de quelque réunion au sommet. D'autres auront quitté avant-hier le trou du cul de la Tchoukotka pour effectuer leur visite annuelle à la capitale…

Nous passons devant une scène installée sur la place Rouge. Une répétition des spectacles prévus dans les prochains jours pour l'anniversaire de la ville se déroule sous nos yeux. Il s'agit de militaires, encore, qui préparent la parade. Les bruits de leurs bottes font écho à l'imagerie qui a envahi le pays en cette année de commémoration du soixante-dixième anniversaire de la victoire sur les nazis. Des routes secondaires de Sibérie aux grandes artères moscovites, le ruban orange et noir, symbole du patriotisme russe, est partout. La faucille et le marteau s'offrent une seconde jeunesse.

On a ressorti l'attirail.

L'État rend hommage à ses morts. Cela n'a rien d'extraordinaire, mais il n'empêche : le zèle des autorités en la matière, la réutilisation des vieilles panoplies symboliques et les parades à 100 millions de roubles ne servent pas qu'à entretenir le souvenir des glorieux faits d'armes. On ne serait pas tenté d'y voir un élément d'une stratégie globale si, dans le même temps, Poutine ne s'efforçait pas de galvaniser le sentiment patriotique, de désigner l'Occident « décadent » comme un ennemi et de museler toute forme d'opposition.

Pendant que le peuple bombe le torse, il ne demande pas (trop) de comptes concernant les perspectives économiques et l'accroissement des inégalités.

La Russie a touché le fond dans les années 1990. Beaucoup de Russes ont eu le sentiment, certainement à juste titre, d'être humiliés et méprisés par l'Occident. Cela alors que, dans le même temps, les loups (les futurs oligarques) vagabondaient à l'intérieur de la bergerie, pillant en toute impunité les richesses du pays. La Russie a désormais recouvré sa fierté et une partie de ses habitants ont découvert les joies du pouvoir d'achat. Mais le patriotisme et les écrans plats n'ont jamais suffi pour esquisser une stratégie de long terme. Cela, un jour, obligera peut-être Poutine à descendre de son trône. De gré ou de force.

* * *

La mienne, de stratégie – errer jusqu'à ce que quelque chose survienne –, ne peut fonctionner à Moscou. Trop de monde, trop d'anonymat, trop d'endroits où commencer les recherches. Alors, j'envoie des bouteilles à la mer. Je connais des gens qui en connaissent d'autres qui, peut-être, accepteront de me rencontrer, ou de me présenter quelqu'un disposant d'archives secrètes qui me permettraient de percer les mystères de la vodka, ou ceux de l'âme russe. Ou toute autre chose.

* * *

Une amie française me met en relation avec le fils d'un antiquaire moscovite qu'elle connaît de longue date.

Arseni me donne rendez-vous dans l'appartement familial, situé dans le quartier de l'Arbat, l'un des plus prisés de la capitale. Le logis témoigne d'une certaine aisance, du moins d'une aisance passée, mais, contrairement aux lofts perchés dans des immeubles en verre, il vit. Son plancher craque. Ses entrailles miaulent. L'éclairage tamisé complète la faible lumière qui perce à travers d'antiques huisseries. Les reliures tannées de livres anciens côtoient des bibelots millésimés, des tableaux romantiques et quelques toiles contemporaines.

Mon hôte me fait pénétrer dans le salon, puis dans la cuisine où nous nous asseyons.

Artiste multicarte, baroudeur, graphiste et photographe, Arseni passe une partie de son temps à Moscou, l'autre en Inde. Dans chacune de ces deux polarités, dit-il, il ressent « des vibrations ». Et, devinez : « Une âme. »

Arseni a proposé à l'un de ses meilleurs amis de se joindre à nous. L'intéressé, qui se prénomme Tikhon, est un beau brun à la barbe d'une semaine, jeune père de famille cultivé et polyglotte. Il connaît le tout-Moscou alternatif et arbore un pull marin de bonne facture. Il dispose de nombreux attributs du bourgeois bohème occidental, à quelques cruciaux détails près. Il possède une petite datcha à trois heures de Moscou où il aime se détendre, lire, boire et chasser – quelqu'un connaît un bobo parisien qui chasse ? Et sa vision du monde est empreinte d'un mysticisme diffus qui le rend indiciblement mais totalement « russe ».

Arseni ouvre une bouteille de vin rouge et coupe du fromage en dés. Elvis Presley feule dans les enceintes. Je songe : « Comme à la maison, Legendre. »

Tikhon et Arseni étaient dans la fleur de l'âge quand la Russie, échappée du cul-de-sac communiste, découvrait dans une même déflagration la course à l'argent, la liberté d'expression et les clips de Bon Jovi. Ils ont brûlé leur adolescence dans un pays non seulement en mutation, mais aussi en roue libre, passé du marxisme doctrinaire à « Que le meilleur gagne » en une fraction d'espace-temps civilisationnel.

— Il y a eu une période faste pour les bars *underground* et la scène alternative à Moscou durant les années 1990 et 2000, confie Tikhon. C'était une époque de grand n'importe quoi, mais aussi de liberté. Il y a quinze ans, on pouvait encore faire des barbecues dans la rue, comme ça, en bas des immeubles, où on voulait.

— Avant la reconstruction de la cathédrale du Christ-Sauveur, il y avait une grande piscine à la place. Elle était remplie d'eau de pluie. On faisait des barbecues autour, on buvait, on fumait. On avait même construit un radeau… En plein cœur du Moscou touristique d'aujourd'hui ! Personne ne nous faisait dégager. D'ailleurs, personne ne nous aurait dit : « Qu'est-ce que vous foutez là ? »

— C'est plus comme avant, dit Arseni. Tout est réglementé. Il y a cinq ans, tu pouvais boire et fumer partout. Aujourd'hui, les flics te collent des amendes.

— Les gens de ma génération sont un peu… fatigués, ajoute Tikhon. Avant, on buvait comme si c'était notre dernier jour. Maintenant, on a des gueules de bois terribles.

Nous rions. Mon compteur affiche dix ans de moins que celui de mon interlocuteur, mais j'approuve et compatis : il m'arrive également de moins bien « encaisser ».

Tikhon et Arseni continuent de ripailler, mais ils ont vieilli. La Russie aussi, a vieilli. L'anarchie des années 1990 a cédé la place au poutinisme triomphant. Mes camarades du jour ne sont pas de chaleureux partisans du nouveau maître du Kremlin. Du moins je le suppose, car nous n'avons pas évoqué explicitement le sujet. Arseni m'a prévenu dès le début de notre rencontre : « On peut parler de tout, mais pas de politique, s'il te plaît. »

Est-ce parce que le sujet l'indiffère ? Parce qu'il en parle déjà trop avec ses proches ? Parce qu'il vénère Poutine au-delà du raisonnable ? Parce qu'il le hait davantage encore ? Je n'en saurai rien.

— Tu sais, dit-il, la plupart des gens en Russie, excepté dans les milieux artistiques, ne s'intéressent pas à la politique. La politique, c'est la politique… Et la vodka, c'est la vodka.

— Pourquoi est-elle si importante ? dis-je.

— La vodka ?

— Oui.

— La vodka est devenue très populaire durant l'époque soviétique parce que c'est facile de maîtriser les gens quand ils sont bourrés. Tout le monde buvait à cette époque.

— Regarde aujourd'hui, dit Tikhon. Mes amis businessmen n'ont pas le temps de boire. Ils ne boivent plus que du bon vin, de temps en temps.

Mes hôtes n'ont pas adopté le mode de vie des hommes d'affaires moscovites – qui correspond en fait à celui de l'animal capitaliste standard. La preuve : Arseni quitte la table en disant « Attends, je crois qu'il reste un fond de vodka dans le frigo » et revient avec une bouteille presque vide dont il tire trois petits verres.

Nous trinquons « à l'amitié ».

— Je peux boire, boire, boire, explique Arseni, mais je ne sais pas m'arrêter… C'est le problème avec la vodka. C'est pour ça que j'aime l'Inde. Je passe deux trois mois en Russie, je vois tous mes potes, on boit et au bout d'un moment, ça me fatigue, j'en peux plus, alors je vais en Inde…

— Il vous arrive de partir en *zapoï* ?

Le fameux zapoï : une cuite de très longue durée – un jour, deux jours, voire deux semaines pour les plus endurants – durant laquelle un individu s'enivre jusqu'à ne plus savoir où il habite, erre de fêtes en tavernes ou de parcs en wagons de métro, et se réveille parfois dans son jardin, ou bien sur une plage au bord du Don, sans son portefeuille mais avec une vicieuse migraine et quelques semaines d'espérance de vie en moins. Le zapoï est un mystère russe doublé d'un fléau sanitaire, ainsi qu'un fabuleux vecteur de situations tragiques ou poétiques. Si mon professionnalisme ne pâtissait pas de mon manque de courage, je l'aurais testé pour vous. Mais, merde, j'ai une famille.

— Je ne pars jamais en zapoï, dit Tikhon, parce que j'ai des gueules de bois terribles. Mais j'ai un ami qui peut le faire. C'est un truc chimique, je pense. Certaines personnes, à certains moments, décident d'y aller. Il y a un gars dans mon village, un mec très bien, droit dans ses bottes, *clean*, mais qui, de temps en temps, part en zapoï pour deux ou trois jours.

Et nous tentons de disséquer ce mystère, qui renvoie aux abysses de l'inconscient russe et à toutes les énigmes métaphysiques de ce pays…

— En Europe, vous avez des murs, des petites rues, des petits couloirs…, dit Tikhon. Tout est petit. Nous, nous n'avons pas de frontières, que des corridors, des vagues et du vent. Chez nous, quel que soit le chef, Staline, Poutine ou les Romanov, tu as toujours la possibilité d'aller te cacher, de partir… Parce qu'il y a… le plat pays. Pas le plat pays belge, non, mais la steppe ! Ici, tu peux te perdre entre Moscou et l'Oural, c'est déjà très, très grand. Et de l'autre côté, c'est encore plus grand. Ça change tout !

Nous achevons la bouteille après qu'Arseni a déclamé un toast :

— Je veux boire à tes rêves, Nicolas, parce que les rêves, c'est le plus important. On n'est peut-être pas des spécialistes de la vodka, et ça ne fait rien, mais pour ce qui est des rêves, on s'y connaît !

* * *

Je marche dans l'Arbat avec le sentiment d'avoir été téléporté en Occident. Je suis bien en Russie, mais le fromage d'Arseni avait le goût du vrai, contrairement aux crèmes industrielles insipides vendues dans la plupart des échoppes russes, et le raffinement désinvolte de mes hôtes contrastait avec la rugosité sylvestre de certains de mes acolytes sibériens. J'évolue dans un entre-deux. Encore en voyage ? Oui. Mais moins.

Le trois-pièces dans lequel je loge est d'ailleurs un condensé de « modernité » : il est occupé par des jeunes colocataires pressés qui mangent sur le pouce à toute heure, travaillent trop, sortent tard, et passent des heures entières devant leurs écrans. Leur existence est dissolue. Non pas parce qu'ils mènent des combats susceptibles de changer le monde, mais parce qu'ils luttent pour leur survie dans la jungle capitaliste. Parce qu'ils essaient d'être bons dans leur domaine, peut-être même d'être les meilleurs. Les meilleurs ! Ce sont des Stakhanov modernes, au fond, et rien n'a changé.

L'un de mes voisins de chambrée, un Irlandais expatrié à Moscou pour raisons professionnelles, arbore une tête de flic de banlieue pour série télévisée américaine des années 1980. Ce grand roux se nourrit principalement de poisson pané cuit au micro-ondes, de soda et de bière. Il travaille dix heures par jour et dépense son argent au bar le reste du temps. Il baise des filles draguées ici ou là et distille des blagues plutôt drôles.

Installé en Russie depuis plusieurs années, il ne parle presque pas russe et me gratifie d'un anglais susceptible de rebuter un linguiste, si bien que, n'étant pas linguiste, je lui fais répéter trois ou quatre fois chacune de ses phrases. C'est comme si un Londonien tentait de comprendre un vieux paysan de Lozère.

Le mangeur de poisson pané me fait savoir qu'il connaît un gars, un Irlandais comme lui, qui a officié dans l'industrie de la vodka. Que le gars s'appelle Peter. Qu'il va lui demander s'il veut bien me parler. Que ce serait bien pour mon livre.

L'intéressé me donne rendez-vous dans un bar branché près de la gare de Biélorussie.

* * *

Peter, père de famille, la cinquantaine débonnaire, a connu la Russie sauvage des années 1990.

— Je suis parti pour la Yougoslavie six jours avant que le pays ne puisse plus payer sa dette, dit-il. À cette époque, il n'y avait presque pas de vins européens, ni d'alcools occidentaux, rien d'autre que de la vodka. J'avais une Volvo de deux ans d'âge et, pour l'époque, c'était un truc incroyable. Tu te rends compte ! Maintenant, il y a des Porsche partout à Moscou.

Revenu dans son pays d'adoption à partir de 2005, l'Irlandais a officié comme directeur financier pour deux des plus fameuses marques de vodka du pays. L'une des entreprises en question s'intéressait principalement au « gars qui sort du métro et achète une bouteille pour la boire chez lui après le travail ». En somme : le prolétaire russe en mesure de se procurer une boisson de qualité moyenne et de l'agrémenter de zakouski médiocres. Le même prolétaire qui, en France, s'offre des vins à 3 euros et du whisky bas de gamme. C'est-à-dire la plupart des gens.

— C'était typiquement notre cœur de cible, dit Peter. La vodka correspondant à cette cible est de qualité moyenne. Elle doit piquer, car c'est ce que demande le client.

— Ça représente quelle quantité de vodka annuellement ?

— On considère qu'aujourd'hui, il y a environ soixante millions de buveurs de vodka « actifs » en

Russie. Nous, on vendait trente millions de bouteilles par an et on ne captait qu'une part infime du marché russe. Tu te rends compte : ça représente BEAUCOUP de vodka ! C'est un gros marché. Mais ça a décliné.

— Pourquoi ?

— Les gens s'européanisent. Ils sont devenus plus adeptes des restaurants, du vin, du whisky... Dans le même temps, il y a eu une augmentation des taxes sur l'alcool et, donc, de plus en plus de contrebande. On a trouvé des trains entiers de fausse vodka Parliament.

— C'est un vrai manque à gagner ?

— La contrebande, c'est environ la moitié des ventes...

— Au quotidien, dans ton travail, il y avait beaucoup d'occasions de boire de la vodka ?

— De moins en moins... Là aussi, les comportements changent. C'est d'ailleurs un paradoxe : les Russes se disent patriotes, mais ils conduisent des BMW... La consommation d'alcool est moins compulsive qu'elle ne l'a été.

Nous finissons notre seconde pinte et Peter, cadre supérieur en week-end, me signifie qu'il est l'heure pour lui de retourner auprès de sa famille.

* * *

Le jour suivant, je change de quartier et d'univers. J'ai rendez-vous dans la banlieue nord de Moscou, presque à l'orée de la ville.

Anton Krotov est une légende vivante dans le monde des baroudeurs. Pape russe de l'auto-stop, ce quadragénaire a théorisé le concept de « voyage libre », qui consiste à se rendre d'un point à un autre du globe en dépensant le moins d'argent possible, voire en ne dépensant rien du tout. En vingt années passées sur les routes, Krotov est devenu maître dans l'art du bateau-stop, du train-stop, du partage de canapé bien avant qu'Internet ne facilite la tâche, de l'entraide en terrain hostile, du glanage de nourriture et, d'une manière générale, de la survie avec pas grand-chose. Il a raconté ses périples dans des livres autoédités, dont un seul a été traduit en français. *Pratique des voyages libres* se lit davantage comme un mode d'emploi que comme un essai littéraire. Krotov le minutieux y détaille avec un style chirurgical ses techniques pour vagabonder sans un kopeck. Sa personnalité apparaît en filigrane. Il ne s'agit pas d'un hippie mais d'un ascète qui s'astreint, afin de pouvoir circuler comme il l'entend, à des règles strictes en matière d'habillement, de comportement vis-à-vis des inconnus, d'alimentation… et de non-consommation d'alcool.

Converti à l'islam, Krotov ne boit jamais. Il a érigé ce principe en pilier de sa « technique » de vagabondage, de sa philosophie personnelle et de celle de la communauté qu'il a fondée : l'Académie des voyages libres. Composée d'admirateurs du grand Voyageur en chef, d'étudiants et de bourlingueurs en tous genres, cette bande se réunit de temps à autre en Russie et organise des virées en auto-stop aux quatre coins du monde.

Lorsqu'il ne roule pas sa bosse en Papouasie ou dans l'Extrême-Orient russe, Anton Krotov vit chez lui, à Moscou, dans un trois-pièces faisant office de repaire pour ses congénères, de quartier général pour ses diverses activités et d'auberge gratuite pour les voyageurs de passage.

Je m'égare durant près d'une demi-heure entre les barres d'immeubles avant de dégoter la bonne porte. À l'autre bout de l'interphone, on me dit de monter et d'entrer sans frapper.

Je pénètre quelques instants plus tard dans ce qui fut jadis un appartement et qui, désormais, est une sorte de caverne, une cour des miracles, un petit Vatican des « voyages libres ». Des paires de chaussures par dizaines, ainsi que des amas de manteaux, envahissent l'entrée. Il y a des livres partout, rangés dans des bibliothèques ornant des pans de mur entiers, dont beaucoup portent la signature de Krotov. Il fait chaud et humide. La buée a envahi les vitres, si bien qu'on ne voit plus la ville à travers. Plusieurs jeunes gens palabrent dans la cuisine, d'autres lisent ou discutent à même le sol et certains consultent un des ouvrages à disposition. Ceux du principal occupant des lieux, disposés comme en librairie, coiffent une pile de cartons entreposés dans un coin de la pièce principale.

Des tracés irréguliers zigzaguent sur une large mappemonde punaisée au mur. Ce sont les routes empruntées par Krotov. Elles forment une toile d'araignée qui s'entortille dans une bonne partie de l'Afrique de l'Est, en Inde, en Europe, en Iran, dans les grands espaces sibériens, en Chine, en Mongolie, en Indonésie, à Madagascar, aux États-Unis, au Turkménistan, en Malaisie, au Kamtchatka, au Mexique…

Certains exposent des bois de cerf. Krotov, lui, exhibe son historique de voyage.

Un bureau est installé devant un mur presque entièrement dissimulé par les affiches décolorées et par les étagères d'où jaillissent des documents jaunis, des magazines, des prospectus, des pochettes de plastique et des cartons, partout, ainsi qu'un grand poster de La Mecque auprès duquel patientent cinq tabourets rose et nacre empilés les uns sur les autres. Au centre du bureau trône un écran hors d'âge. Derrière cet écran se trouve un homme trapu, sec, au visage émacié, à la peau crème, aux cheveux de jais, à l'épaisse barbe grisonnante et aux yeux cobalt scellés sous des petits sourcils qui ressemblent aux ailes d'un faucon. C'est Krotov.

Il détourne à peine le visage lorsque j'entre dans la pièce.

— Salut.

Il tape sur son clavier.

Je ne m'attendais pas à ce qu'il m'embrasse ou m'appelle « mon pote », mais tout de même. Cet accueil est, disons, minimaliste.

Je l'ai contacté il y a quelques jours en expliquant que j'écrivais un livre sur la vodka, que je savais qu'il ne buvait pas et que c'était justement cette caractéristique, ainsi que son expérience de voyageur sobre, qui m'intéressaient. Il m'a dit de venir chez lui tel jour, à telle heure.

Certains des individus présents dans la pièce me regardent comme si j'étais un animal de foire. D'autres ne pipent pas et continuent qui sa lecture, qui son roupillon. Un homme accroupi compte et recompte des piécettes probablement destinées à alimenter une caisse commune.

— Installe-toi, dis Krotov. J'ai beaucoup de travail. Pose-moi des questions.

Je pensais qu'il m'accorderait un peu de temps en tête à tête et que nous discuterions à bâtons rompus. Je n'ai bien entendu préparé aucune question et me voilà contraint d'improviser une interview…

Je m'assieds sur la moquette et entreprends de me présenter.

— Comme je te le disais, j'écris un livre sur la vodka…

Il coupe.

— J'suis pas la bonne personne, je bois pas.

— Justement, c'est ce qui m'intéresse et…

— Je n'aime pas l'alcool.

— Est-ce à cause de ta religion ?

— Je n'ai jamais bu de vodka, même avant ma conversion.

— Parce que tu as vu ce que l'alcool fait aux gens ?

— Ça change leur état d'esprit, ils deviennent mauvais. L'alcool est comme un narcotique !

— Donc, tu n'as jamais bu ?

— Jamais, jamais, jamais.

— Quand t'es-tu converti à l'islam ?

— En 2001, à Moscou. Mais c'est un long processus…

Sa voix ne correspond pas à son physique élancé ni à son regard sombre. Elle module du médium à l'aigu. Soudain forte, soudain rapide ou mélodieuse, elle se décompose en saccades imprévisibles.

— Tu pries souvent ?

— Tous les jours, mais pas cinq fois par jour, et pas partout.

Il tape sur son clavier.

— Pourquoi les Russes boivent-ils plus que d'autres, selon toi ?

— Peut-être qu'on a fait en sorte que les gens boivent afin qu'ils n'aient pas envie de faire la révolution. Quand tu bois beaucoup, tu ne penses pas à la révolution.

— C'est politique ?

— Oui.

Il tape. Long silence.

— La situation serait-elle différente si les gens buvaient moins ?

— Oui, mais ça ne peut pas changer en un jour. Peut-être en un siècle. Peut-être en cinquante ans. La société russe deviendrait meilleure, en particulier dans les campagnes. Parce que là-bas, les gens ont peu de choses à faire à part boire ou regarder la télévision. La télévision est l'autre narcotique. Elle permet de diriger les gens. Voilà : la télévision et la vodka.

— Dans certains pays, il est interdit de boire mais cela n'empêche pas que les gens soient très contrôlés…

— Oui, euh, oui.

Il tape.

Nouveau silence. Plusieurs anges passent.

Il se lève sans rien dire, puis revient.

— Tous les membres de l'Académie partagent ton credo concernant l'alcool ?

— Tu peux demander… Où est Daniel, l'Italien ?

Il migre vers la cuisine. J'entends des rires. Se moquent-ils de moi ? Je me sens comme un journaliste du *Figaro* débarqué dans un QG crypto-marxiste. On me tolère. Pas plus. Il se pourrait même qu'on me séquestre et qu'on exige une rançon contre libération, ce qui m'offrirait une publicité du tonnerre.

Anton finit par reparaître.

— Tu peux aller boire du thé dans la cuisine, si tu veux…, dit-il.

On dirait qu'il m'invite à lui lâcher la grappe. Je trouve dans la cuisine ledit Italien ainsi qu'une jeune fille à l'accoutrement de lycéenne en révolte.

Ils blaguent et m'ignorent.

Anton nous rejoint. Il se sert du thé et distribue des bons mots. Apparemment sous le charme, la jeune fille glousse. D'une manière générale, tout le monde ici semble sous le charme, comme aimanté par le magnétisme de Krotov. S'agit-il d'un gourou ? Son académie libertaire-rigoriste n'a rien d'une secte. Elle ressemble davantage à une cellule anarchiste dans laquelle se trouve, comme dans la plupart des groupes humains y compris ceux qui revendiquent la suppression de toute hiérarchie, un individu plus charismatique et disposant de plus d'autorité que les autres.

Mon hôte multiplie les va-et-vient et ne m'adresse pas un regard, mais je parviens finalement à l'arrêter.

— Quelle est ta prochaine destination ?

— Je fais différents types de voyages. Des petits, des grands. Partout. J'ai passé les huit derniers mois ailleurs que chez moi. Je n'ai pas d'autre grand voyage prévu cette année, mais je vais aller à Saint-Pétersbourg, en Sibérie, etc.

— Qu'as-tu pensé des États-Unis ?

— Il est bien, ce pays, mais je les aime tous : les États-Unis, l'Afghanistan, le Pakistan… Enfin, je préfère le Pakistan aux États-Unis… Je prévois quand même de retourner aux États-Unis dans deux ans.

— Tu sais déjà où tu partiras dans deux ans ?

— Oui… La vie est longue. Si on planifie, on peut faire plus de choses.

Long silence. Ceci n'est pas une interview, mais un naufrage journalistique.

— Combien de pays as-tu visités ?

— Hmmm… Quatre-vingt-seize.

Re-silence. Il repart, puis revient et discute avec l'une des filles installées dans la cuisine. J'en ai assez. Je regagne le salon où je feuillette au hasard les ouvrages du Grand Chef. Au bout de quelques minutes, Anton se réinstalle à son bureau et recommence à taper sur son clavier.

— Combien as-tu vendu de livres au total ? dis-je.

— Plus de deux cent mille.

— Tu vis grâce à la vente de tes livres ?

— Tu sais… Je suis un spécialiste pour ce qui est de « vivre »… Mais oui, je reçois de l'argent grâce à la vente de mes livres.

— Tu continues à voyager sans argent ?

— Oui, souvent… Enfin, peu importe. Quand j'ai de l'argent, je l'utilise. Quand je n'en ai pas, je fais sans. Avant, il y a vingt ou vingt-cinq ans, je voyageais la plupart du temps sans argent. Maintenant, c'est plus rare, parce que l'argent est partout.

— Et parce que les gens ont changé ?

— Le monde change. Internet est arrivé.

— Et l'hospitalité ? Tu constates une différence entre l'époque de tes premiers voyages et aujourd'hui ?

— Ça dépend seulement de la densité de population. S'il y a une personne par kilomètre carré, il y a de l'hospitalité. S'il y a un million de personnes par kilomètre carré, il n'y a pas d'hospitalité.

— C'est donc… scientifique ?

— Oui. En Mongolie, en Sibérie ou en Tchoukotka, les gens t'invitent. Ce n'est pas le cas à Shanghai. Un Moscovite qui irait vivre en Iakoutie deviendrait très hospitalier.

— Tu t'intéresses à la politique ?

— Oui, parce que ça change les conditions pour voyager. En Ukraine ou en Syrie en ce moment, par exemple… Ça nous oblige parfois à modifier nos plans.

— Que penses-tu de Poutine ?

— Quoi, Poutine ? Je ne le connais pas. Il ne vient pas ici, je ne vais pas chez lui. On s'ignore…

À l'évidence, mes questions l'emmerdent. N'ayant pas l'intention de quémander plus longtemps la sainte parole, je ne vois qu'une issue : fuir. Je salue les uns et les autres – qui ne semblent pas chagrinés par mon départ – et quitte l'appartement.

* * *

Je rentre « chez moi » avec cet entretien pour le moins bancal dans la musette. Je me sens mal. La discipline de Krotov me renvoie à mes propres contradictions. Lui a fait de l'aventure un mode de vie, une philosophie et une éthique. Ce choix l'engage au quotidien. Il combat le système en évoluant à sa marge, sans vitupérer contre lui mais en l'ignorant alors que moi, je ne prends le maquis que passagèrement, et lâchement. Je suis parti à l'« aventure » en sachant qu'une existence rangée m'attendrait à mon retour. Que je retrouverais alors ma vie de consommateur plus ou moins éclairé, mes compromissions tranquilles, ma sécurité sociale et mes bistrots où l'on sert de la viande *locale*.

Je n'envie pas Anton. Son austérité et son puritanisme me rebutent. Sa façon d'envisager l'existence ne me correspond pas. Mais sa droiture me pousse à m'interroger. À quoi bon larguer les amarres si c'est pour compenser durant quelques mois le déficit d'intensité de mon quotidien ? Pourquoi ne pas entreprendre de transformer radicalement ce quotidien ? J'apporte toujours à cette question la même réponse : par manque de courage. Cette vérité terrible lancine en moi alors que je regagne le centre de Moscou par d'infernales avenues et par le métro qui déclenche à chaque démarrage un vacarme cataclysmique.

Il pleuviote. Il fait un temps à se hâter de réintégrer ses pénates et à y avaler une soupe.

C'est ce que je fais.

Que faire d'autre ?

J'ai l'embarras du choix, oui, c'est Moscou après tout, mais c'est bien trop grand, je n'ai pas assez d'argent pour traîner dans les bars du centre, pas assez d'énergie pour écumer les troquets de banlieue, pas d'ami avec qui entamer une virée hasardeuse (Romain a quitté la Russie il y a quatre jours), et quand j'erre dans les rues, rien ne se passe, ou plutôt tout se déroule comme à l'accoutumée : chacun vaque à ses priorités.

J'adopte un rythme de bureaucrate. Le matin, je pars acheter des œufs, du bacon et du fromage. La journée, je travaille. Le soir, je regarde un film. Je mange des pâtes. Bon Dieu ! Ce n'est peut-être pas la faute de Moscou. Peut-être, au fond, que la vodka m'a tué et que j'ai assez bu, merci. Que tout cela n'a que trop duré. Peut-être que je suis fatigué.

* * *

Le musée de la Vodka russe ressemble aux musées de la Torture ou de l'Érotisme qui fleurissent dans la plupart des capitales touristiques. Il dispose d'un achalandage composé de bouteilles en tout genre, certaines arborant le visage de Staline, d'autres de Gorbatchev ou de héros de la conquête spatiale – un échantillon partiel de l'imaginaire national disséminé sur autant d'étiquettes bariolées. On y trouve aussi un ours empaillé, gueule ouverte et dents saillantes.

Le ticket d'entrée au musée, que j'ai visité avec Romain la semaine dernière, nous donnait droit à une dégustation de vodka. En sirotant mon breuvage, je regardais les ouvrages exposés dans la boutique, dont une grande partie portait la signature d'un certain Alexandre Nikichine. J'en conclus que ce Nikichine avait des choses à m'apprendre et qu'il serait judicieux de m'entretenir avec lui. J'obtins assez rapidement son adresse électronique, envoyai un message en anglais et attendis en vain une réponse.

Quelques jours plus tard, je me rendis sur le site de l'ancienne distillerie Crystal, qui fut l'une des plus importantes du pays. Ses ouvriers contribuèrent à leur façon à l'effort de guerre en confectionnant, à la demande de l'État, des cocktails Molotov dans des bouteilles de vin et de vodka, le tout destiné à chauffer les miches des Allemands. Les bâtiments en briques ont été en partie fermés et l'usine délocalisée vers l'extérieur de Moscou. Des bureaux ainsi qu'un très vaste musée de la Vodka demeurent sur le site originel. En temps normal, ce dernier n'ouvre que pour les groupes et sur réservation.

Je me suis présenté à l'accueil de bon matin, ai décliné mon identité et l'on me signifia qu'une présentation « privée » m'était offerte. Je me retrouvai seul, quelques instants plus tard, en compagnie d'une babouchka à la mise impeccable, à l'élocution appliquée, au sourire cajoleur et à la jupe rescapée des mois de mai brejnéviens.

J'eus beau signifier que je comprenais mal le russe, l'aimable dame me gratifia d'une visite commentée complète. Tout cela, entre les collections de couverts de l'époque impériale, les alambics, les mannequins de cire, l'inévitable ours empaillé et les gigantesques collections de carafes, dura près de deux heures. Je quittai les lieux après avoir goûté à quatre sortes de Stolichnaya – cadeau de la maison.

J'errais ensuite, en pleine rue, en quête d'une direction à prendre lorsqu'un quidam à l'allure distinguée se présenta à moi. Il arborait de fines lunettes ainsi qu'un costume de bonne facture. Il me dit :

— Vous êtes le journaliste qui écrit sur la vodka ?

— Heu…

J'imaginai un instant que j'avais été suivi par les services de renseignements, ce qui m'aurait fourni une anecdote des plus jubilatoires pour l'écriture de ce livre.

— Je suis Alexandre Nikichine. C'est bien vous qui m'avez contacté l'autre jour ?

— Heu…

Mais qui est ce type ?! pensai-je. Là-haut, tout se mélangeait : la dizaine de messages envoyés récemment à divers interlocuteurs potentiels parmi lesquels des grosses légumes de niveau mondial – dont Mikhaïl Gorbatchev, réponse négative de son secrétariat –, la possibilité que j'aie affaire à un agent du FSB, l'éventualité que la babouchka du musée m'ait arrosé de vodka frelatée, et d'autres scénarios improbables.

— Je suis écrivain, dit l'homme. Vous m'avez envoyé un mail. Je suis consultant pour la marque Crystal. J'étais de passage et on m'a dit qu'un journaliste français était ici. Alors, je vous ai attendu…

Tout s'éclaircit.

Voilà ce qui m'a conduit, en ce lundi pluvieux de septembre, à partager la table d'Alexandre Nikichine dans un café de Bolchaïa Sadovaïa.

Nikichine, journaliste multicarte et auteur d'une quarantaine d'ouvrages consacrés à la vodka, a étudié le nectar sous tous les angles : culinaire, économique, politique, sociétal… Au début des années 1990, il a ouvert l'un des premiers pubs privés à voir le jour dans la Russie postsoviétique. « Une époque de fous », dit-il, durant laquelle il a vécu dans le même appartement qu'Édouard Limonov, ce qui constitue en soi un titre de gloire étant donné le pedigree dudit Limonov : loubard durant ses jeunes années, dissident et prisonnier politique en URSS, clochard céleste à New York, intellectuel et collaborateur de *L'Humanité* dans le Paris des années 1980, fondateur du Parti national-bolchévique dans la Russie poutinienne, opposant farouche au nouveau patron du Kremlin, figure incontournable de la littérature russe contemporaine…

Nikichine a enquêté par ailleurs sur la famille Smirnoff pour le compte d'un des descendants de cette dynastie à l'origine d'un des plus importants empires mondiaux de l'alcool. Il est l'un des plus fins connaisseurs de l'histoire et de l'économie de la vodka.

Il commande un thé. Je fais de même puis entame l'interrogatoire :

— Les Russes boivent-ils plus ou moins qu'autrefois ?

— C'est très difficile à dire. Il y a ceux qui boivent tout le temps, les vrais ivrognes. Mais la Russie essaie de se départir de cette « tradition » : il y a beaucoup de lobbying pour l'abstinence, etc. Selon moi, cependant, les Russes ne s'arrêteront pas de boire. Dans le caractère russe, boire n'est pas seulement gastronomique : le Russe boit quand il va mal ou quand il va bien, quand son fils est né, quand sa grand-mère est morte… C'est traditionnel. Voici le problème : quand le Russe ouvre une bouteille, il ne la referme pas tant qu'elle n'est pas finie. L'autre problème, c'est la deuxième bouteille. Le Russe ne comprend pas qu'il y a des limites. Pour saisir cela, tu dois comprendre l'âme russe, mais ce n'est pas possible, pour un Occidental… Qui peut boire un grand bol de vodka d'un seul coup ? Ce sont les Russes ! C'est comme ça. Parce qu'on n'a pas une très belle vie, qu'il fait froid, qu'il pleut… On est pessimistes. La seule façon d'oublier, c'est de boire.

— Il y a aussi des raisons politiques au succès de la vodka, non ? L'État s'est servi de l'alcool pour remplir ses caisses et contrôler le peuple…

— Ce n'est pas une bonne interprétation. Cela reviendrait, pour l'État, à tuer son peuple. Mais les dirigeants ne sont pas fous à ce point. Avant la Révolution, l'État récoltait un rouble grâce à la vodka et investissait trois roubles pour la médecine et la lutte contre l'alcoolisme, les ligues d'abstinence, la propagande antialcoolique… On parle tout le temps des boissons nationales. La boisson nationale des Russes depuis très, très, très longtemps, c'est la vodka. Au tout début, la vodka a été adoptée car elle permettait de faciliter la digestion… Et puis, on s'y est habitués, pour diverses raisons. C'est le mystère russe. On aime boire beaucoup et c'est très dur d'arrêter les Russes quand ils boivent.

— Quelle est la clé de ce mystère ?

— J'ai dit il y a quelques années que si tous les Russes avaient un bon travail, une vie agréable, etc., ils s'arrêteraient de boire. Je me trompais : les millionnaires boivent aussi. Prenez trois types qui, à 30 ans, mettaient chacun 200 roubles pour pouvoir s'acheter une bouteille à plusieurs. Aujourd'hui, l'un de ces gars est devenu millionnaire. Il organise des croisières au pôle Nord avec deux cents amis. Et que font-ils ? Ils boivent ! Mais différemment.

— En France, le vin est un élément culturel majeur, un symbole et une fierté. Pourquoi n'en va-t-il pas de même en Russie avec la vodka ?

— La Russie n'est pas une nation « intelligente ». Elle a trouvé une très bonne boisson : la vodka. Mais tout cela se mêle chaque jour à l'Histoire, à l'alcoolisme et à la mort, et c'est toujours l'aspect mortifère qui l'emporte. Les Russes ne voient pas l'intérêt culturel de cette boisson. Quel Français dit que le cognac, c'est de la merde ? Aucun, parce que c'est votre culture. Les Russes, eux, ne sont pas fiers de leur vodka. Ils disent aux étrangers qu'ils boivent du thé et qu'ils adorent le vin… [Rires]

— Qui contrôle la production ?

— Après Gorbatchev, beaucoup d'entreprises privées ont été créées. Dans les années 1990, il y avait une vraie compétition. Ce n'est plus le cas aujourd'hui. L'État contrôle la production en distribuant des licences. Mais il y a de la corruption… Le marché de la vodka est très violent. Il y a beaucoup de contrebande. Le marché noir représente 50 % du business. À l'époque soviétique, 100 % des taxes allaient dans les poches du gouvernement. Aujourd'hui, une grande partie de l'argent est volée.

— Par qui ?

— Difficile à dire. Avant la chute de l'URSS, il n'y avait que vingt-cinq ou trente marques produisant de la vodka. Tu pouvais savoir qui faisait quoi.

— Et maintenant ?

— C'est obscur…

— Pourquoi ?

— Parce qu'il est question d'argent. C'est très difficile de connaître la vérité.

— Connaît-on les vrais chiffres de la production ?

Il rit.

— Les chiffres de la production et ceux de la vente sont très différents. La contrebande fausse tout. Et c'est très difficile de trouver les contrebandiers.

— Vous, personnellement, vous buvez ?

— J'ai arrêté. Je bois parfois du cognac… Mais pas de vodka. C'est bon pour les jeunes. Quand je bois beaucoup, j'ai de gros problèmes le lendemain. Ne pas boire de vodka peut être embêtant en Russie, notamment pour la vie sociale. Ici, si tu bois, tout va bien. Si tu ne bois pas, c'est qu'il y a un problème, tu inspires moins la confiance… À l'époque communiste, c'était une sorte de test. Si tu buvais beaucoup, tu pouvais être un grand chef. Mais les choses changent. Désormais, à Moscou et dans les villes, ce qui est tendance, c'est de faire du sport et de ne pas boire…

Alexandre m'offre un de ses ouvrages qu'il agrémente d'une dédicace et nous nous séparons sur l'asphalte moscovite. Avant de me saluer, il me donne une bouteille de vodka qu'il extrait de l'habitacle de son 4 × 4.

— Cadeau ! s'exclame-t-il.

* * *

Dans les jours qui suivent, les mots d'Alexandre tournoient sous mon crâne. Je tente de reconstituer le puzzle mais finis par m'embourber dans un marigot de théories contradictoires. Pourquoi les Russes boivent-ils de la vodka ? Buvait-on plus à l'époque soviétique ? Trop de questions, peu de réponses. Des vérités valables hier, erronées aujourd'hui, acceptables demain, et qui toutes se fracassent sur le mur des paradoxes et incertitudes russes.

Comment pourrais-je y voir clair si même un spécialiste doit se contenter, dans certains cas, d'invoquer l'âme russe, de reconnaître que tout cela est bien « obscur » et d'affirmer que les données fiables n'existent pas ? Je pourrais partir en quête de statistiques, d'archives et de déclarations officielles, mais je n'ai plus le temps : mon avion pour la France décolle dans quarante-huit heures.

Je décide d'abandonner les éléments tangibles et de m'en remettre à Venedikt Erofeïev. Lui a ce qu'il me faut : de la matière humaine non quantifiable, impossible à traduire en équations.

L'écrivain Erofeïev, mort en 1990, n'a légué à la postérité qu'une poignée de textes parmi lesquels un diamant de la littérature russe diffusé sous le manteau durant l'époque soviétique. *Moscou-Petouchki*, édité en français sous le titre *Moscou-sur-Vodka*, est une odyssée des bas-fonds, le récit d'une beuverie à décorner les bœufs qui emmène le narrateur de Moscou à Petouchki, donc, ville de banlieue située à une centaine de kilomètres de la capitale de toutes les Russies.

Pourquoi Petouchki ? Le narrateur doit y rencontrer sa fiancée, mais rien n'est vraiment clair, dans ce roman. Tout est vu à travers une épaisse brume éthylique, de celles qui rendent toute chose difforme, obscurcissent la raison et confèrent parfois aux buveurs une extralucidité maléfique. Le narrateur part au turbin dès les premières lignes : « un verre de Zoubrovka » puis « un autre verre, de la

Coriandre cette fois » puis « deux chopes de bière des Jigouli » et « une lampée d'Albe-de-dessert à même le goulot ». Et il s'en va ainsi, déjà rincé, à la recherche du Kremlin – qu'il n'a jamais vu, car il finit toujours, lorsqu'il tente de s'y rendre, par échouer à la gare de Koursk, d'où partent les trains reliant Moscou à Petouchki. C'est là, après avoir bu quelques verres supplémentaires, qu'il pénètre dans un wagon et que son périple devient une colossale soûlerie, une fable, une épopée, on ne sait pas trop, un rêve éveillé ? « Venitchka » ne cesse de boire et son taux d'onirisme/désespoir/absurdité croît à mesure que le train s'enfonce à 60 kilomètres à l'heure dans la banlieue moscovite.

Il rencontre des pochards aussi lyriques que lui et d'autres plus dépravés ; il bavarde avec les anges et c'est toute la Russie qui défile dans ce wagon, et tous les errements de l'âme humaine qui s'y entrechoquent, alors que toutes sortes de confidences y circulent et qu'autant de vérités y sont expédiées au firmament. On y dévoile la recette de cocktails comme la Fleur de Genève (parfum *Fleur de Yalta* + déodorant pour les pieds + bière des Jigouli + white spirit) ou la Larme de komsomol (eau de toilette *Ermitage* + lavande + verveine + vernis à ongles + dentifrice + limonade) et l'on y déclame des sentences sur les hommes et les femmes, le monde et la Russie : « Tous les gens honnêtes, en Russie, buvaient. Et pourquoi buvaient-ils ? Ils buvaient de désespoir. Ils buvaient parce qu'ils étaient honnêtes. Parce qu'ils n'étaient pas en mesure d'améliorer la condition du peuple. Le peuple crevait de misère et d'ignorance, voyez ce qu'écrivait Dimitri Pissarev :

“La viande est trop chère pour le peuple, la vodka est meilleure marché, alors le moujik boit, il boit parce qu’il est misérable ! Le livre est inaccessible au peuple, au marché le moujik ne trouve ni Gogol ni Bielinski, mais seulement de la vodka, à boire sur place ou à emporter : alors, il boit, il boit parce qu’il est inculte !” »

Je décide d’effectuer, moi aussi, le trajet de Moscou à Petouchki. Ce sera mon hommage à Erofeïev et peut-être bien mon baroud d’honneur. Afin de me mettre en condition, je décrète qu’il serait judicieux de voyager en compagnie d’une bouteille de vodka.

* * *

Un dimanche matin de septembre, 10 h 45.

J’ai acheté une Stolichnaya au *prodoukty* du coin. Installé dans la cuisine de l’appartement, je bois un premier verre. Le chat me regarde.

* * *

Deuxième verre. Les yeux du chat se font interrogateurs.

* * *

Les effets se font déjà sentir. À cette heure, la vodka ne pardonne pas.

* * *

Elle pardonne rarement, de toute façon.

* * *

Je relis mes notes sur Erofeïev. Son héros est plus saoul que moi. Dois-je pousser le mimétisme ? Boire de la bière des Jigouli et des liqueurs bas de gamme ? Humf. J'hésite.

* * *

Troisième verre.

* * *

Je marche dans la rue. Il fait beau pour la première fois depuis plusieurs jours. Le soleil m'agresse. Fallait-il qu'il se réveille ce jour-là ?!

Je croise des Russes normaux. Plutôt, des Moscovites normaux. Ce pourrait être des Parisiens ou des Londoniens. Où est passé l'*homo sovieticus* ?

* * *

Station Maïakovskaïa. Je n'ai pas vérifié si les trains pour Petouchki partent toujours de la gare de Koursk. J'y vais. Advienne que…

* * *

J'entre dans le métro. Devant moi se tient un jeune militaire en tenue kaki et mocassins impeccables. À sa droite : un homme en jogging, chaussures Adidas, pull à capuche. Il arbore une montre à 500 dollars, une de ces horloges que le marketing présente comme l'accessoire fétiche des pilotes de chasse (il n'y a pas icône plus virile qu'un pilote de chasse). À sa gauche, deux femmes blondes comme les clichés russes. La mère et la fille. Le militaire descend. Les blondes aussi. Moi, il faut que je passe par Teatralnaïa. Je change pour Revolioutsii Plochtchad. Place de la Révolution. Qu'est la Révolution devenue ?

Nouveau train. Un train neuf, avec les indications clignotantes et la voix robotique. Un autocollant « WIFI » signale que même là, sous terre, on peut mettre à jour ses photos de profil. Puisque c'est le progrès ! Ne faites pas la fine bouche. Les deux femmes devant moi tripotent leur téléphone. La moitié des passagers tripote un outil électronique. Même les gosses. Surtout les gosses.

* * *

J'ai raté ma station. J'écrivais, j'observais les gens, j'ai ignoré la voix robotique.

* * *

Je repars en sens inverse. J'emboîte le pas d'une très grande femme brune, certes agrandie par ses talons – bottes en cuir noir à chaînes, semelles compensées. Elle est la réincarnation du corbeau. Elle a les cheveux noirs, un foulard pourpre, du rimmel assorti. Des fils noirs descendent de ses oreilles et relient ses tympans à un téléphone noir qu'elle manipule avec ses doigts aux longs ongles noirs. Elle écoute Tool, Metallica ou Slayer. Ou bien Tchaïkovski. C'est ça : Tchaïkovski ! Je n'ose pas lui demander. Elle me prendrait pour un fou. Dans les villes-monde, on prend les gens qui parlent aux autres pour des fous.

* * *

J'ai un homologue ! Je le vois dans l'escalier. Il boit. Bouteille cachée dans un sac en plastique opaque.

Santé, *tovarich*.

* * *

La gare immense est comme un hall d'aéroport. J'attends un quart d'heure au mauvais guichet, celui des départs « nationaux ». Comprendre : transcontinentaux. Je migre vers d'autres caisses. Un train vient de partir pour Petouchki. Une heure et demie d'attente avant le prochain.

* * *

J'erre sur le parvis de la gare. La zone dédiée aux trains locaux reluit moins que sa grande sœur. Les gens paraissent plus pauvres. Un vieux vend des bottes pour femmes. Il n'y a qu'une seule paire sur son achalandage. Cent roubles. Des jeunes Centrasiatiques traficotent, debout, en grappes, occupant l'asphalte comme une meute son territoire. J'achète la *Komsomolskaïa Pravda*, le *Bild* russe, plus gros tirage de Russie, Biélorussie et Kazakhstan. Sept cent mille exemplaires de téléréalité, d'archéologie, de conseils domestiques et de commémorations de la Grande Guerre patriotique.

* * *

C'est la même gare, mais un autre Moscou. Une autre Russie. Celle qui n'a pas les moyens de s'offrir des montres d'aviateur. Qui arbore des pantalons trop larges, des polaires fuchsia et des coupes de cheveux du XXe siècle.

* * *

Nouvelle lampée.

* * *

Je prends place dans le train 6918 de 11 h 33, direction Petouchki. L'intérieur sent la Javel. Le wagon est presque vide. Deux hommes. Deux femmes. Moi. Trois panneaux publicitaires 24 × 32 ornent les murs. Ceux du fond vantent les mérites de programmes immobiliers forcément merveilleux et à même de nous conférer à nous, acheteurs potentiels, un cadre de vie enfin propice à la réalisation de nos rêves de béatitude. Une des publicités concerne les soixante-dix ans de la Victoire. Elle comporte deux étoiles rouges, des avions de guerre, un pilote, le ruban orange et noir aux couleurs de l'armée.

Une lumière d'automne éclaire l'intérieur de la rame.

* * *

Un jeune homme s'assied en face de moi. Il a la vingtaine, des cheveux mi-longs bouclés ainsi qu'un bracelet en tissu aux couleurs de la Jamaïque. Il extrait une tablette Apple de son sac. Un fil blanc relie des écouteurs à un outil calé dans sa poche. Il porte un pull Converse.

Un homme noir s'installe derrière moi. Il parle en russe au téléphone.

* * *

Le train s'ébroue. Moscou défile : bulbes et cheminées d'usines probablement désaffectées, certainement réhabilitées, bientôt. Les soldats de Napoléon, hors de contrôle durant le siège de la ville, ont saccagé Moscou. L'incendie provoqué par les autorités avant l'abandon de la cité a ravagé des centaines d'églises. Staline et ses sbires en ont rasé au nom du communisme et de leur folie. Et pourtant : il en reste tellement ! À chaque coin de rue, Moscou cache une église. C'est une épiphanie de clochers, comme une floraison. À côté de l'une d'elles, un sigle bien connu se décline à l'envi sur de vastes hangars : Ашан. En alphabet latin : Auchan.

* * *

Arrêt éclair en gare de Karatcharovo. À la suivante aussi. À celle d'après également. Les trains de banlieue ne musardent pas. Ils sont à peine libérés de leur énergie cinétique que la voix dit : « Attention, fermeture des portes. »

* * *

Des barres d'immeubles multicolores forment des labyrinthes de béton. La laideur urbaine n'a pas de limites. Elle est orchestrée par les grands planificateurs du cantonnement bon marché : promoteurs, constructeurs, banquiers, maires-bâtisseurs. Que voulez-vous, arguent-ils, il faut bien loger les gens ! Comme les dirigeants des multinationales agricoles arguent qu'« il faut bien nourrir les gens ». À la bonne heure ! Ces larrons vivent ailleurs, loin des dalles et des dealers. Ils ne bouffent pas du jambon sous vide ni des lentilles en boîte.

* * *

Je bois.

* * *

La Stolichnaya ne brûle pas. Elle pique un peu. Elle chauffe, sûr. Que pensent les deux jeunes femmes à ma gauche ? Ont-elles remarqué que ma bouteille en plastique ne contient pas d'eau ? Se disent-elles « Encore un alcoolique, le pauvre » ? Sentent-elles l'odeur, la faible odeur de la vodka, pas suffisamment insignifiante pour demeurer indétectable ?

* * *

Moscou s'éloigne et les bouleaux approchent. Le bouleau : la plus célèbre et la plus répandue des décorations russes.

Il y a encore les immeubles et les cheminées d'usines, le fatras des voies ferrées, mais c'est un peu la campagne ; c'est la grande banlieue. Mon premier voisin est descendu. Tous les visages ont changé. Quelqu'un se rend-il de Moscou à Petouchki ?

Qui va à Petouchki ?

* * *

Les vendeurs se font rares. En fait, il n'y en a plus. Nous sommes à Zaria. Un panneau indique « Moscou, 30 km ».

* * *

Contrôleurs en approche. Une nuée de passagers – jeunes, principalement – s'enfuient dans la direction opposée. Les resquilleurs profitent de l'arrêt pour descendre du train avant l'arrivée à leur hauteur des hommes en uniforme, puis courent sur le quai et montent dans une autre voiture en sens inverse de la progression des contrôleurs, que ce petit manège n'a pas l'air d'émouvoir.

Erofeïev, dans son roman, décrit des contrevenants payant leur amende en vodka. On évite désormais la douloureuse grâce à la furtivité. Les temps changent.

* * *

Retour de l'horizon russe. Bouleaux. Potagers. Labours. La plaine. Ce même « film » défilait sous les yeux du héros d'Erofeïev en 1969. La Russie soviétique apparaît grise, uniformément grise, lorsqu'on y songe aujourd'hui, parce qu'on ne la perçoit qu'à travers des photos et films souvent en noir et blanc. Mais quelles étaient ses couleurs ? Il devait bien y avoir le vert, et puis le bleu des fleuves, les jaunes de l'automne, le rose des joues ?

* * *

Lumière de septembre. L'été meurt en rayons obliques. Fin d'un monde. Fin de mon voyage. Pour la première fois de ma vie, je n'ai pas vu l'été français.

Je ne verrai pas l'automne russe.

* * *

La distance entre chaque ville augmente. Les bois sont plus denses et les isbas font leur grand retour.

Rien ne sert de parcourir des milliers de kilomètres pour arpenter la Russie profonde, pour la bonne raison que la « profondeur » est partout. La

Russie, ville ou campagne, n'est que distances et perspectives.

* * *

Un jeune homme entre dans le wagon. Veste en simili cuir, jeans élimés et sales. Sur son front, des croûtes, vestiges d'une bagarre ou d'une chute. Maigreur d'héroïnomane. Barbe en friche. Yeux cernés. Il s'endort, mains jointes : la position du gisant debout. Il se réveille, grimace et se tient le crâne : lendemains qui déchantent. Je serai peut-être comme lui demain, ruminant mon épopée de la veille, tâchant de me souvenir de mes frasques.

* * *

Gare de Kabanovo. Un arrêt au milieu des bois. La ville a disparu, comme aspirée. Moscou : 85 kilomètres.

* * *

Orekhovo-Zoueïvo. Dernière grande ville avant Petouchki. Je bois.

* * *

Cette fois, le train se vide pour de bon. Comme une citerne non étanche, il perd sa marchandise, en l'occurrence des passagers qu'il sème dans la Russie des marais.

Il n'y a plus que moi et un vieil homme à béret et veste kaki, dont je n'aperçois que la nuque.

* * *

La Russie telle que je la fantasme – isbas, plaines dorées, bois mystérieux –, illuminée par un jaune déjà rasant qui sublime le vert des pins, l'or des étangs, l'irrationalité de ce territoire trop grand pour tout et quiconque à commencer par ses habitants. Chaque nouveau village offre autant d'images d'Épinal.

* * *

Moscou : 113 kilomètres. Arriverai-je à Petouchki avant la nuit ? Avant l'hiver ? Avant mon retour ? Cette lumière formidable finira-t-elle par mourir ? Ce train, où va-t-il ? Je veux dire, où va-t-il vraiment ? Le décor est sibérien. Je pourrais me trouver près d'Omsk. Paradoxe : je repars vers l'est alors que mon voyage s'achève. Mon avion décollera dans quarante heures. Il faudrait faire demi-tour, ne pas s'enfoncer trop. Mais Moscou est toute proche. Ou pas. Russie ! Russie prestidigitatrice, qui malaxe le temps, écrase les distances, dilate les perceptions après seulement deux heures et demie de roulis dans le tunnel forestier.

* * *

La voix robotique déclare : « Prochaine station, Petouchki. »

J'arrive enfin. Mais la voix ment, peut-être.

Je suis le seul rescapé moscovite. Mes coéquipiers ont fui. Quelque chose pourrait survenir encore. Je pourrais défaillir, calancher avant d'avoir foulé l'asphalte pétouchkien, sauter par-dessus bord, un homme à l'amer.

Il me reste de la vodka. Buvons ! Grandes lampées. Ce goût caractéristique ! La vodka est âpre et brutale. C'est le goût du masochisme. Qui aime vraiment la vodka ?

Voilà Petouchki. Le train ralentit. Il faudra bien descendre. Quoi d'autre ? Des cheminots, un convoi qui file en sens inverse, trop rapide et trop bruyant.

Et l'immobilisation.

* * *

Alors je baguenaude, seul, sans idée, sans but, dans ce hameau qui n'a jamais demandé à faire partie de ma vie. Située à mi-chemin entre la mégalopole Moscou et le haut lieu touristique Vladimir, Petouchki est une ville dont personne ne parle mais dont Erofeïev a parlé. Je pense à lui. À son obligation d'éditer clandestinement, sans doute parce que sa prose, contrairement à celle d'un Maïakovski, était incompatible avec le marketing idéologique des communistes. Parce qu'il écorchait le corps déjà moribond du soviétisme. Parce qu'il approchait de trop près la vérité : il côtoyait les anges, ou des démons déguisés en anges. Parce qu'il grattait comme un acharné, archéologue de l'indicible, à la recherche de ce qu'on peut appeler l'âme, à condition que l'âme existe. Mais on peut gratter à se faire saigner les doigts, avaler des tombereaux de poussière, en mourir ou survivre et recommencer jusqu'à ce que mort s'ensuive, sans jamais rien trouver. Erofeïev, lui, a entraperçu la lumière.

Dans un renfoncement près d'un garage, un homme immobile est allongé face contre terre. Il porte un pantalon kaki et une doudoune azur sans manches. Une capuche dissimule son visage. À l'évidence, il a trop bu. Après hésitation, je décide de le photographier. Un automobiliste me sermonne du regard. Il a raison : je fais dans le sordide. Photographier un homme saoul contre son gré revient à pourchasser Sophie Marceau pour une pige dans un torchon people. C'est mal. Je m'en veux. Le feu passe au vert. La voiture et les yeux de l'automobiliste s'éloignent. Je marche quelques minutes, songeant à cet homme étendu dans la poussière. Je n'ai même pas vu son visage ! Et s'il était mort ? Il est mort, ou gravement blessé. C'est sûr. Je ne le saurai jamais. Mince.

Assailli par le remords, je fais demi-tour en direction de l'inconnu que je trouve à la même place. Je m'approche. Il est blond, jeune, pas rasé, rougeaud. Il respire. Je dis :

— L'ami, ça va ?

Pas de réponse. Plusieurs tentatives et autant d'échecs. Je claque des doigts. Rien. Je secoue son bras.

— L'ami, ça va ? Tout va bien ?

Il tressaille et ouvre un œil, puis deux. Levant la tête, il déclare :

— Hummmmmmmmmmm Hummm Brooomf Heeeeu.

Sa tête est trop lourde pour ce qui lui reste de volonté. Elle revient à son point de départ. Il a la bouche entrouverte et la respiration bruyante. Il se rendort.

Remerciements

À ma famille, pour son indéfectible soutien.

À Romain Joly, quand tu veux camarade.

À David Khara, qui m'a aidé à trouver la « voix ».

À Julien Brugière, alias Shoobaka, pour son talent.

À Caroline Faribault, pour son intransigeance.

À Josette Faure, presque plus russe que les Russes.

À Laurence Risi, qui m'a convaincu de ne rien regretter.

À Benjamin Keltz, pour son inépuisable réserve d'optimisme.

À Nadira « Bichkek connection » Lebrun.

À Béatrice Feat et Catherine Marchand, pour leurs précieuses remarques.

À Madeleine Leroyer, Régis Genté, Dina Larina-Colleu, Batyr Essenov, Yevgenia Firsova, Killian Tribouillard.

De nombreux auteurs m'ont permis de mieux appréhender l'histoire de l'Union soviétique et celle de la vodka. Mention spéciale à Mark Lawrence Shrad (*Vodka Politics*, Oxford University Press,

2014), William Pokhlebkin (*A History of Vodka*, Verso, 1991) et Patricia Herlihy (*Vodka, a Global History*, Reaktion Books, 2012), à qui ce livre doit beaucoup.

Le périple qui a donné naissance à ce livre a été en grande partie financé, via la plateforme *Ulule.fr*, grâce à la mobilisation d'une centaine de contributeurs. Sans leur aide, rien n'aurait été possible. Merci à eux.

Jean Abbiateci, Liubov Andreevna, Isabelle Audigé, Marine Azémar, Pierre-Alain Baly, Anita Bazin, Emmanuelle Bazin, Maryline Bazin, Jean-Marie Bertho, Marie-Christine Biet, Sarah Binet, Vincent Borg, Alexandre Boscherel, Arnaud Boschet, Manuel Bouder, Fanny Bougeard, Julien Brugière, Jérémie Capitaine, Thibault Chenard, Gaël Chilou, Ana Chirca, Dina Colleu, Laure Colmant, Émilie Constantin, Louise Danielou, Xavier Debontride, Anne Dervilly, Camille Diotel, Thomas Dubois, Adrien Duquesnel, Caroline Faribault, Johann Fourmond, Arnaud Genois, Jean-Marie Goater, Bertrand Gobin, Maxime Gouraud, Mathieu Gucciardi, Loïck Guellec, Anaïs Guengant, Anne-Laure Hamonou, Alain Hélou, Xavier Hinnekint, ho ra, Céline Huault, Clémence Hugo, Véronique Jarnigon, Patrick Jehannin, Julien Joly, Romain Joly, Mickael Josse, Aurélia Jennequin, julien9406417, Benjamin Keltz, Thomas Kryzaniac, Benjamin Leblais, Nicole Leblais, Pierrot Leblais, Thomas Lebon, Frédéric Legendre, Anne-Sophie Le Roho, Madeleine Leroyer, Naïg Lyver, Anne-Claire Loaec, Aurélie Lognon, Émilie Longin, Benoit Lucas, Axel

Magnani, Jeanne Maillot, Clémentine Maligorne, Catherine Marchand, Patrice Marchand, Julien Marie, Gwenaël Massot, François Maumas, Bruno Mauvais, Jean-François Mény, Marie Merdrignac, Elodie Moisan, Frédéric Morin, Enora Morisso, Vincent Ogloblinsky, Bruno Pavoine, Nathalie Pavoine, Olivier Pérou, Benjamin Piaudel, Ronan Piaudel, Alexandre Piel, Michael Pivier, Donovan Potin, Éric Prévert, Alexandra Prévot, Romain Renard, Bénédicte Renaud, Larissa Rensing, Tiphaine Réto, Marianne Rigaux, Aurélia Rio, Laurence Risi, Martine Risi, Sonia Risi, Nicolas Roberti, Cédric Rousseau, Guillaume Saquet, Emmanuel Schmitt, Karl-William Sherlaw, Maëlle Soubigou, Laora Soulet, Claire Staes, Aurélie Tachot, Xavier Thierry, Bénédicte Verin, Blanca Xochiketzalli Pulido.

Table

Dans la même collection

De l'Atlantique au Pacifique par les glaces arctiques

ROALD AMUNDSEN

« Le 30 mai 1889 restera une date mémorable dans l'histoire de ma vie, comme d'ailleurs dans celle de beaucoup de Norvégiens. Ce jour-là Nansen rentrait à Christiania, après avoir accompli en ski la fameuse traversée du Groenland. [...] Moi aussi, je deviendrai explorateur, et l'idée d'accomplir le passage du Nord-Ouest me traversa l'esprit. »

Déjà, au XVe siècle, les navigateurs tentèrent de découvrir le passage du Nord-Ouest, voie maritime entre l'Europe et l'Asie passant par l'archipel arctique au nord des côtes canadiennes. Après de nombreux échecs, l'explorateur norvégien Roald Amundsen fut le premier à y parvenir. Le 6 juin 1903 à bord du Gjøa, navire de pêche de 47 tonnes converti pour la mission, Amundsen et son équipage de six hommes quittèrent Christiania (aujourd'hui Oslo). Il arriva à Nome, en Alaska, le 31 août 1906, franchissant pour la première fois le passage du Nord-Ouest.

Le récit de cette expédition fournit des informations détaillées sur les tribus d'Esquimaux qu'Amundsen rencontra lors de son voyage et grâce auxquelles il apprit de nombreuses techniques de survie en Arctique.

ISBN : 978-2-0814-7413-1 – Prix : 6,90 euros – 256 pages

L'évasion du capitaine Lux

CHARLES LUX

« Ce récit n'est pas un roman ; l'imagination n'y tient aucune place ; c'est l'exposé sincère des heures sombres et parfois douloureuses que j'ai vécues de 1910 à 1912 au service de la France. »

Le 3 décembre 1910, Charles Lux, chef du service de renseignements du gouvernement militaire de Belfort, est arrêté par la police allemande et condamné à six ans de détention dans la forteresse de Glatz. Comment l'officier français pourra-t-il en réchapper ? En demandant, pour chacun de ses repas, une ou deux rondelles de citron. Ce qui lui est accordé. Ce détail n'est pas sans importance : le jus de cet agrume est une encre sympathique. Invisible sur le papier, elle se révèle à la chaleur... et il va s'en servir pour les lettres que le commandement de la prison l'autorise à envoyer à sa famille. Ainsi, entre les lignes, le capitaine Lux donne des instructions à ses frères, également officiers. L'officier de renseignement, qui s'est fabriqué un passe-partout avec un crochet en fer, utilisera ce canal pour demander à ses proches tout ce dont il a besoin pour s'évader... sans éveiller l'attention des Allemands : serviettes de toilette si solides qui, nouées entre elles, font une corde, sans oublier une scie dont tous les éléments lui parviendront cachés dans la reliure de livres. Ce subterfuge lui permettra également de recevoir un faux passeport...

Le récit d'une évasion exceptionnelle sous les atours d'un roman d'aventure qui inspirera les passionnés d'espionnage.

ISBN : 978-2-0814-5038-7 – Prix : 6,90 euros – 256 pages

Sur la route des utopies

CHRISTOPHE COUSIN

« Je vais acheter ta DeSoto toute rouillée et puis, je roulerai de concert avec les charrettes des Amish, j'irai jusqu'en Floride pour rencontrer Jésus et Mickey, je passerai mes nuits dans les communautés du pays, par les rives du Mississipi, les ranchs du Texas et les déserts de l'Arizona…

… toujours plus à l'Ouest comme les pionniers du Nouveau Monde l'ont fait avant moi et, les deux roues de devant dans l'eau salée, je remercierai le Pacifique d'être encore là et San Francisco de se souvenir de Jack Kerouac et des clochards célestes. »

Christophe Cousin a traversé les États-Unis sur près de 10 000 kilomètres, d'une côte à l'autre, de communautés en utopies. Deux ans d'allers-retours durant, il a aussi parcouru le monde ; d'Uzupis, le quartier de l'autre rive en Lituanie, à Madagascar et l'Utopie pirate de Libertalia ; du village planétaire d'Auroville en Inde, au quartier libertaire danois de Christiania, il nous offre un bouquet de la diversité de la nature humaine et se prête au rôle de passeur témoin comme de poète critique.

ISBN : 978-2-0813-9931-0 – Prix : 7,90 € – 336 pages

Sur la route des plus belles légendes celtes

ALAN STIVELL, THIERRY JOLIF

« À l'orée de la forêt des légendes, près des falaises surplombant l'océan, lourd de sons et de mythologie, au-delà du temps écrit, place au voyage, traversant le Ponant de nos rêves. »

Compositeur et musicien attaché à la culture de ses ancêtres, Alan Stivell nous entraîne de la Bretagne au pays de Galles, en passant par l'Irlande et l'Écosse, à la découverte des grands mythes celtes. Au cours d'une promenade lyrique et légendaire, Alan Stivell évoque les grands textes qui ont nourri son imaginaire et sa créativité musicale.

Une échappée poétique et enchanteresse à la découverte de l'âme d'un pays millénaire.

ISBN : 978-2-0814-9637-1 -
Prix : 6,90 euros – 240 pages

Écrivains voyageurs

LAURENT MARÉCHAUX

Voyageurs, ils devinrent écrivains
Écrivains, ils se firent voyageurs

Les uns – Loti, Conrad, Segalen, Bouvier – partent au bout du monde pour courir les rêves nés de leurs lectures d'enfance ; les autres – Kipling, London, Kessel ou Chatwin – prennent la route pour nourrir leurs pages blanches. Les arpenteurs d'océans – Slocum, Kavvadias ou Moitessier –, de déserts – Thesiger – et de cimes enneigées – Alexandra David-Néel – font leurs les propos de Stevenson : « Je ne voyage pas pour aller quelque part, mais pour voyager. Je voyage pour le plaisir du voyage. » Quant aux plumitifs en herbe – Cendrars, Simenon ou Gary –, ils proclament, à l'instar de Kerouac : « Écrire est mon boulot... Alors il faut que je bouge ! » Tous – sans se préoccuper de savoir s'ils sont voyageurs avant d'être écrivains, ou l'inverse – entendent dire le monde, transmettre leur passion pour la littérature d'aventure, et inciter leurs lecteurs à boucler leur sac pour emprunter leurs pas.

ISBN : 978-2-0813-9642-5 – Prix : 5,90 € – 224 pages